江苏省"十三五"重点学科(马克思主义理论)建设成果
江苏省中国特色社会主义理论体系研究中心苏州大学基地成果

吴声功 著

第三次
生产
浪潮

上海人民出版社

序

我为什么要写这本书？

时下，中国经济有一个很大的发展阶段陷阱：国人通过三十几年的粗放型方式，发展了中国经济；通过炒房，既推进了城市化的发展，又炒高了房价，误将房地产视为中国经济的擎天柱：房地产兴，则中国经济兴；房地产衰，则中国经济衰。殊不知，房地产是在中国通过改革开放，成为世界制造工厂，积累了一定的财富之后才发展起来的，没有这个前提、这个基础，何谈房地产的发展？难道不是吗？看看国内房价高的城市，哪一个不是中国制造业的高地；中国房地产的发展，是依附于中国制造业的；制造业兴中国经济才兴，制造业衰则中国经济衰，制造业强则中国国运才强。可是不少国人却将此搞颠倒了，本末倒置了。于是乎，有钱的去炒房地产，没钱的则做房奴。而对制造业，则产生了浮躁心态，本来凭国人积累的经验，完全能够做好的产品，偏偏不下功夫去做，甚至搞假冒伪劣，这不仅让国外人士，而且也让国人产生了这样一个印象：中国制造低端，有数量无质量，只能摆到地摊上卖。甚至有人发出这样的感叹：中国制造今不如昔，产品质量不及以前了。当然，这也不能一概而论，毕竟当今中国仍有不少中国制造赢得世界第一，享誉世界；但从总体看，中国制造的确大而不强。这使中国经济陷入了一个很尴尬的境地，挖了一个很大的陷阱。于是乎，不少投资者不愿意投资制造业了，宁可以短浅的目光去炒房。于是乎，中国经济下行压力越来越大，制造业转型升级越来越困难。一些地方政府以为，制造业难发展了，就发展三产吧。结果，搞了一个阶段，三产的占比倒是上去了，超过制造业了。殊不知，这是不可持续的。试问：没有制造业的发展为前提和基础，三产能发展好吗？看看国内一些三产占比很高但没有制造业为根基的城市就会发现：没有一个经济是可持续的，除了一些以有限的旅游收入维持的城市，其他几乎为空壳。再看看国外，2008 年以来，欧洲一些国家为何陷入债务危机，究其原因，就在于丢了制造业。德国为何能够在欧盟一枝独秀，还不是该国将制造业视为王道？还不是靠精湛的制造业支撑了它，帮了它？

可是，国内却有不少人看不明白这个道理，乃至掉进当代中国经济新的发展阶段陷阱而不能自拔，无法摆脱困境。以至于经济下行压力越来越大，GDP 上升空间越来越小。最近，经济虽有下行触底之感，但还不能说已经触底了。我这么讲，并不是说我不爱房地产，我也要住房，但我深知要住好房，首先要有钱。钱从哪里来？钱是创造出来的。如果你什么也不生产，或者你生产得少，你生产的产品没人买，你就赚不到钱或赚不到更多的钱。钱不可能像变戏法一样变出来。如果把钱的概念换成财富的概念，就一国而言，亚当·斯密早在《国富论》里就给了我们明确的答案：财富是从生产领域产生的，而不是别的。城市化的推进，也必须依赖于工业化，智能城市就必须依赖于智造。

中国国运要兴，必须发展制造业；中国经济要摆脱发展阶段陷阱，必须让制造业从低端提升到高端，由中国制造上升到中国智造，而不能在制造业上浮躁；中国人的投资要转向，必须由注重投资房地产，转向注重投资制造业，并且要勇于在制造业高地上创业创新，让中国制造在新的历史发展阶段，焕发出新的勃勃生机，实现中国经济繁荣发展之梦。

可是，要将这一道理让国人知道，就很有必要将国人的发展思路引向制造业，使国人的智慧、财富在新的历史发展阶段运用到制造业上。对此，仅写一两篇短文，是起不了多大作用的。很有必要花费大的力气，写一本书，系统地将自己要讲的话讲出来，要讲的道理讲清楚。于是，我就着手构思，写这本书了。尽管在写作过程中，遇到不少挫折，但我还是坚持下来，将这本书写出来了。目的只有一个，就是为制造业呼吁，为制造业呐喊，让制造业在我国振兴起来、繁荣起来。

在这本书中，我具体写了些什么？提出了哪些重要观点呢？

本书论述的是世界近代以来与当代中国以制造业创新驱动为主线的生产发展史，即世界近代以来与当代中国以制造业为主线的三次生产浪潮与三次生产浪潮中的创新，及其所取得的成绩、存在的问题与经验教训，务求以史为鉴，警示今人。

全书共八章。第一章阐述了近代在英国发生的第一次生产浪潮——机器大工业生产。第二章阐述了近代在德国与美国发生的第二次生产浪潮——电气化与自动化大生产。第三章阐述的是发端于美国并波及世界各国的第三次生产浪潮，即信息化、大数据与"互联网+"时代的生产。这三章是为第四至第八章作铺垫的。第四章阐述了当代中国第一次生产浪潮——"一五"计划时期及其后的曲折生产历程，以及改革开放与现代化建设。这是一个计划经济时代初步从农业经济迈向工业经济的时代。第五章阐述了当代中国的第二次生产浪潮——在社会主义市场经济条件下，当代中国通过粗放型发展，由农业经济时代迈向了工业经济时代，成为世界制造工厂、世界加工厂，其间付出了重大代价，凸显了产业结构的失衡，需要通过结构调整，迈上新台阶。第六章与第七章阐述了当代中国正在掀起的第三次生产浪潮——在第三次工业革命、工业4.0背景下，当代中国进入经济发展新常态与供给侧结构性改革时代，着力通过产业结构调整、供给侧结构性改革，延伸价值链，以创新、协调、绿色、开放、共享五大发展理念，引领当代中国经济在历史性的转折时期与"互联网+"背景下的发展，以创新驱动经济新常态发展与供给侧结构性改革，开拓当代中国新一轮制造业发展的新局面。第八章阐述了当代中国制造业困境的破解与当代中国制造业产品质量命运共同体的营造。

在本书中，我阐述了这样一些在某些人看来不以为然，我却力求言之有理的重要观点：

第一，尽管国内外都有不少学者将产业革命、工业革命、生产革命作了严格的区分，且在论述上各有侧重点的不同。如美国学者杰里米·里夫金写的《第三次工业革命》、德国学者克劳斯·施瓦布写的《第四次工业革命》，同样是写工业革命，但各自界定不同。我在这本书中，则采用马克思主义经济学四环节说与生产起点论。在马克思看来，生产、分配、交换、消费四个环节中，生产是起点，消费表现为终点。分配、交换表现为中间环节。生产，即人们在生产过程中使用工具创造生产资料与生活资料。因此，我将工业革命、技术革命、产业革命，都视为是在生产过程尤其是工业生产过程中发生的。

第二，在本书中，我以史为鉴，阐述了近代以来世界上发生的三次生产浪潮与新中国成立以来的三次生产浪潮。第一次生产浪潮是发明与使用蒸汽机这一生产工具创造生产资料与生活资料；第二次生产浪潮是发明与使用电、自动化设备这类生产工具创造生产资料与生活资料；第三次生产浪潮是发明与使用互联网、3D打印技术、人工智能技术等生产工具创造生产资料与生活资料。每一次生产浪潮都有其繁荣发展与辉煌之处，也有其深刻的教训与陷阱。

第三，陷阱论是我从罗斯托的经济发展阶段论中受到启发提出来的。在本书中，我阐述了每一经济发展阶段，不论是发达国家，还是发展中国家，都有其不同的陷阱。当代中国发生的三次生产浪潮，也有其不同经济发展阶段的不同陷阱。写这一点，立足点不是揭我们自己的短，而是在于揭示其经济发展的内在规律以及如何按规律办事。

第四，在本书中，我强调了制造业的发展质量，阐述了当代中国要从制造业低端走向高端、从制造走向智造，一是必须以创新驱动，二是必须注重生产产品质量，营造当代中国制造业产品质量命运共同体。

第五，对未来中国制造业发展趋势，本书提出了五点看法：一是从中国制造走向中国智造；二是从加工制造走向创新智造；三是在质量上精益求精；四是走融合与包容发展之路；五是坚持绿色发展之路。这是从未来中国制造业应该如何发展的角度提出的。

为了写好这本书，系统阐明自己的观点，本书博采众长，采取综合分析方法，将搜集来的大量资料，进行概括、提炼。我深知：仅以自己的一孔之见，是难以说服人的，必须广证博引，尤其是要以名家的观点作证，方能较好地以理服人。

本书紧紧扣住的一根红线是生产领域的创新。在我看来，创新不仅是人类经济社会发展的动力，而且是提高社会生产力与综合国力的战略支撑，必须摆在一个国家的政治、经济、文化、社会发展全局的核心位置。就生产领域的创新而言，应突出科学发明与技术创新，这是根基，必须夯实。

在第三次生产浪潮中，当代中国唯有创新，才能在新一轮经济发展的历史起点上，摆脱当前经济下行的压力，有所作为，由一个工业经济中级阶段的国家，大踏步地迈向后工业社会与工业4.0的新台阶。

为了使读者能够较好地把握本书观点，我采取精要主义做法，每章都写了提要。这样，读者只要将每章提要与每章一至二级标题结合起来看一下，便能把握本书的主要观点了。

最后要讲的是：美国著名经济学家保罗·萨缪尔森在他与威廉·诺德豪斯合著的《经济学》第十七版中，引用了美国新古典经济增长理论代表罗伯特·索洛批评经济学家中存在着这样一个问题的一段话："一种明显的不可遏制的急切心情，要将他们的科学拔高到超越科学本身的极限的程度，总想将问题回答得比自己有限的理解复杂问题的能力更为精巧的程度。而没有人喜欢说'我不知道'。"① 我应以此为戒,坦率地说:这本书,我现在虽写出来了,但书中缺点与值得进一步推敲之处还很多,期盼广大读者、专家、学者斧正。书中,我引用、参考了国内外不少学者的见解与文献资料,于此,一并向有关专家、学者致谢!可以这么讲,没有这些专家学者的见解,没有这些文献资料,没有前人的研究成果,我是写不出这本书的。

吴声功

写于 2016 年 10 月 30 日

第一次修改于 2017 年 5 月 10 日

第二次修改于 2017 年 6 月 20 日

---

① [美]保罗·萨缪尔森、威廉·诺德豪斯著:《经济学》(第十七版),人民邮电出版社 2004 年版,第 462 页。

目　录

上篇 世界的三次生产浪潮

历史是一面镜子。由英国人詹姆斯·瓦特发明的蒸汽机，在英国掀起了近代史上的第一次技术革命、第一次工业革命与第一次生产浪潮。

这次工业革命与生产浪潮，使人类的生产方式发生了巨大变化，由机器大工业生产取代了工场手工业生产、由工业文明时代取代了农业文明时代，使得资产阶级在不到一百年的时间内创造的财富较在此之前的几千年人类创造的财富总和还要多；使得英国综合国力大增，在近代史上建立了第一个"日不落帝国"。手推磨产生的是封建社会，蒸汽机产生的是资本主义社会。这次工业革命与生产浪潮，不仅迅速推进了人类生产力的发展，而且在生产方式发生巨大变化的同时，生产关系也发生了历史性巨变，新的贵族资产阶级产生了，与此同时新的产业大军工人阶级也形成了。于是，人类迅速地由封建社会迈入资本主义社会。

与此同时，这次工业革命与生产浪潮，也给人类造成大气污染、水体污染、土壤污染。当时的伦敦，既是世界工业革命的中心，被称为世界工厂，同时也被称为"雾都"，成为一座被煤烟笼罩的城市。

在这次工业革命与生产浪潮中，人类违背了自然规律，盲目地发展经济，严重地破坏了生态环境与社会发展。首先是以工业文明时代的"人类中心主义"取代了农业文明时代的"自然中心主义"，人类不再崇拜自然了。其次是在巨大利润的诱惑下，产生了"资本霸权逻辑"，不仅将人与自然的关系恶化了，而且将人与人的关系搞得十分紧张，使得工人阶级与资产阶级的矛盾尖锐起来，产生了激烈的阶级斗争。

现在，伦敦虽已摘掉了"雾都"这顶帽子，但它的这一不幸仍在一些发展中国家的工业化进程中上演，反对"人类中心主义"与"资本霸权逻辑"的斗争仍在继续，且任重道远。

历史给人类留下的启示，是极为深刻的。

第一章
第一次生产浪潮

一、英国工业革命的开启与瓦特蒸汽机的发明

（一）牛顿与英国工业革命的开启

在自然界，巨浪滔滔、波光粼粼的大海景色是既奇妙又骇人的。汹涌翻滚的海浪一浪高过一浪，惊涛骇浪拍击海岸，犹如重磅炸弹的轰击。在泰国，人们记忆犹新，20 世纪 90 年代末的巨浪冲击到岸上，将岸上的行人、车辆、房屋都卷进了大海，城里、乡村一片汪洋。2011 年在日本发生的地震与海啸，狂风、暴雨、怒潮冲击百里，福岛核电站被毁坏，导致核泄漏，促使日本在很长时间内关闭核反应堆，这不仅给日本带来巨大灾难，而且引发了世界范围的政治地震。在美国，近几年的飓风助推海浪，吞噬着大片农田、村庄，毁坏了一条条道路、一座座城镇。

在浩瀚的大西洋上，在近代史上，则呈现出另一番景象。只有24 万平方公里的岛国英国，掀起了以蒸汽机发明为标志的生产浪潮。这股浪潮使得英国在近代迅速地发展起来，生产出了大量财富，使得国家迅速地富强起来，建立了横跨亚洲、欧美澳的"日不落帝国"，将英国推向称霸世界的顶峰。说到英国的这次生产浪潮，不能不说到艾萨克·牛顿。牛顿那个时代，是一个伟大的时代，是一个

需要巨人而且产生了巨人的时代。在他之前的西方文艺复兴运动，解放了一代又一代人的思想。文艺复兴运动，从时间上看，大约从14世纪持续到16世纪。这场运动发源于意大利。文艺复兴的意思，就是再生或使人恢复对久已遗忘的许多事物的兴趣。首先恢复的，是古希腊、罗马文明与思想。但实际上，是人文主义者在继承古典文明基础上，冲破宗教神学统治的一次思想解放运动。

文艺复兴运动是14—16世纪首先兴起于意大利的一场新兴资产阶级的思想文化运动，随后扩大到了英国、法国、德国、荷兰等欧洲其他国家，文艺复兴运动以人为中心，重视人的力量，反对以神为中心，提倡科学，反对愚昧，提倡理性，反对盲目崇拜。文艺复兴运动在欧洲解放了人的思想，是欧洲思想解放的一次浪潮。对于文艺复兴运动，恩格斯曾经作出这样的评价：

"这是人类以往从来没有经历过的一次最伟大的、进步的变革，是一个需要巨人而且产生了巨人——在思维能力、激情性格方面，在多才多艺和学识渊博方面的巨人的时代。"①

没有文艺复兴运动，便没有其后西方的科学革命与启蒙运动（1600—1800年）。美国纽约市立大学约翰·杰伊学院的历史学教授丹尼斯·舍曼等，在他们所著的《世界文明史》中指出：

启蒙运动是"西方文明最重要的一次思想变革，发生在17世纪，并最终遍及全世界。少数思想精英和科学精英们——笛卡尔、伽利略、牛顿、开普勒、培根和波义耳——以16世纪的突破为基础，出于对自然界更加浓厚的研究兴趣，奠定了现代科学的基础。"②

"启蒙就是人类脱离自己所加之于自己的不成熟状态，不成熟状态就是不经别人的引导便不能合理地运用自己的理智。当其原因不在于缺乏理智，而在于不经别人的引导就缺乏勇气与决心去运用自

---

① 《马克思恩格斯选集》第4卷，人民出版社1995年版，第261—262页。
② 丹尼斯·舍曼等著：《世界文明史》（下册）第4版，李义天、黄慧、阮淑俊、王娜译，中国人民大学出版社2011年版，第337页。

己的理智时，那么这种不成熟状态就是自己所加之于自己的了。要敢于运用自己的理智！用拉丁语说就是 Supere Aude! 这就是启蒙运动的口号。"①

艾萨克·牛顿（Isaac Newton，1642—1727）无疑是敢于运用自己理智的典范。启蒙是人们用理性的光辉照亮千年黑暗，用理性主义取代信仰主义。启蒙运动思想家伏尔泰，曾被雨果赞誉为：伏尔泰的名字"代表了整整一个时代"。1791 年，法国立法会议在伏尔泰的骨灰枢车上写道："诗人、哲学家、历史学家。你使人类理性迅速发展并教导我们走向自由。"② 而伏尔泰则推崇牛顿："说到底，牛顿才是真正伟大的人物。"③ 他生前很敬重牛顿，并将牛顿介绍给了法国人。

牛顿，在 18 世纪初，已成为欧洲最受尊敬的科学家。在牛顿那个时代，人们对自然的了解在一定程度上取决于技术的运用。那时，人们已经学会利用风力和水力挤压、碾磨与磨光的技术，火炉、铸造与碾磨已广泛应用，分工也更加细化。新兴的资本主义时代来到了。英格兰人已经能够制造铜壶、铁链、铁钉等金属用具，还能够制造玻璃。这些手工制品与材料，都是人类科学知识飞跃的物质前提。

牛顿生前曾经说过：站在巨人的肩上让他看得更远。的确，牛顿是站在哥白尼、伽利略、波义耳的肩上，将科学推上了新的起点，成为近代欧洲最受尊敬的科学巨匠，在力学、光学与微积分领域都有杰出贡献。在其最著名的《自然哲学的数学原理》(*Mathematical Principless of Natural Philosophy*，1687）中，牛顿把物体的运动规律归结为三条基本运动定律与一条万有引力定律，由此建立起一个完整的力学理论体系，宣告了科学时代的到来。

---

① 丹尼斯·舍曼等著：《世界文明史》（下册）第 4 版，李义天、黄慧、阮淑俊、王娜译，中国人民大学出版社 2011 年版，第 341 页。
② 张跃发著：《近代文明史》，世界知识出版社 2005 年版，第 93 页。
③ 同上书，第 94 页。

1727 年冬，因长期折磨他的肾结石，夺去了他的生命。英格兰历史上第一次准予为一个在思想领域作出杰出贡献的国民举行全国性的葬礼。上议院大法官、两位公爵和三位伯爵以及绝大部分的皇家学会成员出席了葬礼，牛顿的遗体在威斯敏斯特修道院里庄重地停放了 8 天后，被安葬在修道院的中央广场上。法国作家伏尔泰那时刚好抵达伦敦，他对这个国王般的葬礼十分吃惊，并且对牛顿的思想欣喜若狂。他写道："一个法国人在伦敦发现了非常不一样的东西。"① 这是对科学的态度、对科学家的尊重。

在英格兰，新的流行报纸把好奇带到了乡村。牛顿的死在很长一段时间里激起了人们的诗歌创作热情。其中，有一位叫理查德·洛瓦特的作者，在 1733 年给《妇女日记》寄了这样一首诗：

"牛顿为他的神秘的艺术

奠定了坚实的基础，

大不列颠的子孙们将继承他的事业的追求。"②

大名鼎鼎的亚历山大·波普则给后人留下了这样的诗句：

"自然和自然的法则躲藏在黑夜之中；

上帝说，让牛顿来吧！于是一切都变得明亮。"③

牛顿力学，确切点讲，是机械力学，对英国的工业革命产生了极大的影响。后来，瓦特则拿了这把科学的钥匙，开启了英国工业革命的大门。

（二）詹姆斯·瓦特蒸汽机的发明

现代"万能蒸汽机"发明者詹姆斯·瓦特，在 15 岁时，就已经认真阅读过两遍《物理学原理》。17 岁时，母亲去世，经过努力，瓦特不久之后成了一名合格的精密仪器制造者，他在工作过程中积累了丰富的数学和机械制造方面的知识，并且对这些领域产生了强烈

---

① ［美］詹姆斯·格雷克（James Gleick）著：《牛顿传》，吴铮译，高等教育出版社 2004 年版，第 5 页。

② 同上书，第 149 页。

③ 同上书，第 150 页。

的求知欲。

在瓦特之前，已有纽科门蒸汽机。蒸汽机的实验始于 17 世纪，当时热心于科技的人们已意识到这个小小的发动机所蕴藏的巨大力量。业余爱好者——伦敦的托马斯·萨弗里船长与西南部铁匠托马斯·纽科门对蒸汽发动机进行合作研制，在 1712 年研制成功。但这种蒸汽的热能损耗严重，且只能用于驱动水泵进行矿井排水。

在瓦特改造纽科门蒸汽机之前，人们对蒸汽动力的应用仅仅是停留在幻想状态。瓦特曾在伦敦当过一年学徒工，后来回到家乡，在格拉斯哥大学物理学教授迪克的帮助下，在该校谋到一个职位，搞了间 6 米（20 英尺）见方的工作室。在那里有他热爱的实验研究，有他的事业与理想。那间小屋是他与大学里那些老朋友们聚会的地方，那些老朋友是闻名世界的学者，其中有潜热的发现者约瑟夫·布莱克、《国富论》的作者亚当·斯密。正是这些朋友，把多才多艺的瓦特从这间工作室引到实验室，开始了对蒸汽机的研究。

这个时期，约翰·罗比森（后来成为爱丁堡大学博物学教授）成了瓦特最亲密的朋友。罗比森后来曾描述过他与瓦特从相识到成为密友的过程："我们初次见面是在 1758 年，在他那间店铺里看过那些精美绝伦的仪器之后，我便饶有兴致地和他攀谈起来，实际上，最初我本认为发现了一位杰出的手艺人，之后才意识到他还是位物理学家。我对自己的数学和机械学专业知识还是相当有信心的，后来才发现瓦特先生这些方面的知识比我丰富得多，他的博学让他和很多人都能谈得来"。①

与前人不同，瓦特的发明虽然较多的是根据经验积累的结晶，但他不仅仅是凭经验探索，而是以他所学的科学知识，开启了蒸汽机的探索之路。他将科学、技术、生产融为一体，开启了近代以来科学——技术——生产的发展顺序，呈现出科学技术化、技术科学化、生产科技化。

① ［美］安德鲁·卡内基著：《瓦特传——工业革命的旗手》，王铮译，江西教育出版社2012 年版，第 30 页。

　　罗比森认为，蒸汽机可以用来驱动马车。瓦特当时只有 23 岁，虽比罗比森大 3 岁，但他对蒸汽机动力知道不多。不久，罗比森离开了，只剩下瓦特一人探索，而摆在他面前的难题是，从未见过真正的蒸汽机，甚至连模型都没摸过，好在那时他所在的格拉斯哥大学有一台最新的纽科门蒸汽机，是该校买来的物理学教学模型。

　　在正式动手研究之前，瓦特得先花一笔钱，把模型送到伦敦修理一下。但他未等到模型运回来，就从 1761 年起，开始了理论学习，阅读一切可以搜集到的有关蒸汽机的资料，并迅速积累有关蒸汽机方面的知识。直到 1763 年，他才收到模型。收到模型后，他把一个装有活塞的小注水器连接到帕平（现在的高压锅）上，并在它们之间装上一个阀门，利用这套装置设计了很多实验来研究蒸汽动力，并将他在那个时期做实验的收获与体会进行了总结，写出了《蒸汽和蒸汽机》。该文后被《大不列颠百科全书》第 9 版收录。

　　虽然那台纽科门蒸汽机到了瓦特手里，但并没有真正派上用场。令瓦特为难的是，那个帕平蒸煮器的容积已相当大，但产生的高压蒸汽效率依旧很低，根本无法保证活塞持续反复工作。很快，汽缸内的蒸汽放尽后，发动机就停止运转了。

　　瓦特在改造蒸汽机过程中，经历了无数次失败，他反复试验、观察，终于发现那是潜热的存在。潜热的概念，最初是由布莱克教授提出的。瓦特说："这种现象（潜热的作用）令我感到迷惑不解，我便向好友布莱克博士提起此事，他于是向我解释了他的潜热理论，在此之前（1764 年）他已经做过一段时间的研究"；"不过，我那段时间忙着生意上的事情，即使我以前就对这项理论有所耳闻，偶然发现了一个可以用它进行完美解释的现象，我也不会重视它"。①

　　蒸汽机研究属于物理学与机械学领域，潜热理论在近代物理学史上具有举足轻重的地位。在不同温度下，水有液态、固态、气态

①　[美] 安德鲁·卡内基著：《瓦特传——工业革命的旗手》，王铮译，江西教育出版社 2012 年版，第 32—33 页。

三种物理状态，即水、冰与蒸汽。瓦特通过实验研究了水与蒸汽之间的状态转变过程，他用两磅 100℃ 的蒸汽接触 10 磅 0℃ 的冰，结果发现蒸汽完全液化了，那 10 磅冰被加热到了 100℃，这表明两磅的蒸汽，在冷凝过程中放出的热量，能够将 10 磅处于冰点的水加热到沸点。实际上，当蒸汽接触到低温介质表面时，由汽态转变为液态的过程中所放出的热量，就是布莱克所讲的潜热。当时，发动机的工作原理是，燃烧木材煤炭，将水加热到沸点，然后继续加热，使产生的蒸汽不断进入汽缸，再利用汽缸内的高压蒸汽推动活塞做功而驱动其他工具运转，但其中存在一个严重问题，即在对汽缸的反复做功冷却过程中蒸汽以潜热的形式损失了很多热量。

在搞清楚潜热的存在是纽科门发动机热效率低下的症结所在之后，瓦特便着手探索如何解决这一难题。瓦特的研究，是沿着前人的脚步进行的。如前所述，在他着手研制蒸汽机之前，纽科门等人已经制造出最初的蒸汽机。在此基础上，瓦特作出的历史性贡献是：由他提出了分离式冷凝器并将其成功地应用于实践。

美国钢铁大王安德鲁·卡内基在其所撰写的《瓦特传》一书中指出：在对蒸汽的研究过程中，瓦特的第一项发现是潜热，接下来的一项重大发现是蒸汽的总量。布莱克以其潜热理论闻名，而瓦特的工作也是富有成效的。卡内基引用麻省理工学院亨利·普利切特教授的话指出：

"瓦特的发明提供了一种新的改变自然的力量，彻底改变了人类的生产和生活面貌，历史上从未有过一项发明像蒸汽机那样对世界产生了如此巨大而深远的影响。"

实际上，瓦特的贡献并不在于发明了一种机器，而是历史性地提出了一种高效的存储使用自然能量的方法。①

在研究如何提高蒸汽机效率的过程中，潜热的发现虽是一项重

---

① ［美］安德鲁·卡内基著：《瓦特传——工业革命的旗手》，王铮译，江西教育出版社 2012 年版，第 36 页。

大突破，但诚如卡内基在他所撰写的《瓦特传》中所指出的，依然有很多难题有待解决。瓦特发现，在汽缸交替加热冷却的过程中损失掉了约80%的蒸汽能量，仅有20%的能量用于推动活塞做功。瓦特此时面临着一组似乎难以解决的矛盾，即从提高热效率考虑，应该尽量维持汽缸的温度，但汽缸顶部与空气是连通的，自然会被冷却，而且为了形成真空环境，也必须对汽缸进行冷却。而按照以前的做法对汽缸进行反复加热冷却，必然造成严重的损耗。瓦特知道，一旦攻克了这个难题，其他问题便可迎刃而解了。[①]

经过反复试验，瓦特终于找到了纽科门蒸汽机热效率过低、实用性很差的根本原因。于是，他花了几年时间，研制出了分离式冷凝器。这项伟大的发明极大地提高了蒸汽热能的效率，使瓦特发明的蒸汽机成为现代"万能蒸汽机"。在对1769年研制的第一台带有分离式冷凝器的蒸汽机的说明中，瓦特反复强调：

"理想的蒸汽机必须具备的两个条件是：始终保持汽缸恒热，并将蒸汽完全冷凝至100℃以下，以确保其释放出全部热量。"[②]

与旧式的纽科门蒸汽机相比，瓦特发明的现代"万能蒸汽机"的本质区别在于：纽科门蒸汽机采用一个大气压的蒸汽，它反复加热冷却汽缸，只能用于驱动水泵进行矿井排水。而瓦特发明的现代"万能蒸汽机"则采用高压蒸汽，分离式冷凝；这一关键的技术革新，极大地提高了蒸汽机的工作效率，其性能远远优于纽科门蒸汽机。

瓦特的这一发明，开启了机器大工业生产时代，在英国掀起了世界近代史上的第一次生产浪潮。

二、英国的第一次机器大工业生产与第一次生产浪潮

生产，《新华字典》释为："人们使用工具来创造生产资料与生

---

① ［美］安德鲁·卡内基著：《瓦特传——工业革命的旗手》，王铮译，江西教育出版社2012年版，第38—39页。
② 同上书，第39页。

活资料。"《辞海》释为："谋生之业。《史记·高祖本记》：'不事家人生产作业'。"①"以一定生产关系联系起来的人们利用生产工具改变劳动对象以适合自己需要的过程，是人类社会存在和发展的基础。人们为了获得衣、食、住、行等所需的物质资料，必须结成一定的生产关系，同自然界作斗争，故生产在任何条件下都是社会生产，包括生产力和生产关系两个方面。人们在生产斗争中不断改变自然和自己，并创造人类的历史。生产是社会再生产过程的决定性环节，没有生产就没有交换、分配和消费，而交换、分配和消费反过来又影响生产。"②

马克思在《1857—1858 年经济学手稿》中指出：

"就生产方面来说：

（1）它为消费提供材料，对象。消费而无对象，不成其为消费；因而生产在这方面创造出、生产出消费。

（2）但是，生产为消费创造的不只是对象。它也给予消费以消费的规定性、消费的性质，使消费得以完成。正如消费使产品得以完成其为产品一样，生产使消费得以完成。首先，对象不是一般的对象，而是一定的对象，是必须用一定的而又是由生产本身所中介的方式来消费的。饥饿总是饥饿，但是用刀叉吃熟肉来解除的饥饿不同于用手、指甲和牙齿啃生肉来解除的饥饿。因此，不仅消费的对象，而且消费的方式，不仅在客体方面，而且在主体方面，都是生产所生产的。所以，生产创造消费者。

（3）生产不仅为需要提供材料，而且它也为材料提供需要。一旦消费脱离了它最初的自然粗野状态和直接状态，——如果消费停留在这种状态，那也是生产停滞在自然粗野状态的结果，——那么消费本身作为动力就靠对象来作中介。消费对于对象所感到的需要，是对于对象的知觉所创造的。艺术对象创造出懂得艺术和具有审美

① 《新华字典》，商务印书馆 2004 年版，第 436 页。
② 《辞海》(缩印本)，上海辞书出版社 1980 年版，第 1727 页。

能力的大众，——任何其他产品也都是这样。因此，生产不仅为主体生产对象，而且也为对象生产主体。

因此，生产生产着消费：（1）是由于生产为消费创造材料；（2）是由于生产决定消费的方式；（3）是由于生产通过它起初当做对象生产出来的产品在消费者身上引起需要。因而，它生产出消费的对象，消费的方式，消费的动力。同样，消费生产出生产者的素质，因为它在生产者身上引起追求一定目的的需要。"①

在近现代史上，人类的生产活动经历了三次大的浪潮：第一次是使用蒸汽机掀起的生产浪潮；第二次是使用电、自动化设备掀起的生产浪潮；第三次是使用电脑（先是个人电脑后是网络）掀起的第三次生产浪潮。

蒸汽机的发明，在人类历史上第一次解决了工业生产的动力问题，使得封建社会末期的工场手工业，首先在英国转变为人类历史上第一次机器大工业生产，在近代史上掀起了第一次生产浪潮。这次生产浪潮，给整个世界带来了翻天覆地的变化。

（一）生产方式的变革导致生产力的飞速发展

与1712年托马斯·萨弗里与托马斯·纽科门合作研制而成的纽科门蒸汽机相比，瓦特发明的蒸汽机凸显了瓦特对纽科门蒸汽机进行了全面改造，使得这种发动机进一步完善起来。瓦特充分利用了蒸汽的优点，经他改造的蒸汽机功率比纽科门蒸汽机大4倍，而且广为适用，从而将蒸汽机的巨大力量发挥了出来。

英国工商业巨头伯明翰的富商马修·博尔顿，眼光独到，他推崇并不懈追求的商业理念是：

"落后的生产方式正严重阻碍着伯明翰的发展，太多的产品质量低劣，根本无法满足人们的需要。"② 必须保证产品质优价廉，通过扩大生产规模来降低价格。"如果采用大规模机械化生产与人工手工

---

① 《马克思恩格斯文集》第8卷，人民出版社2009年版，第16页。
② ［美］安德鲁·卡内基著：《瓦特传——工业革命的旗手》，王铮译，江西教育出版社2012年版，第67页。

生产相结合的方式，就可以有效提高产品的产量和工艺水平。"①

博尔顿将这一理念付诸实施，创造了属于自己的商业帝国，当时甚至连王室也投资了他的工厂。于是，他经营的素荷制造厂声誉鹊起，成为英国向世界展示其发达的机械工业水平的一个窗口、一面旗帜。

对于蒸汽机，博尔顿有着浓厚的兴趣，由于当时水力资源满足不了生产需求，他曾在素荷制造厂尝试试用纽科门发动机抽水，但结果却令他大失所望。他在给一位朋友的信中写道：

"这种方式浪费了太多马力（发动机运转不稳定，而且不时出现停车现象），这些失败使我想到，必须制造出一种新型旋转式蒸汽机，我也做过很多尝试，但结果都无法令人满意。"②

经瓦特之前的合伙人罗巴克的介绍，博尔顿对蒸汽机表现出了浓厚的兴趣，他热情邀请瓦特参观了他的素荷制造厂。后来，由于罗巴克破产，他的蒸汽机专利股份被博尔顿购得。因此，博尔顿成为瓦特的合作者。在长期的合作过程中，博尔顿获得巨大收益。

当瓦特式蒸汽机以"完美的表现"问世后，咨询与订货者络绎不绝。很多生产厂家都不再生产纽科门蒸汽机了，甚至矿山类企业也停止使用纽科门蒸汽机，而改用瓦特式蒸汽机了。

瓦特式蒸汽机从工业迅速推广到各行各业，引起了近代史上第一次生产方式的巨大变革、产业的转型升级与第一次生产浪潮，给人类社会带来了巨大的财富，使得封建社会的工场手工业生产时代迅速被资本主义社会的机器大工业生产时代取代了。这是近代史上发生的一次大革命。

这场革命，使人类对能源的利用发生转型。到19世纪，依靠燃烧木材以产生暖气，以及人力与畜力的生物能一直是人类社会的能源基础。随着蒸汽机时代的到来，世界进入了煤炭与蒸汽动力的时

---

① ［美］安德鲁·卡内基著：《瓦特传——工业革命的旗手》，王铮译，江西教育出版社2012年版，第67页。
② 同上书，第67—68页。

期。矿物燃料的时代也随之到来，并且一直延续至今。在 19 世纪早期，人类利用蒸汽动力已大大提高了燃煤产生的能量，人均可支配能源因此大幅增加。这场革命，使工业获得飞速发展。在工业革命中，人类——首先是西欧的人们——学会了利用煤炭与蒸汽能源，通过机器大量生产并在世界范围内销售商品。

由于这场革命是从纺织品生产开始的，因此在英国，首先得益的是纺织企业主。当时，纺织技术的进步，蒸汽机的使用，使得他们在一幢幢大楼里摆设了很多机器，这些机器由同一个中央动力源控制，工人们则在机器旁作业。原来，纺织依靠水作动力，因此，生产规模与生产场地受到地理条件的限制；现在，瓦特的蒸汽发动机使厂主们不再受这两方面的限制。

不仅纺织业老板们抓住了这个机器，各行各业的革新派都很快在利润的驱动下，抓住了这项新技术带来的令人振奋的机会，并迅速加以利用，使得生产力在英国获得飞速发展。铁王约翰·威尔金森于 1779 年建造了英国历史上第一座铁桥，展示了铁质量上乘、价格低廉的优点。后来，他还继续用铁来建造船只、小礼拜堂以及自己的棺材。此外，像酿酒业大亨塞缪尔·威特伯雷特和斯塔福德郡的韦奇伍德都因蒸汽动力而发财，后者是把蒸汽动力引入陶器制造业。①

步入工业革命征程的英国，从新工厂传来的机器嘈杂声打破了乡村的宁静。每到晚上，英国的上空被火炉的光辉照得通明。大地上，运河、隧道、桥梁纵横交错，高耸的工厂烟囱直插云霄，在这些工厂周围，城镇密布。

当时，英国的首府——伦敦是联系欧洲大陆、北美的英国殖民地以及加勒比海的贸易中心，十分繁忙。1801 年，英国以前所未有的规模大量出口商品。当年，约有 200 万吨的货物从英国的各地港

---

① 克里斯·查尔曼撰稿，美国时代生活公司授权出版：《全球通史〈新的革命〉》，郑守疆等译，吉林文史出版社 2010 年版，第 61 页。

口运往海外，这个数量是前 40 年英国商品出口总量的 3 倍。①

在 1808 年，蒸汽发动机就运用于铁路，但用于大规模运输是在史蒂芬森制造的机车"火箭号"之后。

由于意识到蒸汽动力用于铁路运输的广阔前景，史蒂芬森于 1814 年制造出第一台蒸汽机车。1825 年，他的"行动一号"在英国第一条客运铁路——斯托克顿和达灵顿之间作首次试车。为驿马车公司所拥有的这条铁路，还是靠马来拉"火车"，直到 1829 年，史蒂芬森的能力才得以充分发挥。当年，史蒂芬森的"火箭号"击败了三个竞争对手，被选为从利物浦到曼彻斯特这条铁路线的机车，该线在第二年通车。

试车的成功掀起了修筑铁路的浪潮：到 1850 年，英国拥有的铁路长度超过 10 000 公里。同时，其他动力模式的试验也在进行，如布律内尔的"气压铁路"，即由气压来推动，但都以失败而告终，从而进一步证实，像"火箭号"这样的机车必定是交通运输的未来。②

（二）生产关系的变革使得资本主义进入上升时期

手推磨产生的是封建社会，蒸汽机产生的是资本主义社会。蒸汽机发明为什么会在英国？一是英国相对富有。经过圈地运动、战争与商贸等，英国成为当时世界上最富有的国家，且财富不仅集中在贵族手里，而且是分布在商业资本家手中，使英国具备了工业经济的一个首要条件："巨大的"消费市场，形成需求的高涨动力，刺激了对新技术的探索。二是英国对科学与工程的热情是独一无二的。著名的皇家学会成立于 1660 年，牛顿曾任主席。这里是无数激动人心的科学成果的诞生地。人们对于各种装置、机器与设备的兴趣很快发展成为全国性的痴迷。在瓦特式蒸汽机发明前后，不仅已有纽科门蒸汽机，而且发生了一系列科技突破，大大提高了生产力。其中，较杰出的发明有：约翰·凯于 1733 年发明的能提高纺纱速度的

① 克里斯·查尔曼撰稿，美国时代生活公司授权出版：《全球通史〈新的革命〉》，郑守疆等译，吉林文史出版社 2010 年版，第 61 页。

② 同上书，第 64 页。

"飞梭"；理查德·阿克赖特于 1769 年发明的水力纺纱机，它能在滚柱间抽出又细又结实的线；詹姆斯·哈格里夫斯于 1770 年发明的珍妮纺纱机，使用这种机器一个人能够同时纺 8 根纱线，后来又发展为 16 根纱线，最后多达 100 多根；塞缪尔·克朗普顿发明的走锭纺机（1779 年）也是很出色的。爱德蒙·卡特莱特 1785 年发明的水力织布机，使棉布产量大幅增加。亨利·科特 1784 年创造了反射炉后，在炼铁中增设了一套工序叫"清污"，这套工序是在高温下搅拌熔化了的金属将金属中的杂物烧掉；这样，人们就可以批量生产出高质量的熟铁。三是英国还拥有其他因素。譬如，英国幸运地拥有巨大的原煤与铁矿石资源；英国政府还专门制定了一套国家专利制度，旨在激励与保护技术发明。在许多方面，英国当时的确具备了发生近代史上第一次工业革命与第一次生产浪潮所必须的蒸汽机发明的条件，瓦特与博尔顿则抓住了历史发展的这一潜在机遇，改变了自己的命运，提高了自己的声望。

瓦特式蒸汽机的发明与使用，使得英国在近代史上掀起了第一次生产浪潮与第一次产业革命。在这次浪潮发生前，英国 17 世纪至 18 世纪的圈地运动，驱赶大批农民离开土地，为英国新工业的建立提供了劳动力。在英国的这场产业革命与生产浪潮中，在生产方式发生巨大变化的同时，生产关系也发生了历史性巨变，新的贵族资产阶级产生了，与此同时，新的产业大军工人阶级也逐步形成了。由于很多人逃离农业，使得工人阶级的队伍迅速壮大。这个新生阶级的工作方式、生活态度及其价值观，与传统的贫苦农民迥然不同，从而导致社会形态发生巨变，迅速进入由资产阶级统治的资本主义社会。

（三）生产创造需求导致新的商业社会迅速形成

在英国发生的近代史上的第一次生产浪潮，使人类社会结束了封建制，迅速进入商品经济高度发达的资本主义商业社会，深刻揭示了国民财富的来源。1776 年，亚当·斯密在由他发表的《国民财富的性质和原因的研究》（简称《国富论》）中宣称：任何一个生产部门的劳动都是国民财富的源泉。他一方面批判了重商主义所主张的只有对外贸易才是财富来源的这种错误观点，另一方面又克服了重农主义者所持有的只有农业劳动才是创造财富的偏见，从而明确提出了劳动价值论。更有甚者，遭到马克思与凯恩斯批判的萨伊提出：供给本身能够创造需求。需求是供给的函数。这被世人称为萨伊定律。后来，由于时代的变迁，凯恩斯在他于1936年发表的《就业、利息和货币通论》中，提出了与萨伊定律完全相反的主张：不是供给创造需求，而是需求创造供给。受凯恩斯影响，自2008年国际金融危机发生以来，投资、出口受阻，为了稳增长，"拉动内需"在国内的呼声很高。然而，内需是要拉动的，但如何拉动呢？是仅仅从消费角度考虑吗？如果仅仅从消费角度考虑，那么，消费什么？从何处搞到人们所需要的各类消费品呢？当市场上各类消费品满足了人们的需求后，如何创造新的需求呢？当人们所需要的商品市场不能提供时，如何解决人们的需求呢？

在马克思所讲的生产、分配、交换、消费四个环节中，生产是起点，消费表现为终点，分配和交换为中间环节。社会生产是一个由生产、分配、交换和消费组成的有机统一体。尽管凯恩斯批判了萨伊供给能够创造它自己需求的观点，但英国工业革命启示我们：生产不仅是起点，而且生产的确能创造需求，解决人们消费什么，从而满足人们的需求问题。诚如马克思所讲："生产不仅直接是消费，消费也不仅直接是生产，生产也不仅是消费的手段，消费也不仅是生产的目的，就是说，每一方都为对方提供对象，生产为消费提供外在的对象，消费为生产提供想象的对象。"① 机器大工业生产方式，代替了原来低效的作坊业生产方式，使得英国制造业如日中天，形成规模经济的供给链。一方面加速了制造业的分工，使得各类制造业的分工以及与此相应的各类市场分工越分越细，其效率迅速提高。如同亚当·斯密在《国富论》中所讲："劳动生产力最大的

---

① 《马克思恩格斯文集》第8卷，人民出版社2009年版，第17页。

改进，以及劳动在任何地方运作或应用中所体现的技能、熟练和判断的大部分，似乎都是劳动分工的结果。"① 以制针业为例，10 个人制针，如果不分工，"或许一天制造不出一枚针"②，如果分工，"10个人每天能制针 48 000 枚"③。

另一方面，将各种不同类型的商品源源不断地提供给市场，使得市场繁荣起来，商业社会迅速形成。正如亚当·斯密在《国富论》中所讲："一国国民每年的劳动，是最初供应他们每年消费的全部生活必需品和便利品的资源，这一资源总是由这种劳动的直接产品或用这种直接产品从他国换来的产品构成的。"④

即使当年与英国敌对的拿破仑军队，于 1812 年向莫斯科进军途中，士兵们也是穿着由英国机器大工业生产的棉布制作的大衣，来抵御俄罗斯的严寒的。

正是机器大工业生产，生产出一批批千姿百态的商品，满足了市场的需求，才使得英国能够在近代史上第一个举行万国博览为来自世界各地、各路的商人，提供现代批量销售的商品之源，从而使得英国的商品市场空前繁盛。尤其是英国的这场工业革命，使以煤炭、矿物燃料取代了依靠木材燃烧产生暖气消费，从而推动了新的能源革命，改变了能源市场格局。

三、工业革命造成的生态环境问题与人类中心主义

（一）工业革命造成的生态环境问题

如同任何事物都有两面性一样，英国的工业革命，既使人类从农业文明转向了工业文明，使生产力的发展产生了巨大的飞跃、生产关系产生了巨大的变革；同时，也给人类造成了大气污染、水体

---

① ［英］亚当·斯密著：《国富论》（上卷），杨敬年译，陕西人民出版社 2001 年版，第7—8 页。
② 同上书，第 4 页。
③ 同上书，第 5 页。
④ 同上书，第 1 页。

污染、土壤污染。当时的伦敦，是世界工业革命的中心，被称为"世界工厂"。同时，也被称为"雾都"，成为一座终日被煤烟笼罩的城市。如今，伦敦虽已摘掉了"雾都"的帽子，但它的这一不幸却仍在一些发展中国家工业化进程中上演。

在漫漫的历史长河中，人类文明的发展进化经历了三个阶段：原始文明、农业文明和工业文明。时至今日，人类对经历的文明状态进行反思，准备迎接新的生态文明时代的到来之时，却仍感力不从心。一对最基本的关系：人与自然的关系，至今尚未完全理顺。在人类历史上，很多人对这一问题进行了探索研究。之所以探索，首先，地球圈已进入了人类活动占主导地位的地质年代，人类从未像现在这样对包括人自身在内的自然界具有绝对的主动权；其次，人类社会中目前居于主导地位的价值取向——追求物质利益享受同自然的有限使用性处于激烈的矛盾冲突时期；再次，认识到这个问题的严重性和紧迫性的人越来越多，但是，相对于整个人口总量来说，这个数量比例仍然比较渺小。

在工业文明之前的原始文明与农业文明时代，人们崇尚的是"自然中心主义"。那时，由于生产力水平低下，自然界拥有着无上的权威，人类只有被动地依赖和适应自然才能求得生存之地。即使是农业文明时期人类开始了对生态环境的破坏，但是由于当时人的活动范围的局限和生态系统的自身平衡修复，整个生态系统还是能维持平衡状态。总的来说，工业文明之前，在"自然中心主义"支配下，人与自然间的关系还是基本和谐的，没有出现根本性、全局性的激烈冲突。

以蒸汽机为标志的工业革命吹响了工业文明的号角，"于是，蒸汽和机器引起了工业生产的革命"①。数千年的农业文明体系开始逐渐瓦解，人类拉开了征服自然、掠夺自然的序幕。工业文明时代整个社会的生产力得到快速提高，工业文明在它二三百年的时间里所

---

① 《马克思恩格斯选集》第 1 卷，人民出版社 1995 年版，第 273 页。

创造的财富比过去一切世代创造的全部财富还要多。与此同时，"自然中心主义"被"人类中心主义"取代了，工业文明的发展被"人类中心主义"的理念支配了，在这种理念的倡导下，人类借助越来越发达的科学技术不断向自然界索取，以获取自身需要的满足。一方面，这促进了人类物质文化生活水平的提高；另一方面，由于这种对资源和环境的开发和破坏超过了自然界的应允范围，自然界通过各种途径不断地向人类进行报复，使得人类自身的发展陷入了危机与困境。

当人们陶醉于对自然界取得的胜利之时，突然发现按照这种思路发展下去，地球将变得不再适合人类居住，各种生态污染和环境破坏行为充斥着世界的每一个角落，天空不再那样蔚蓝，江河不再那样清澈，泥土不再那样芬芳，原本喧闹美丽的春天就像美国著名海洋生物学家蕾切尔·卡逊（Rachel Carson）笔下的春天变得那样寂静，好像死神在一步一步逼近。人们深刻地认识到，人类在创造辉煌文明的同时，正在不断地破坏自己栖息的生存环境，地球环境已全面恶化，人类的前途和命运正在受到威胁。因此，有人发出拯救地球的呼声。1972 年，面对西方经济强劲发展的势头和人们追求物质财富狂热的浪潮，西方数十个国家的科学家、经济学家、教育家等聚集罗马，共同商讨未来人类发展的困境问题。在这次聚会中，他们推出了一份震惊世界的研究报告《增长的极限》(*The Limits to Growth*)，这份报告向世人宣告了工业革命的粗放经济增长模式给地球和人类自身带来的毁灭性灾难，同时也开出了解决这一困境的秘方——"零增长"。他们认为，"地球是有限的，任何人类活动愈是接近地球支撑这种活动的能力限度，对不能同时兼顾的因素的权衡就变得更加明显和不能解决"。① 罗马俱乐部的预言不是空穴来风，它得到了世界上其他有识之士和国际组织的认同。同年，英国生态

---

① ［美］丹尼斯·米都斯等：《增长的极限》，李宝恒译，吉林人民出版社 1997 年版，第 18 页。

经济学家史密斯等发表了《生存的蓝图》，提出了与《增长的极限》相类似的观点。

20世纪80年代初，联合国大会成立了由当时的联邦德国总理勃兰特、瑞典首相帕尔梅和挪威首相布伦特蓝夫人为首的三个高级专家委员会，经过数年的研究努力，三个专家委员会分别发表了《我们共同的危机》、《我们共同的安全》和《我们共同的未来》三个纲领性文件，向世人警示了当时正在发生的种种环境问题和生态危机，共同提出并倡导人与自然的"可持续发展"（sustainable development），认为这是21世纪人类求得生存和发展的唯一途径。这一重要思想在1992年巴西里约热内卢召开的联合国环境与发展大会上由理论变成了世界各国人民的行动纲领和计划，可持续发展成为了全人类的共同发展战略。

这一系列著作的发表在全世界范围内引起了强烈的反响，使人类逐渐认识到所面临的生态环境问题的严重性，激起了人类的自我反思和自我拯救。如何正视生态危机，如何解决这场危机，如何把握人与自然的关系，如何使人类社会继续向前发展，这一系列的问题令全人类殚精竭虑。

在21世纪，各国之间的竞争已经从传统的经济、技术、军事等领域延伸到资源、环境领域，资源环境问题越来越成为国际社会关注的热点和争论的焦点，围绕能源资源、气候变化、环境资金技术等问题的博弈也必将更加激烈。加强生态文明建设，不但可以增强中国在发展与环境问题上的主动权话语权，也有利于维护中国的核心利益和负责任的大国形象。

恩格斯曾经说过："我们不要过分陶醉于我们人类对自然界的胜利。对于每一次这样的胜利，自然界都对我们进行报复。每一次胜利，起初确实取得了我们预期的结果，但是往后和再往后却发生完全不同的、出乎意料的影响，常常把最初的结果又消除了。"[1] 英国

---

[1]《马克思恩格斯选集》第4卷，人民出版社1995年版，第383页。

的工业革命虽然席卷西方世界，促使人们利用所掌握的科学技术来改造世界，推动了人类社会的发展，提高了人类的生活水平，但是却破坏了人类赖以生存的自然环境，造成了严重的生态环境问题。

今天，在经济全球化的影响下，生态环境问题已经成为当代国际社会共同关注的重大问题，重视和改善生态环境已经成为各国人民的共同意愿。

（二）反对"人类中心主义"及其"资本霸权逻辑"

解决环境问题，实现可持续发展，要求规范人类对待环境的行为并对环境利益进行再分配。在保护环境问题上，人类应当树立明确的尊重自然、顺应自然、保护自然理念，并根据这一理念规范人们的生产、交易、交往和消费等行为，把自身利益、他人利益和后人利益统一起来，把局部利益、短期利益与整体利益、长远利益统一起来。

中国的环境是世界环境的一部分，从动态角度来看，全球环境问题既影响了中国的环境状况，也影响了一些中国人污染和破坏环境的心态，反过来，中国作为世界人口大国，其环境问题又极大地影响着全球性环境的变化。中国不仅是世界上人口最多的国家，而且也是最大的发展中国家，改革开放以来又是世界经济发展速度最快的国家。因此，中国的环境问题不能不具有自身的特殊性、复杂性、严重性。[①] 制约我国生态环境的瓶颈因素很多，现象复杂多样，特别是改革开放 30 几年来，在经济以较快速度增长，经济总量不断攀升的背后，我们看到了一个生态恶化的中国。2005 年 1 月，评估世界各国（地区）环境质量的"环境可持续指数"（ESI）在瑞士达沃斯正式对外发布，中国位居第 133 位，全球倒数 14 位。这给我们每一个中国人敲响了警钟，生态环境问题已经到了非常严峻的地步。2005 年以来，虽然进行了治理，但是生态环境问题依然十分严峻，如果继续沿着旧有的思路和模式发展，那么改革开放所取得的

---

① 崔永和等著：《全球化与生态文明论纲》，当代中国出版社 2002 年版，第 272 页。

伟大成就和巨大财富就有可能因随之而来的环境问题和生态危机而付之东流。这不能不促使每一个中国人进行深思，寻找问题的症结和出路。

2012年，中共十八大提出，面对资源约束趋紧、环境污染严重、生态系统退化的严峻形势，必须树立尊重自然、顺应自然、保护自然的生态文明理念。

一是尊重自然。这是人与自然相处时应秉持的首要态度，要求人对自然怀有敬畏之心、感恩之情、报恩之意，尊重自然界的创造和存在，绝对不能凌驾于自然之上。历史上，在生产力相对低下时，人类曾崇拜自然、畏惧自然。近代以来，随着改造自然能力的大幅提高，人类开始轻视自然、蔑视自然，甚至以征服者、占有者的姿态面对自然；为满足自身需要向大自然不断索取，使人类赖以生存的自然环境遭受严重破坏，生态危机日益严重。反思过去，正视现实，只有尊重自然才是与自然相处的科学态度。

首先，尊重自然必须反对人类中心主义，深刻认识人类与自然是平等的，人类不是自然的奴隶，也不是自然的上帝，人属于自然，而不是自然属于人；必须深刻认识到自然界是人类赖以生存发展的基本条件，人类生活所需要的一切均直接或间接来自自然；必须深刻认识到一切物种均有生命，均有其独特价值，均是大自然家庭中不可或缺的部分。

马克思、恩格斯的生态思想深刻地告诉我们，人是自然界的组成部分，人一刻也离不开自然界就像人一刻也不能离开自己的身体一样，自然界是人的无机的身体。人存在于自然界之中，而不是自然界之外，为此人类不能像恩格斯所指责的像征服异族人一样去征服自然。纵观当下，人类面临着许多全球性的生态危机，固然有许多客观原因，但是从主观上讲，那种反自然的"人类中心主义"负有最主要的责任。"人类中心主义"是唯心主义世界观的基础，它的主要思想框架就是主客观两极分化的二元对立，这种二元对立造成了人与自然的紧张关系，错误地将人类摆放在自然界之外，凌驾于自然界之上去统治、征服自然，从而导致了人类对地球上各种资源的贪婪索取和疯狂掠夺，结果破坏了自然界，也破坏了自己的生存家园。因此，人类必须变革思维方式，走出传统的"人类中心主义"的阴霾，摆正自身在自然界中的位置，才可能摆脱当前的生态困境。

其次，尊重自然，必须破除"资本霸权逻辑"，实现人与自然和谐共处。协调人与自然的关系，必须同时协调人与人的关系。马克思主义认为，只有对资本主义生产方式以及整个社会制度实行"完全的变革"才能最终解决人类面临的环境问题。现阶段同样要明确，解决环境问题不仅仅要构建人与自然的和谐关系，更要重视通过制度保障、社会督促、伦理规范、舆论导向来促进社会和谐。只有改进了人与人的关系，才能比较好地促进人与自然的和谐。

因为人与自然的关系，从根本上看，是根植于其背后的人与人的紧张关系。在英国工业革命发生之前，从原棉到布，这个加工过程很复杂。首先得把棉之原料打开，把棉纤与棉籽分开，把它制成粗纱，然后把粗纱精纺成线，工序复杂。英国工业革命发生后，这些复杂的工作可由机器来代替。有位观察家这样写道："通过不知疲倦、快速运行的铁指、铁牙以及铁轮，原料被打开、清除杂物、梳理、拉紧、抽纤、纺纱、圈绕、布经、整理，最后织成布。"

这就是工厂系统的威力，它替代了原来低效的生产模式，即需要大量的娴熟的、分散的劳工，几个人照看一台单动力源的机器。当然，现在也需要劳工来照看机器的运转，而且还有劳工的孩子爬到机器下面疏通线结。但那种家庭作坊式纺织和织布已不再派用场，随着这类工种的消失，一种新的社会阶层——工人阶级逐步形成，由于很多人逃离农场，使得工人阶级的队伍迅速壮大。这个阶级的生活态度和价值观与那些传统的、贫苦农民的态度和价值观迥然不同。

长时间的辛苦劳动对贫困阶层是家常便饭，但那些在土地上干农活的人，就不习惯这种长时间的劳作，因为农活有农闲、农忙之分。冬天日照时间短，劳动时间也相应缩短，那些在自己家里纺织的人还有一定自由来安排自己的工作时间。

现在工作节奏加快了，因为工厂主要让工人尽力使用昂贵的新机器以获取最大价值的回报。童工、男女工人每天工作长达 15 个小时，他们的休息时间被严格控制。工厂主利用罚款来实施工厂十分死板的作息时间安排，童工常因迟到或在工作中出现失误而受到监工的毒打，这种严格的制度常常导致不必要的粗暴。罗伯特·柏林科曾是年轻学徒，他在后来出版的回忆录中叙述道：他的头皮因经常被打伤而感染，他们用热沥青浇到头上来进行"治疗"，结果沥青在头上结成帽子状，沥青扯下来时，头发连同沥青一起被扯掉。

1805 年，工厂开始装汽灯，这意味着工作时间的长短现在可以由人加以控制，而不再受自然界的限制。人造光明的利用使得工人的劳动时间可以延伸到极点，甚至常常超过这个极点。那些人常年在纺织厂的机器旁做无休止、简单重复的机械动作，他们的身体都严重变了形。布雷福特有个 15 岁的男孩，他在一个纺绒制品厂里干了十年，结果造成终生畸形，他只有 1.14 米高。他每天要工作十四五个小时，"由于站得太久，把膝盖都站弯了"。他向一个调查组这样诉说。凯·沙特尔沃思爵士调查了曼彻斯特的情况后这样说道："当机器转动时，童工、男女劳工这些被铁和蒸汽拴在一起的人也不得不马上运转。动物机器被锁链锁在铁的机器上，这些动物机器没有知觉，不知痛苦和疲倦。"

受到如此折磨的阶层常常养成一种集体主义精神，他们有严格的纪律，并且敢于斗争。此外，与他们的祖先相比，他们有一股更强烈的反抗意识。不是每个人都经历过棉纺厂那样苦难的生活，比如金属、陶器、皮革行业，各种不同的传统作业方式盛行，工作条件相对较好。在所有新兴的工业行业中，雇工们清楚地看到他们受尽剥削，因为工厂主们就是在他们眼前富起来的。

因此，从 18 世纪中叶开始，熟练工人们开始组成各种联合团体，为增加工资、改善工作条件等目的与资本家讨价还价，必要时还要举行罢工，这种联合团体就是现代工会组织的前身。1793年，各种工人友好协会受到法律上的认可，工人们相应地也每周得到一笔小小的捐助金，供工人们在生病和失业时生活之用，甚至还能支付送丧费。

当各种友好协会很盛行的时候，这种联合团体遇到了麻烦。八面威风的工厂主们懊悔给工人付太高的工资，英国国会也开始担心这些工人协会，认为这些协会有可能引发政治运动。

1789年的法国革命推翻了君主，处死了成千上万的贵族，这场革命使英国统治者心有余悸。因此，英国政府在1799年通过结社法案，1800年取缔了各类工人团体。因法规比较笼统，故常常引发官司。然而，工人仍然拧成一股绳，为改善待遇进行罢工。很多联合团体假借友好协会的名义幸存下来。"棉纺工人协会"不仅保存下来，而且在曼彻斯特组织了一次罢工，并有能力每周支付罢工费1 500英镑。

然而，对很多工人来说，他们不满足于工厂内条件待遇的提高。成千上万的兰开夏和约克夏的手工纺织工人对机器的到来极为不满，他们认为机器削弱了他们的重要性，让他们失业并使他们的工资减少。早在17世纪，技术革新的尝试受到抵制，激愤的伦敦纺织工人把荷兰新制造的织布机打烂，因为这种织布机能提高生产效率。在整个18世纪，捣毁机器的斗争断断续续，并且不断升级。

1812年的卢德派骚乱，工人们对新技术的敌意达到一个新的高峰。据说这场卢德派骚乱是因英国中部一个叫卢德的学徒工而得名的，卢德用铁锤把织布机砸了，他的行为是对工厂主毒打他的一种报仇，而不是出于对机器的敌意。后来，像卢德这样的人纷纷揭竿而起，与工厂主和整个工厂系统作对。有组织的工人团伙破坏纺织机器，袭击工厂主的家。有个工厂主打死工人后想骑马逃走，结果被工人杀死。政府急忙授权当地的官吏镇压骚乱的工人，并动用了军队，英格兰北部实际上处于军管之下。卢德运动震撼了全国，波及了各地，最后于1813年元月被扑灭，有13个卢德运动的领导人被绞死。①

工业文明时代是典型的"资本霸权逻辑"时代。在这一时代，人与人的关系是紧张的。政府对工人的屠杀，不仅未能阻止工人的反抗，反而激怒了工人阶级，促进了工人阶级运动的发展，使得他们聚集了更大的力量。在"资本霸权逻辑"的支配下，人与自然的关系也是紧张的。

即使在21世纪的今天，人类当前面临的生态困境，究其内在原因，就是与建立在过分强调人的主体性和对自然的征服基础上的资本主义生产方式和生活方式分不开的。要使人与自然的矛盾真正消除，必须破除"资本霸权逻辑"，对迄今为止的生产方式和生活方式实行完全的变革。在资本主义社会以前的早期简单商品经济社会，生产的目的只是为了生产使用价值，生产是以需要为尺度的，需要的边界就是生产的边界。但是在资本主义社会，生产的目的不再是为了使用价值而是为了价值，为了实现价值增殖，生产一刻不停，规模不断扩大，资本进行不停的周转、循环、积累、扩大，无止境地展开对自然资源和劳动力的榨取和掠夺，远远超出了自然界所能承受的程度。资本的本性在于追求利润的最大化，而且资本在追求利润的过程中是贪得无厌和不择手段的。只要一个社会经济运行的主体是资本，那么它就必然会对自然界造成摧残和破坏。

为此我们不难理解，在资本霸权支配下的工业革命时代，为何那么多的企业和组织为了追求利润而忽略公共利益、整体利益和长远利益，选择滥用环境的手段向外部转移成本，因为他们是"人格化的资本"，他们只受一个原则驱使，那就是资本的基本原则——实现价值增殖最大化。马克思指出，资本主义生产方式具有摧毁一切

---

① 克里斯·查尔曼撰稿，美国时代生活公司授权出版，《全球通史〈新的革命〉》，郑守疆等译，吉林文史出版社2010年版，第63—66页。

界限的力量，但它只有在自身的界限内是自由的，是没有限制的，资本的发展最终将受到自身的限制，并且实际上它也在不断创造打破自身限制的条件。资本的限度就是使获取利润成为生产的动机与目的，资本有了这样一个限度，它对生态环境的破坏就是理所当然的了。①

人类发展的历史告诉我们，如果任凭资本霸权逻辑横冲直撞，肆意蹂躏自然，那么人类必将自取灭亡。"尽管诸如战争、政治、经济等因素也可以对人类的生存构成重大影响，延迟人类发展进程，但一般不至于毁灭人类，唯有生态问题，它大有可能在悄无声息中摧毁人类。"② 马克思、恩格斯的生态思想是对资本逻辑的超越，包含着对工业文明的批判和反思，同时也蕴含着对未来社会的展望，只有从根本上破除"资本霸权逻辑"，才有可能实现人与自然的和谐共处。

可持续发展要求把人类的根本利益，尤其要把有利于人类生存与发展的整体的、长远的利益放在更重要的位置上，既要重视"代际公平"，即实现当代人与后代人的福利共享，不能为了满足当代人的需求而损害后代人满足其需求的能力，也要促进每一代人内部的"代内公平"，即无论穷人（国）和富人（国）都拥有平等的生存权、发展权和环境受益权。

二是顺应自然。这是人与自然相处时应遵循的基本原则，要求人顺应自然的客观规律，按自然规律办事。因为包括人类在内的自然界是一个完整有机的生态系统，具有自身运动、变化、发展的内在规律，不以人的意志为转移。人利用和改造自然的实践活动只有顺应自然规律，才能做到人与自然和谐相处。顺应自然，就是要使人类的活动符合而不是违背自然界的客观规律，以制度约束人的行为，防止出现因急功近利和个人贪欲而违背自然规律的

① 陈学明：《论建设生态文明必须克服的难题》，《马克思主义研究》2008 年第 5 期。

② 黄志斌、任雪萍：《马克思恩格斯生态思想及其当代价值》，《马克思主义研究》2008 年第 7 期。

现象。

马克思和恩格斯在一百几十年前就认识到了人与自然的辩证统一关系，人与自然相互影响、相互制约。人类活动不能以"取得劳动的最近的、最直接的效益为目的"，而要考虑到"那些只是在晚些时候才显现出来的、通过逐渐的重复和积累才产生效应的较远的结果"。对此，恩格斯曾经在《自然辩证法》中形象地讲道："当阿拉伯人学会蒸馏酒精的时候，他们做梦也想不到，他们由此而制造出来的东西成了当时还没有被发现的美洲的土著居民后来招致灭绝的主要工具之一。以后，当哥伦布发现美洲的时候，他也不知道，他因此复活了在欧洲早已被抛弃的奴隶制度，并奠定了贩卖黑奴的基础。"① 特别地，当人类面对自然的时候，如果狂喜于眼前对于自然的各种胜利，那么人们将会收获一个满目疮痍的自然界，获得一个悲剧性的结果。因此，人类在改造自然界的过程中，不能只注重直接的因果联系，更要看到往后再往后的因果联系，特别要尊重和掌握自然规律，否则不仅不能实现预期目标，反而会破坏自然界的平衡，最终影响人类自身。恩格斯专门讲过："我们一天天地学会更正确地理解自然规律，学会认识我们对自然界习常过程所作的干预所引起的较远的后果。特别自本世纪自然科学大踏步前进以来，我们越来越有可能学会认识并因而控制那些至少是由我们的最常见的生产行为所引起的较远的自然后果。但是这种事情发生得越多，人们就越是不仅再次地感觉到，而且也认识到自身和自然界的一体性，而那种关于精神和物质、人类和自然、灵魂和肉体之间的对立的荒谬的、反自然的观点，也就越不可能成立了。"②

如果人类违背自然规律，盲目地发展经济，会造成生态破坏和社会发展的不可持续性；相反，如果人类在发展经济的过程中，尊重自然规律，保护生态环境，那么就能实现社会发展的可持续性。

①② 《马克思恩格斯选集》第 4 卷，人民出版社 1995 年版，第 384 页。

三是保护自然，这是人与自然相处时应承担的重要责任。要求人们发挥主观能动性，在向自然界索取生存发展之需的同时，呵护自然，回报自然，保护自然界的生态系统，把人类活动控制在自然能够承载的限度之内，给自然留下恢复元气、休养生息、资源再生的空间，实现人类对自然获取给予的平衡，多还旧账，不欠新账，防止出现生态赤字和人类造成的不可逆的生态灾难。

发生于19世纪的第二次技术革命，最大的成就是电能的开发与广泛应用。这是继蒸汽机时代之后，开创了一个电力时代，出现了第二次工业革命、第二次生产浪潮。与第一次技术革命及其以前的技术发明不同的是，第二次技术革命不是直接来源于工场或其他生产领域，而是来源于科学实验。

西门子发电机的发明与瓦特蒸汽机的发明几乎具有同样的标志性意义，不过瓦特的发明虽然运用了科学理论但更多的是经验积累的结晶，西门子的发明更多的则是科学理论的自觉运用。

在第二次生产浪潮中，对电的应用技术发展的贡献，最大的是美国与德国。

电的广泛使用，在19世纪80年代开辟了电网，为生产的自动化开辟了道路。大机器生产时代是由美国"汽车大王"亨利·福特发明的生产流水线开创的。福特发明的生产流水线，不仅是大机器时代生产方式的杰出代表，而且为半自动化、自动化生产开了先河，创造了条件。

自动化作为一个现代技术科学领域，是20世纪40年代中期开始形成并获得迅速发展的。自动化生产技术的发展，促进了制造业规模经济的发展，极大地提高了人类的生产能力与效率。西方发达国家采用自动化生产技术，在20世纪五六十年代获得黄金发展时期，将第二次生产浪潮推向了高潮。在这次生产浪潮中，不仅出现了卡特尔、辛迪加、康采恩、托拉斯与财团、跨国公司等垄断组织，而且由于规模经济的发展，再现了供大于求的状况，市场的决定作用尤其是供求机制凸显。

20世纪70年代初出现的"滞胀"，是指经济增长率与高失业率、高通货膨胀率并存发展、相互纠结的现象。它不同于经济危机，是西方发达国家在二战后第一次出现的"经济发展阶段陷阱"。面对这一陷阱，国内有学者认为，这是西方国家长期地过度地使用了凯恩斯主义。还有学者认为，战后，凯恩斯主义的扩张性财政政策与货币政策，虽然对刺激资本主义的经济发展、缓和经济危机起了很大的作用，但也引起了长期持续的通货膨胀。

当时，由于"滞胀"难题久拖不治，有人提出采用新自由主义的供给学派的主张。于是，1981年美国里根政府上台后，便将供给学派与现代货币主义兼容并蓄，推出了里根经济学。从主张由需求决定供给转向由供给创造需求，由国家干预经济转向减少政府干预，创造一种良好的客观环境，让企业家自由发展。到1984年，美国经济走出了"滞胀"困境。这对于当代中国以供给侧结构性改革为旗帜，在坚持以制造业为基础前提下，提高第三产业的经济比重，避免脱实向虚的发展倾向，是有启示意义的。

第二章
第二次生产浪潮

一、第二次工业革命

（一）第二次技术革命与第二次工业革命

19 世纪后期到 20 世纪初，资本主义由自由资本主义进展到垄断资本主义时代。生产关系这一划时代的变化，无疑是由生产力的飞跃所引起的。当时，各种高科技、新发明不断涌现，并在工业生产中得以运用，大大促进了经济的发展、生产力的飞跃，世界由缓慢笨重的"蒸汽时代"进展到轻便快捷的"电气化时代"。这一突飞猛进，史称第二次工业革命，也称第二次技术革命，由此，在近代史上掀起了第二次生产浪潮。

蒸汽机的发明与广泛使用，虽然极大地促进了生产力的发展，使得人类由工场手工业时代转变为机器大工业生产时代，封建时代转变为自由资本主义时代，它对人类社会的发展与时代的转变功不可没。然而，蒸汽机毕竟笨重，它虽然取代了人力与畜力，使人类能够由工场手工业生产转变为机器大工业生产，但从机器大工业生产看，要进一步做大规模，获得更高程度的发展，就必须从单个车间蒸汽机的使用，发展为系统化的网络的动力，而这就不是单个或一组、几组蒸汽机所能为的；相比而言，人类发明的电，则能解决这一问题。

发生于19世纪的第二次技术革命，最大的成就就是电能的开发与广泛应用，即电信与电工技术的兴起，继蒸汽机时代之后，开创了一个电力时代，出现了第二次工业革命、第二次生产浪潮。

与第一次技术革命和以前的技术发明不同的是，第二次技术革命不是直接来源于工场或其他生产领域，而是来源于科学实验。

电，是一种自然现象，是一种能量。闪电，就是自然现象之一。参加美国《独立宣言》起草的美国政治、科学界的伟人本杰明·富兰克林，一次与他的儿子，在一个空旷的地方放风筝。就在他们玩得兴致勃勃时，突然间电闪雷鸣，狂风大作，一场暴雨骤降。这时，富兰克林手里还拿着风筝线，一道闪电突然从风筝上空划过，富兰克林感到风筝手柄上用金属材料制成的东西给他传来了一阵强烈的麻意。这件事给了他灵感。于是，他经过无数次实验，终于发明了避雷针。

电，对人类既有有害的一面，如闪电能将人击倒，将大树劈毁，但电对人类有利的一面更为突出。人类利用电能，可以通过电网，将电方便而经济地输送到远方。电能，不仅可以与机械能相互转换，且其效率相当高（发电机与电动机运转效率可以高达80%—90%。内燃机只有26%—40%，蒸汽机更低）。并且，电能容易管理与控制。今天，在人类已经掌握的各种能的形式中，如机械能、热能、化学能、原子能、光能等，电能占有独特的重要地位。

在19世纪之前，人们认为电与磁是各不相关的。在18世纪80年代之前，人们只知道静止的电荷与瞬间的放电现象。动电是意大利解剖学家伽伐尼（L.Galvani，1737—1798）于1780年解剖青蛙时偶然发现的。其后，意大利物理学家伏打（A.Volta，1745—1827年）对类似现象进行了大量实验，于1800年发明了电池。由此，电可以源源不断地获得，电流成为科学研究的对象。1820年丹麦物理学家奥斯特（H.C.Oersted，1777—1851），发现了电流的磁效应。1822年，法国物理学家安培（A.M.Ampere，1775—1826）发现了电流产生磁力的基本定律。1831 年，英国物理学家、化学家法拉第（M.Faraday，1791—1867）发现磁铁与导线相对运动时，导线中有电流产生，即电磁感应。法拉第发现的电磁感应定律是发电机的理论基础，为人类开辟了一种新的能源，打开了电力时代的大门。

后来，英国理论物理学家麦克斯韦（J.C.Maocwell，1831—1879），利用 19 世纪 20 年代与 30 年代数学家在理论力学方面的研究成果，把法拉第的思想用数学语言表述出来。1864 年，麦克斯韦发表了一篇在电磁理论上具有划时代意义的论文，用一组偏微分方程（即"麦克斯韦方程"）概括了全部电磁现象。麦克斯韦方程预言电磁波的存在，预言电磁波传播的速度就是光传播的速度，而光不过是波长在一定范围内的特殊的电磁波。这样，光学、电学与磁学就融合一体了。后来，德国物理学家赫兹（H.R.Hertz，1857—1894）为证明电磁波的存在进行了实验研究。麦克斯韦曾担心这种证明是永远无法实现的，但赫兹经过两年的努力，于 1888 年发现了电磁波，即在一个电路发生振荡放电时，附近的电路也出现了电火花。赫兹还分别发现电磁波的两个组成部分——电波和磁波，并且进一步观察到电磁波的反射、折射、干涉与衍射，从而全面证实了麦克斯韦的理论。电磁波的发现，为无线电通讯开辟了道路。

电的发明及其在生产上的广泛应用，是 19 世纪最重大的技术成就。

首先是电报通讯。1833 年，德国数学家高斯与物理学家韦伯（W.E.Weber，1804—1891），发明了电磁针电报机，并安设了 2.7 公里的简陋的电报线。至今沿用的电报机是由美国画家莫尔斯（S.F.B.Morse，1791—1872）于 1837 年发明的。1844 年第一条商用电报线在美国开始使用。1858 年，铺设了第一条横贯大西洋的海底电缆，由于技术上的困难，这条电报线仅使用了一个月。1866 年，按照英国物理学家威廉·汤姆森（Willian Thomson，1824—1907）的设计，成功铺设了第二条大西洋电缆。

在 19 世纪 70 年代，出现电话，这是电讯方面的重大突破。电话机虽然在 1861 年已由德国物理学家赖斯（P.Reis，1834—1874）发明，但未引起重视。1876 年，出生于苏格兰的美国发音生理学教授贝尔（A.G.Bell，1847—1922）发明了具有实用价值的电话机。两年后，纽约至波士顿之间的长途电话开始通话。

1895 年前后，俄国物理学家波波夫（A.C.Iioiob，1859—1906）、意大利青年马可尼（G.Marconi，1874—1937），以及新西兰出生的英国物理学家卢瑟福等人，为实现无线电通讯作出了贡献。19 世纪末无线电的发送、接收技术与 20 世纪初电子管的发明，开创了一个对 20 世纪科学技术发展起关键作用的新技术领域——电子技术。

其次是电镀。电镀是 19 世纪 30 年代在德国发明并取得专利的。由于电镀需要强大的电流，用电池成本高昂，于是促使德国科学家应用法拉第发现的电磁感应定律来制造具有实用价值的发电机。

再次是照明。早在 19 世纪初就发明了电弧。戴维于 1821 年将 2 000 个电池串联起来。产生了 10 厘米的电弧。电弧照明需要强大电流，这也推动了发电机的研制。1878 年白炽灯泡的发明普及了电照明，使电开始与每个人的日常生活联系起来。这项发明是美国的爱迪生作出的。

爱迪生（T.A.Edison，1847—1931）出生于美国中西部的俄亥俄州米兰镇一个普通的家庭里。父亲是荷兰人，母亲是苏格兰人。爱迪生 7 岁时，父亲做瓦屋生意赔了本，一家人不得不搬到密歇根州去。8 岁时，父母把爱迪生送进了学校，学校的老师们认为他是个弱智儿童，不让他在学校里学习，爱迪生不得不退学。幸好他母亲是位素质很高的老师，在家教爱迪生。事实上，爱迪生是个相当聪明的孩子，8 岁就能阅读莎士比亚与狄更斯的著作了。

在 21 岁前，爱迪生工作极不稳定，在电信电报等公司都打过工，直到后来到纽约，接触到了机械维修等技术，才发现自己在这方面有浓厚的兴趣。后来，他成立了一家工程公司，专门从事制造与改良机器。逐渐地，爱迪生有了自己的明确目标：发明与创造。

电话，是由英国爱丁堡的亚历山大·贝尔于 1875 年发明的。

1877年，爱迪生对贝尔发明的电话进行了改造，发明了电话机话筒，对将这种神奇的沟通交流工具投入到实际生活中去起到了很大作用。

电灯，给人们生活带来的便利前所未有。电灯的好坏，取决于灯丝的质量。为了让灯丝燃烧的时间长久，爱迪生试验了6 000多种纤维材料。最终才找到了最适合发光的材料，在当时最大限度地延长了灯泡的使用寿命。在研究电灯的几年时间里，爱迪生差不多每天清晨三四点钟就起床，一天要工作将近20个小时。有时累了，就拿两三本书垫着睡一会儿。电灯泡被发明之后，他做起了一种新的供电系统设施：由中央发电站供给各方电能。

除了电灯、电话，爱迪生还发明了留声机、电报等，是历史上最多的发明家，被称为"发明大王"。他于1881年建立了世界上第一个技术实验室，把技术创造发明置于科学的基础之上。为电照明的需要，爱迪生于1882年在纽约建成第一座商业发电站，安装了6台发电机，其中最大的功率为125马力。

通用电气公司最早的名称是爱迪生通用电气公司，该公司的由来与电影有着密切的关系。1887年，爱迪生将发明工厂迁到西奥兰治。在这里，他开始深入地研究与发展电影事业，为此，爱迪生还创建了很多商业性公司，最后合并，称为通用电气公司。

第二次技术革命在美国与德国这两个国家的发展路径有些不同。比如，德国发展发电机，主要是为电镀工业提供动力；美国则是为了供给电气照明。在19世纪，德国迅速由农业国转变为工业国。在这一时期德国工业发展中，作为新动力能源开发的电力工业、电气工业的发展具有决定意义的影响。发轫于19世纪三四十年代的电力工业，到五六十年代，随着发电机、电动机的问世与90年代后远距离输电线路的形成，成为发展最快的产业，并导致了电气化的迅速实现。

发电机出现于19世纪40年代。最初的发电机都是用永磁铁产生磁场，强度很有限。1866年，西门子发明自激发电机，用强大的电磁铁代替永磁铁，大大增加了输出电流的强度与发电效率。这一技术上的突破，为电力时代的出现创造了必要条件。

西门子无疑是德国电气化的开路先锋。西门子公司，由德国著名的电工学家、柏林科学院院士、发明家、企业家恩斯特·韦尔纳·冯·西门子（Ernst Wemer von Siemens，1816—1892）在没有任何家庭背景的情况下，白手起家，依靠自己掌握的科学技术创建的。

据西门子自己讲：发明发电机是"该时期一种非军事方面的发明"[1]。"因为它已经成为一个巨大的新兴工业部门的基础，并且几乎使所有的科技领域都变得活跃起来，改变了面貌，而且在继续发挥着影响——这就是发电机的发明。"[2]

据西门子回忆：

"1866年秋季，我正研究如何用圆筒感应器来制作电气点火机，当时我就在研究这个问题——人们能否不利用所谓的额外电流就可以加强感应电流，我很清楚当一台电磁机在通过它的线圈所产生的逆电流时，它令工作效率大大削弱，因为这种逆电流会明显减少有效蓄电池的能量；相反，当这台电磁机在外作用力的作用下朝相反方向旋转时，蓄电池的能量就会增强。这种情况是必然的，因为逆向反转运动同时也会使感应电流的方向反转。

事实证明了这一理论。由此可知，如果在一台安装合适的电磁机的固定磁铁上一直保持充分的磁性的话，那么通过这种磁性所产生的电流就会逐渐加强，从而可以在逆向反转运动中产生令人吃惊的效果。这就是一切发电机的发明及其初步应用所依据的原理。"[3]

"我的公司也很快就生产出这种大型机器，并且其中的一台在1867年巴黎世界博览会上展出。"[4]

---

[1][2]　恩斯特·西门子著：《西门子自传》，博达译，民主与建设出版社2004年版，第291页。
[3]　同上书，第291—292页。
[4]　同上书，第293页。

"从此以后，发电机得到了很大的改进，尤其是采用了巴切诺梯什和汉夫内什的绕圈方法之后，发电机在技术领域得到了更加广泛的应用。"[1]

西门子发电机的发明与瓦特蒸汽机的发明几乎具有同样的标志性意义，不过瓦特的发明虽然运用了科学理论但更多的是经验积累的结晶，西门子的发明更多的则是科学理论的自觉运用。

电机的发展顺序大致是：首先出现的是直流电机，早在19世纪30年代，法拉第曾经研制出他的电动机模型。此后不久，美国机械工人达文波特（T.Davenport，1802—1851）在1836年已将电动机用于带动木工镟床，1840年又用于带动报纸印刷机。1834年，出生在德国的俄国物理学家雅可比（M.H.von Jacobi，1801—1874）发明了功率为15瓦的棒状铁心电动机，1839年他又在涅瓦河上进行了将电动机用于船舶动力的实验。

交流电机产生于直流电机之后。1886年，美国的特斯拉（N.Tesla）独自创造出一种构造较完善的二相异步电动机。1889年后，俄国工程师多里沃-多布罗勿斯基先后发明了三相异步电动机、三相变压器与三相制。1891年初次运用三相制，从而标志着电力发展新阶段的开始。

交流发电机、变压器[2]、电动机发明之后，电灯、电话、电焊、电钻、电车、电报等等，如雨后春笋般地涌现出来。当时，埃米尔·拉得瑙（1838—1915）从美国旅行归来，带回爱迪生的电灯专利技术，电灯照明将德国带入了灿烂耀眼的电气时代。

19世纪技术上的重大成就，除了电的发明及其广泛应用，还有内燃机的发明与应用、炼钢技术的发展、有机合成化学工业的兴起等。其中，内燃机的发明与应用，尤为引人注目。

---

[1] 恩斯特·西门子著：《西门子自传》，博达译，民主与建设出版社2004年版，第293—294页。

[2] 变压器发明于19世纪20年代，交流发电机使用了变压器后，解决了远距离输电问题。

内燃机设计思想的出现，比蒸汽机还早，荷兰物理学家惠更斯，在 17 世纪 70 年代，就曾设想过用火药作燃料的内燃机。以后，他的学生、法国物理学家巴本（D.Papin，1647—1712）通过多次试验均遭失败后，才想到用蒸汽代替火药，于 1690 年试制成了历史上第一台蒸汽机。

1876 年，德国工程师奥托（N.Otto，1832—1891），根据法国工程师博德罗夏（Beau de Rchas，1815—1891）1862 年提出的设计原理，试制成四冲程的煤气内燃机，热效率达 12%—14%，高于蒸汽机，从而引起广泛关注。由于内燃机结构轻巧，热效率高，开始逐步取代蒸汽机，尤其是作为运输工具的发动机，显示出极大的优越性。

1883 年，奥托的合作者戴姆勒（G.Daimler，1834—1900）制成了性能远胜于煤气机，可用于高速运行的汽油发动机。由此，才有可能制造具有实用价值的汽车（1885 年）、飞机（1903 年）。汽车与飞机的出现，是继第一次工业革命中出现的火车、轮船之后的又一次交通运输技术革命。特别是汽车，普及很快，到 20 世纪 20 年代，汽车制造业在美国已成为工业经济三大支柱之一（另两个是钢铁工业与建筑工业）。1897 年，德国工程师狄塞尔（R.Diesel，1858—1913）制成了柴油机，使内燃机开始广泛应用于大功率的运输工具（卡车、拖拉机、火车、轮船等），进一步取代了蒸汽机。

（二）第二次工业革命中的美国与德国

在 19 世纪，作为工业革命发源地的英国，虽然炼钢技术始终居于领先地位，但在电的发明与应用、内燃机的发明与应用、有机合成化学工业方面，则都落后于美国与欧洲大陆。英国虽是法拉第、麦克斯韦电磁理论的故乡，但对电的应用技术发展的贡献，最大的则是美国与德国。

美国与德国，都是后发国家，在哥伦布发现新大陆前，美国原是印弟安人繁衍生息的地方。哥伦布发现新大陆后，西班牙人、荷兰人、英国人相继来到美洲大陆，在这里扩张殖民势力。西班牙人占领了美洲西部、英国人控制东海岸、法国人掌管了密西西比河流域。后来，英国打败法国，成为美洲土地上的胜利者，但争端并没有停止，美国人民渴望自由，1776年，杰斐逊等人起草的《独立宣言》在大陆会议上获得通过，各个殖民地的代表在上面签了字。

在北美独立战争中，华盛顿表现出了卓越的才能，建立了不朽功勋。在1789年2月的总统选举上，他以全票通过，成为美利坚合众国第一任总统。在他执政期间，实行了两项对美国影响极大的政治制度：一是打破地域限制，任人唯贤，首先实行内阁制；二是在连任两届后（1789—1797年），他不恋权力，退出竞选，为美国总统连任不得超过两届作出了榜样。

南北战争后，工业革命在美国获得长足发展，到19世纪末期，美国的制造业已经发展到欧洲各国（除德国外）黯然失色的地步，不仅迅速地由农业国转变成为工业国，而且工业产值跃居世界首位，形成了比较完整的工业体系。

美国在发明电话机后的四年（1880年），全国就已有48 000具电话机，1910年，美国已登记且在用的电话部数超过700万；而在英国的主要工业城市伯明翰电话局，到1886年还只有312家用户。1888年，在美国所有2万人口以上的城市都已有了照明用的发电厂；而在英国，只有几个大城市才有小规模的电灯厂。1900年，内燃机和电力成为美国工业生产的主要动力；1919年，美国1/3的工业动力来自电力。在此之前，如在1860年，美国75%的经济生产都还在依靠非动力。

除了动力之外，美国在1894年已成为世界上机械化程度最高的国家，钢铁业、炼油技术、汽车、飞机制造等也都迅猛地发展起来。

首先是钢铁。在20世纪初，美国的钢产量接近世界总量的一半，铁产量也占到了世界总量的1/3。

说到钢铁，不能不说美国的钢铁大王卡内基。1861年，南北战争爆发。在战争期间，卡内基被调往陆军部当助理次长，并被派往宾夕法尼亚州，负责被英方支持的南军烧毁的奠诺加黑拉河上的桥梁修建。他来到奠诺加黑拉河岸，看到河床上残留着一座焦黑的木桥，不禁想到，新桥如果运用木料修建，不但容易损坏，而且寿命不会长久。他想起在阿尔图曾见到过的小铁桥。这次，能否用铁桥来代替木桥呢？他带着这个问题向专家请教，在得到专家肯定后，他兴奋异常，独自漫步河边，视线随着黑黝黝的河水一直伸向远方。他想了很多，战争越演越烈，战火越烧越旺，战火蔓延的地方，将摧毁无数座桥梁。修铁桥，既能赚大钱，又能助内战一臂之力。于是，他与朋友、弟弟经过缜密的构思，由 5 个人每人出资 1 250 美元，作为投资，建立了拱心石桥梁公司，当内战结束时，拱心石桥梁公司股金由最初每股 1 250 美元，涨到每股 8 万美元。

战争结束后的美国，百孔千疮，铁路网、桥梁、火车等设施遭到大破坏，卡内基面对百废待兴的美国，作出这样的判断：从此，美国进入了钢铁时代，建铁桥、造火车、筑铁轨，统统需要钢铁，钢铁生意将一本万利。

于是，卡内基在经营拱心石桥梁公司的同时，积极筹备自己的钢铁公司。他辞去工作，与几个朋友到欧洲考察。在英国伦敦钢铁研究所，一位专家告诉他，如果把钢涂在铣铁的铁轨表面，可以大大延长铁轨的使用时间，道兹兄弟已申请了这方面的专利。敏感的卡内基，不仅当即决定买下道兹兄弟的这项专利，而且买下了英国焦炭洗涤还原法的专利。为捷足先登，他还在欧洲考察，写信给弟弟汤姆，请汤姆立即收购所有匹兹堡铁路的煤渣，并创立了联合制铁公司。

回到美国后，卡内基立即开始大炼钢铁，他建造了一座 22.5 米高的大熔炉，聘请了一批化学专家，并严抓公司管理，大大提高了生产力。于是，联合制铁公司生产的钢铁被源源不断地送往全国各地，成为建造火车、铁路、桥梁的主要材料。

由于道兹兄弟的发明有一个严重的弱点，即含磷过多，使钢铁太脆。当时伦敦一位名叫贝西默的工程师，发明了有效的除磷方法。但采用这种方法过程过于复杂，不适用于大规模生产。后来，另一位技师亚历山大·霍利简化了贝西默的制钢方法，从而使大规模制造钢铁成为可能。卡内基得知后，立即获取了霍利的技术。这一技术采用后，获得空前的成功。后来，卡内基摒弃了合伙人，成立了卡内基兄弟钢铁公司，成为钢铁王国的头号巨人。

其次是石油。在 1900 年，美国的石油产量达到 6 000 多万桶。说到石油，不能不说美国的石油大王约翰·洛克菲勒。此人曾在一家公司担任过会计助理，将公司的账簿做得清清爽爽，从无差错，使老板及公司里的人对他刮目相看。在美国南北战争前夕，他预感到战争将要爆发，便果断地向银行办理了大笔贷款，采购了大量的盐、高级火腿、铁矿石、煤炭、谷物种子、棉花以及军队急需的皮革、布匹等，待战争打响后，他一一抛出，大发其财。

当时，化学家安德鲁斯用亚硫酸气精炼石油大获成功，随即又从石油中提炼出胜过煤炭液化油的灯油，但缺乏资金，只好找到克拉克，想自己出技术，克拉克出资金，合伙开办炼油公司。可是，克拉克是个没有气魄之人，倒是洛克菲勒答应拿出 4 000 美元给安德鲁斯，成立了"安德鲁斯·克拉克"公司。1865 年，洛克菲勒认定美国石油工业腾飞条件日趋成熟，便以 72 500 美元购买了他当年出资 4 000 美元开办的"安德鲁斯·克拉克"公司，并将该公司改名为"洛克菲勒·安德鲁斯"公司。

不久，洛克菲勒又让弟弟成立了第二家炼油公司。

到 1879 年，由洛克菲勒·安德鲁斯公司改建而成的标准石油公司控制了美国 90% 的炼油业，洛克菲勒的石油托拉斯，为他带来了亿万财富。

再次是汽车。汽车是美国当时最具代表性的行业。说到汽车，不能不说美国的汽车大王亨利·福特。此人对汽车情有独钟。

童年时，福特就对一切机械运动很感兴趣。有一次，父亲带他到底特律去。在火车站，福特第一次看到火车，他一下子就被迷住了。车站里的一个好心的列车长看到这个孩子一直站着看火车，就把他抱起来，带到火车上，说："现在，你已经在很近的地方看它了，怎么样，它是不是很了不起？"

福特怔怔地看着火车头里的各种机器仪表，说："可是，我想看它是怎么跑起来的，你答应我让它跑起来吗？"

这位喜欢孩子的列车长答应了他的要求，发动火车跑了一段路。福特兴奋地按着汽笛，让它一路嘟嘟叫着。

从此之后，福特常常一个人跑很远的路，到铁路边去看火车。在家里，他把所有能拆的东西，都好奇地拆开看个明白，什么东西到了他手里，都会变得七零八落。而且，他自己动手，制造了一辆小火车，拉着小木块，在家里跑来跑去。

长大后，办农场的父亲希望福特接他的班，在农场干下去，但福特不肯，他果断地离开父亲的农场，来到底特律，到爱迪生的电厂做事。

一次，他获得到纽约曼哈顿参加一个由爱迪生主持的技术会议的机会。在这次会议上，他很兴奋，大胆地发表自己的建议，引起了爱迪生注意。

爱迪生想将蓄电池广泛用于电车，福特不以为然，他认为，电池不能达到足够的功率，坚信只有汽油最适合做汽车的燃料。他的见解使爱迪生大感兴趣，于是就把他单独叫到办公室里，谈论此事。

福特在爱迪生面前画了一张草图，讲了自己的设想，爱迪生一边细细地看着那张草图，一边听讲。然后问道："你说，点火装置应该是爆炸式的，还是接触式的？"福特看了爱迪生一眼，心里想，原来爱迪生对这个问题也很关心，看来他们是想到一起了。于是，他就认真地把自己的想法说了出来："我是试着用半接触式实验的。本来靠专用活塞移动来调整开关，但现在我正在考虑采用其他方式。"

"是四冲程吗？"爱迪生被他的想法打动了。

"是的，先生，我想这样比较保险。"福特小心翼翼地向这位发明家说着自己的想法。

问完问题后，爱迪生拍了一下桌子，说："小伙子，你真不简单，这是一个了不起的设想！"他拍了拍福特的肩膀，继续说："你是对的。电车要用蓄电池提升电能，这不太实用。蓄电池太重，而且要不断充电，所以电车不得不离电厂很近，用蒸汽机更不行，蒸汽机必须有锅炉和火，根本不实用。"

"是的，先生，我想只有汽油最合适。"福特补充说。

爱迪生进一步指出："是这样，汽车是自给自足，车中自带着内燃机，无火、无烟、无锅炉、无蒸汽。小伙子，你找到了解决问题的最佳方案。干吧，小伙子！"

在爱迪生的支持下，福特果然大着胆子干起来了。他先在家里修起了一个造车的车间，一下班就在这个车间里干了起来。1893年圣诞节，他设计制造的一辆单缸发动机成功了，看着怒吼的内燃机与排气管冒出的火星，他陶醉了。经过一段时间努力，他又制造成功了双缸发动机。又过了两年，他制造成功一辆四轮机动车。这时已是1896年。这辆车的车轮是四个自行车的轮子，发动机是双缸的，相当于四匹马力。后来，他又制造了一辆26匹马力的汽车，并在1901年底特律车赛上获得冠军。后来，他办起了自己的汽车公司，生产自己想造的汽车。

那时，正是美国的大变革时代。在美国科技界、产业界涌现出一批批杰出人物。在产业界，就有石油巨头洛克菲勒、化学大王杜邦、银行新贵摩根、钢铁大王卡内基等，汽车业当时是一个新兴行业，被许多人看作发财的新途径，仅底特律就有几十家汽车制造公司，福特所办的汽车公司仅是其中之一。

公司建立之初，福特便设计了高、中、低三种不同档次的汽车。其中，高档车主要为富人生产，其利润虽然丰厚，但顾客不多。

福特汽车公司第一年生产汽车就赚了一大笔钱，利润高达10万美元，所有的股东一下子就收回了投资。但福特清楚，汽车是一种交通工具，不是上流社会的奢侈品，它迟早会走入寻常百姓家。低档车尽管单车利润比不上高档车，但如果大批量生产则利润就相当可观了。

低档车技术难度虽不高，但必须简单、轻便、耐用、容易修理，还必须能走崎岖不平的乡村土路，而且必须便宜，让老百姓能够买得起。为此，福特在设计时煞费苦心。几经周折修改，新车的设计方才定型，被命名为 T 型汽车。

T 型车一上市就广受欢迎，供不应求。在加紧生产过程中，福特发现在装配车子的过程中，工人不得不挤在一起干活，效率不高。因为车是固定在一个地方的，不同工序的工人不停地轮换上去操作，很不方便。

福特看到这一情形，便毅然打破常规，让每个车间的人员固定，使加工的零件依次通过传送带进入车间，加工完毕后流入下一工序，这样很快就提高了工作效率。这种流水作业的方式，就是企业管理学上著名的流水线生产方式，是大机器时代生产方式的杰出代表。

福特追求大批量、低成本，很快迎合了社会需求。T 型车获得了巨大成功，19 年内生产了 1 500 多万辆。在其顶峰时期，世界汽车市场的 68% 都属于福特牌 T 型车。

第二次工业革命，不仅使美国的工业获得飞速发展，而且使美国的农业发展也很快。1902 年，第一台拖拉机在美国诞生。随着各种机械设备在农业中投入使用，仅仅 10 年，美国的小麦产量就高达 1 600 多万吨，成为当时世界上最大的小麦出口国。不仅小麦，棉花、玉米、蔬菜、水果等的种植产量也都跃居世界前列。

德国，位于欧洲中部，是一个极富传奇色彩的国家，从骁勇的日耳曼民族建立国家开始，就不停地经历着大起大落。德国的历史，是一个不断追求统一的过程，从法兰克王国分离出来的神圣罗马帝国，一直由邦国、自由骑士等组成。长期的权力纷争，令德国迟迟没能像英国、法国那样发展。

那么，这个后发国家，是如何获得统一、发展并后来居上，超过英国、法国的呢？

1792 年，法国向德意志宣战。在法军强大攻势下，普鲁士与奥地利联军战败。1806 年，普鲁士联合俄国一起与法国交战，又被法军打得几乎全军覆没。战败的普鲁士很快沦陷。1807 年，法国与普鲁士签订了《提尔希特和约》，规定普鲁士将易北河以西的全部土地割让给法国，军队减少到 4 万人，还要支付巨额赔款。在此之后，拿破仑成为德意志的统治者。法国控制了德意志的大部分地区，拿破仑对德意志进行了分区控制。

在拿破仑的铁骑下，在历史上存在了 800 多年的"神圣罗马帝国"陨落了，原先德意志的各个邦国，在拿破仑统治下，改成莱茵邦联，被纳入法兰西帝国的版图。此后，德意志一直处于分裂状态。

但是，德意志人民并不甘心沦落，他们一直励精图治，进行改革，坚持走自己的路，寻找翻身机会。在普鲁士，俾斯麦于 1862 年任首相后，经过一番大刀阔斧的改革，发动了三次战争，德国终于成功地实现统一，开始真正踏上自己的发展道路。

俾斯麦是一个性格复杂、富有远见与谋略的人，他在很多事情的判断上与常人有不同的眼光。早在甲午中日战争时，人们都认为庞大的清朝一定会击败日本，然而俾斯麦不这么认为，他的理由是自己亲眼所见、亲耳所闻的日本人的学习心态。据俾斯麦回忆，当年日本人到德国拜访时，很深入地请教了关于科技上的一些问题，而清朝的官员却对这些毫无兴趣。他们只关心东西的价格、性能。

当时，俾斯麦与罗恩、军事家毛奇成为德意志统一三杰。俾斯麦认为："德所指望的不是普鲁士的自由主义，而是它的武力！当代的重大政治问题不是说空话和多数人通过的决议所能决定的，而必须用铁和血来解决。"这段话出自他出任首相后在下议院一次会议上的演讲，给当时所有在场的人都留下了深刻印象。俾斯麦"铁血首相"的名声便由此而得。

俾斯麦之所以这么认为，并且这么做，完全出于他在政治上尖锐独到的眼光与谋略。当时，除了普鲁士，构成德意志邦联的 34 个小国家和 4 个自由市，有着各自的军队与政府，且主权独立，呈现出封建割据状态。此时的普鲁士，由于国内资本主义的迅速发展，急需打开本土之外的市场，销售产品并扩充其能源产地。在分裂割据状态下，自由资本主义经济很难得到进一步发展，加之，普鲁士有着民族统一的强烈使命感，因此德意志统一成为必然趋势。俾斯麦认为，要实现统一，就必须武力解决。

为了德意志统一，俾斯麦开始了一生中最辉煌的时期。他在"铁血政策"运用上，分为三个阶段，即三场战争，一是与丹麦开战，二是与奥地利开战，三是与法国开战。普奥战争胜利后，普鲁士统一了德国中北部，剩下南方与法国为邻的4个邦国没有统一。1870年，俾斯麦通过在西班牙王位继承问题上做文章，促使法国向普鲁士宣战。俾斯麦乘机以保卫祖国的名义呼吁德意志民族团结一致对抗法国。入侵的法军很快被击败。在色当会战中，法军溃败，拿破仑三世被擒。色当会战彻底取得胜利后，人们对俾斯麦的谋略钦佩不已。南方4个邦国（巴登、巴伐利亚、黑森、符腾堡）顺从时代选择，参与德意志统一的谈判。德国统一后，普鲁士国王成为德意志皇帝。在"神圣罗马帝国"之后，德国历史上的"第二帝国"随之宣告建立，这就是德意志帝国。

德意志帝国的建立，不仅实现了德意志民族的政治统一，而且为德国经济的高速发展创造了条件。从帝国建立到19世纪末，德国经济高速增长是近现代史上最引人注目的。因为在不足30年的时间内，德国令人惊讶地走完了英国用一百多年时间走过的道路，不仅由一个分散落后的农业国，一变而为高度发达的工业国，而且成为对英、美经济霸权与政治霸权提出挑战的新兴力量。

德国经济蓬勃发展的前奏出现于19世纪五六十年代，在这20年中，经济发展的成就超过了以往整整一个世纪的总和。到1870年，德国在世界工业总产量中所占的比重已达13.2%，超过了法国，进入先进资本主义国家的行列。但是，在统一前，德国各地的经济发展是不平衡的。全国总人口中有2/3的居民居住在农村，在1000多万劳动力中，有600万人仍在从事农业和林业生产。

统一，是德国经济真正进入高速发展时期的起点。第一，政治统一的完成与中央集权政治的建立，为资产阶级通过强力的政权推行有利于经济发展的一体化政策创造了条件。第二，由于1870年对法战争的胜利，法国支付的 50 亿法郎的赔款与割让阿尔萨斯-洛林这块煤铁产地，对德国经济发展也产生了重要影响。第三，德国的教育、科技发展成就为经济增长提供了高素质的人力资源与技术条件，是德国后来居上并呈跳跃式发展的基本原因。一是由于实行强迫义务教育制，在 19 世纪 70 年代，德国已基本完成近代教育革命的任务，全民族的文化素质已大为提高。全国文盲率，1865 年为 5.5%，1881 年为 2.38%，1895 年为 0.33%。二是通过调整中等教育体制，大力发展职业技术教育，改革高等教育，形成规模性的三级教育网，使德国领先于欧洲其他国家，成为具有高智能、高技术水平的新型劳动力大军。三是由于实行教学与科研相结合，一些大学成为某一专业研究的人才基地。如基森大学由于一个开放性的化学实验室的影响，被誉为化学家的摇篮，哥廷根大学是数学家荟萃之地，以至于在有志于数理研究的学者中流传着这样一句口号："打起你的背包，上哥廷根去！"尤其是，由于德国高等教育教学与科研结合，结果造就了一大批受过系统教育的专门人才，出现了一批集科学家、工程师与企业家为一体的复合型人才。他们不仅在经济发展中发挥了巨大的创造性作用，而且由于他们的创新成就，使德国成为世界第二次技术革命、第二次工业革命、第二次生产浪潮的中心。

——卓越的化学家奥古斯特·凯库勒（1829—1896 年）、维克托·迈尔（1848—1897 年）、埃米尔·菲舍尔（1852—1919 年）、威廉·奥斯特瓦尔德（1853—1932 年）；

——最先提出能量守恒定律的罗伯特·迈尔（1814—1878 年）与赫尔曼·赫尔姆霍茨（1821—1894 年）；

——发现无线电波的亨利希·赫兹（1857—1894 年）；

——发现 X 射线的威廉·伦琴（1845—1923 年）；

——提出量子理论的马克斯·普朗克（1858—1947 年）；

——创立了细胞理论的马蒂阿斯·施莱登（1804—1881 年）与特奥多尔·施旺（1810—1882 年）；

——制成第一台发电机的西门子（1866 年），成为标志电气化时代来临的第一个重要发明；

——制造出第一台以煤气为燃料的四冲程内燃机的奥托与朗根（1876年），启动了动力机械的又一次革命；

——自行设计的世界上第一辆汽车，于1886年行驶在慕尼黑街道上；

……

在第一次世界大战前，全世界42名诺贝尔奖金获得者中，有14名是德国学者。

上述这些就是19世纪末20世纪初德国工业迅速发展，并超越英、法等国的最基本原因。诚如经济史学家卡洛·奇波拉所说："正是德国人在19世纪下半叶对科学的偏爱使德国工业比英国和美国工业进展得更快。"

这一时期，德国工业飞速发展，突出表现在：

一是重化工。1870年至1900年，德国的重工业得到迅速发展。其中，原煤开采量从3 400万吨增至1.49亿吨；生铁产量从139万吨增至852万吨；钢是机器制造业的基础，从17万吨增至665万吨。1900年，全世界钢的年产量为2 800万吨，德国占到23.75%。在机器制造业中，德国的电机制造与造船业，在这一时期的发展尤为突出。在这一时期，德国的化学工业也有了较快发展。1860年德国的化学工业几乎还是空白，到70年代之后，以威廉·霍夫曼为代表的一批化学家把英国人制造合成染料的技术传入德国，使得德国化学工业获得了突飞猛进的发展。从1870年至1900年，德国酸和碱等基本化学原料的产量增长了7.7倍，染料的产量增加3倍，都已跃居世界第一位。

二是电力工业、电气工业。从19世纪80年代起，德国先后出现两大电气公司，其一是西门子公司，其二是由拉特瑙创建的通用电气公司。从1890年到1910年，这两大公司展开了激烈竞争。通用电器公司通过扩大民众对电流与电气产品的需求来壮大自己的实力，西门子公司则得到政府强有力的支持，并通过合并舒克特公司

（1903 年）与通用电器公司在强电流方面展开激烈的竞争。两大公司在竞争中迅速发展，加速了德国电气化的实现。随着电车轨道的普遍敷设、城乡输电系统的不断扩大，电气工业成为德国的主导产业。在广泛利用电力能源方面，德国当时位居世界之首。1913 年，德国电气产品已占世界总产量 34%，作为当时世界第一经济大国的美国仅占 29%。电，像魔术师一样，流到哪里，就给那里的生产力带来飞速发展。

在近代史上，任何大国在崛起过程中，军事工业的发展都是重要方面。德国也不例外，大力发展军工生产是德国的既定国策。1879 年德国的军费支出为 4.3 亿马克，1899 年上升到 9.3 亿马克，到 1913 年则增至 21 亿马克。巨大的军费开支，既增强了德国的军事力量，也刺激了克虏伯、施国姆等军火企业的飞速发展。克虏伯军火工厂，从 1870 年至 1913 年，雇员从 7 000 人增至 8 万人。克虏伯大炮不仅垄断了德国军队的供应，而且将加工订货单扩展到全世界的军备竞争中。

德国的工业膨胀，军力增强了，野心也大了。为了重新瓜分世界，与老牌帝国主义争夺霸主之位，德国挑起了第一次世界大战。第一次世界大战爆发于 1914 年，牵涉的国家众多，欧洲、亚洲、美洲等地都被卷入了战祸之中，900 多万士兵死于战场，经济损失超过了 1 800 亿美元。德国在旷日持久的战争消耗中，逐渐走入劣势，最终一败涂地，成为战败国，并受到惩罚。1919 年 1 月 18 日，巴黎和会在法国的凡尔赛宫召开。会议的主要内容是如何制裁战败的德国。1919 年 6 月 16 日，英、法、美三国代表战胜国向德国递交了一份合约，合约上规定：德国要归还阿尔萨斯、洛林与波兰、捷克等被占领的地区，还要放弃海外殖民地，承认奥地利独立，废除义务兵役制度，只能维持 10 万名陆军，不能拥有大型战舰与重型武器，还要赔偿巨额战争款等，不许德国讨价还价。否则，就会对德施加武力。德国只能屈辱接受，于 1919 年 6 月 28 日，签署《凡尔赛和约》。这一协定的签署，对德国人来讲，其教训是深刻的。同时，也使德国人埋下了仇恨的种子，为德国日后走上法西斯道路埋下了隐患，给德国留下了更为深刻的教训。

二、自动化与第二次生产浪潮

（一）自动化

电的广泛使用，在19世纪80年代开辟了一个新的领域，这就是用于行动，并形成电网，为生产的自动化开辟了道路。

自动化是机器设备或生产过程，在不需要人直接干预下，按预期的目标、目的或某种程序，经过逻辑推理、判断，普遍地实行自动测量、操纵等信息处理和过程控制的统称。早在自动化技术科学形成之初，控制论的奠基人美籍犹太学者维纳（N.Wiener，1894—1964）等人就预见自动化将给社会带来一次新的工业革命。维纳第一个将控制论引起的自动化同"第二次工业革命"联系起来，并提高到相当的高度来认识。

不过，电气化的产生与自动化的产生，是两个不同的阶段。

电气化产生于19世纪，自动化则产生于20世纪。与世界上任何事物都有一个孕育、萌芽、产生与发展的过程一样，自动化也经历了大机器生产时代的孕育、精密化与半自动化、自动化产生与发展时期。

大机器生产时代是由美国"汽车大王"亨利·福特发明的生产流水线开创的。福特的这一发明不仅是大机器时代生产方式的杰出代表，而且为半自动化、自动化生产开了先河。因为有了生产流水线，就可以在此基础上设计部分自动化、部分人生产流水线，进而设计全自动化生产流水线。但是，说到半自动化，则需从福特发明生产流水线之前的机械传动及其操纵说起。在近代史上，第一台蒸汽机虽是由手工机械制成的，但它的发明与利用却引起了从手工机械向简单机械的转变。随着19世纪50年代至80年代电机与内燃机的发明，由车床逐渐衍生出铣床、刨床、钻床、磨床等，至19世纪末，这些主要的机床已基本定型。从而为 20 世纪前期的精密机床与生产机械化与半自动化创造了条件。

由于电机的发展，在各种机床的不同传动机构上开始分别采用单独的电机驱动。1892 年，美国的诺顿（W.P.Norton）发明用手柄换挡的变速箱，变速箱所需的精密齿轮，已可由滚齿机、万能滚齿机、伞齿刨床来加工。1896 年沃克（O.S.Walker）发明电磁离合器，加上光杆、丝杠与导轨，为机床的传动与机械化创造了条件。

为了实现福特提出的汽车必须是"轻的、结实的、可靠的和便宜的"目标，必须研制高效率的磨床。为此，1900 年，诺顿用金钢砂与钢玉石制成直径大而宽的砂轮，以及钢度大而牢固的重型磨床。他制成的发动机曲轴磨床比普通磨床提高效率 20 倍以上。福特于 1912 年从芝加哥屠宰场流水作业受到启发，建立起汽车生产流水线，虽属雏形，但用于汽车装配，极大地提高了生产效率，使机械制造工业从此进入机械化大生产时代。

在 1920—1950 年，机械制造技术进展到半自动化时期，主要表现在液压与电器元件在机床与其他模式上的应用。液压系统的动力装置是液压泵。机械上常用的液压泵主要是叶片泵、齿轮泵与柱塞泵。1917 年，由帕森斯发明的齿轮泵，虽然压力较高但流量小，多用于机床的润滑油供给系统，现在机床与其他机械上大多采用压力高与流量较大的柱塞泵。液压泵将水或油加至高压，然后输送给液压马达，变成旋转运动，以驱动油缸的活塞或直接使机器工作。它可用液压阀与电磁液压阀分别进行近控与远控。

液压传动与操纵最早应用在飞机上。在第一次世界大战期间，罗马尼亚人康斯坦丁奈斯库（Constantinesco）在英国用液压系统带动间歇齿轮，使机枪刚好在旋转的桨叶间隙中发射子弹，取得惊人的战斗成果。

第二次世界大战之后，由于数控与群控机床及自动线的出现，机床的发展开始进入自动化时期。数控机床是在电子计算机发明后，运用数字控制原理，将加工程序、要求与更换刀具的操作以数码及文字码作为信息进行存贮，并按其发出的指令控制机床，按既定的要求进行加工的机床。自动线是群控的必然结果，也是电子计算机存贮信息量远大于一台数控机床信息量引起的结果。

自动化作为一个现代技术科学领域，是从 20 世纪 40 年代中期开始形成并获得迅速发展的。20 世纪 70 年代以来，随着科学技术的发展，现代工业、电力、交通、生物、生态以及军事指挥等大规模的生产与管理系统越来越多，日益复杂，自动化随之一方面向广度发展，实现复杂系统与大系统的控制；另一方面向深度发展，实现智能控制，智能机器人则是智能控制系统的一个典型，在当代生产浪潮中发挥越来越大的作用。

（二）第二次生产浪潮

自动化生产技术的发展，促进了制造业规模经济的发展，极大地提高了人类的生产能力与效率。尤其是在第二次世界大战后的西方工业发达国家，采用自动化生产技术，使得西方工业发达国家在 20 世纪五六十年代，获得黄金发展时期，将第二次生产浪潮推向了高潮。尤其是美国，在这一次生产浪潮中成为全球超级大国。在第二次生产浪潮中，有两点尤为值得人们关注。

第一，出现了垄断组织，其形式与名称有卡特尔、辛迪加、康采恩、托拉斯与财团、跨国公司等，使得资本主义由自由资本主义时代转变为垄断资本主义时代。

在美国有两类：一类是产业型的工业界企业或商业界企业；一类是财团型的，称为财团。财团是金融资本与工业资本、商业资本融合而成的，著名的摩根财团就是典型。

摩根财团是由美国华尔街的金融奇才约翰·皮尔庞特·摩根创办的。

1871 年，普法战争以法国失败而告终。法国因此陷入一片混乱中，给德国 50 亿法郎的赔款，加之恢复崩溃的经济，都需要有巨额的资金来融通。法国政府要维持下去，就必须发行 2.5 亿法郎（相当于 5 000 万美元）国债。摩根经过与法国总统密使谈判，决定承揽推销这批法国国债。

问题在于，此事如何办？摩根考虑，能否把华尔街各行其是的所有大银行联合起来，形成一个规模庞大、资财雄厚的国债承购组织"辛迪加"？如果行的话，就可将需要一个金融机构承担的风险分摊到众多的金融机构上，将5000万美元风险消化掉。

摩根的这一想法，不仅是对当时华尔街的规则与传统的背离与动摇，而且是对当时伦敦金融中心与世界所有的交易所投资银行传统的背离。当时流行的规则与传统是：谁有机会，谁独吞；自己吞不下去的，就别指望别人。各金融机构之间，信息阻隔，相互猜忌，相互敌视。即使迫于形势联合起来，为了自己最大获利，这种联合也是说变就变。各投资商都是见钱眼开，为一己之利不择手段，尔虞我诈，闹得整个金融界人人自危，各国经济乌烟瘴气。当时，人们称这种经营为海盗式经营。

摩根的想法，正是针对这一弊端的，他对此了如指掌。凭借着他的过人胆略与远见卓识，他要把各个金融机构联合起来，成为一个信息相互沟通、相互协调的稳定整体。对内，经营利益均沾；对外，以强大的财力为后盾，建立可靠的信誉。

他的这一想法披露后，犹如在平静的水面投下一颗重磅炸弹，立刻引起轩然大波。

"摩根太胆大包天了！"

"疯子，金融界的疯子！"

一下子，摩根被舆论的激流旋入旋涡之中，成为众目所视的焦点人物。对此，摩根是预料到的，因此他镇定得很。在摩根周围反对派与拥护者聚集在一起，相互之间争得面红耳赤。摩根则缄口不言，静待机会的成熟。他断定：机会女神正向他走来，他要利用舆论制胜。

当时，两派的争论是很激烈的。《伦敦经济报》猛烈抨击道："法国政府的国家公债由……发迹于美国的投资家承购。为了消化这些国债想出了所谓联合募购的方法，承购者声称此种方式能化解以往集中于某家大投资者个人的风险，透过参与联合募购的多数投资金融家而分散给一般大众。乍看之下，危险性似乎因分散而减低。但若一旦发生经济恐慌时，其引起的不良反应将犹如排山倒海般快速扩张，反而增加了投资的危险性。"

摩根的拥护者则大声呼吁："旧的金融规则，只能助长经济投机，这将非常有害于国民经济的发展，我们需要信誉。投资业是靠光明正大获取利润，而不是靠坑蒙拐骗。"

随着争论的逐步深入，华尔街的投资业受到了影响，每个人都感到华尔街前途未卜，都不敢轻举妄动。软弱者在舆论面前产生动摇，强者则成为舆论的主人。在人人都感到华尔街前途未卜时，不再需要喧闹，而是需要安静，并且有人开始退却。

这时，人们把平息这场争论的希望寄托到摩根身上。于是，人们不知不觉地把指挥棒给了摩根，摩根等待的机会女神终于青睐摩根了。

摩根能够在山雨欲来风满楼的情形下，泰然自若，最终取得胜利，表明他的胜利的确是一个强者之胜，而不仅仅是利用舆论之胜。

美国南北战争结束后，铁路建设如火如荼，摩根将目光瞄准了铁路事业。1879 年的一天，威廉·范德比尔特来拜访摩根，交谈中，威廉·范德比尔特说他想出手一部分纽约中央铁路的股份。摩根觉得真是天赐良机，当即拍板，将范德比尔特的 50% 的纽约中央铁路股票大部分买进。

随后，摩根大肆收购铁路，并加以联合，形成对美国铁路业的垄断，成为名副其实的铁路大王。

与此同时，他通过实施摩根体制，控制了美国大批工矿企业。

在第二次生产浪潮中，美国的大财团，除了摩根创办的摩根财团，还有杜邦财团、洛克菲勒财团等。

在第二次生产浪潮中，从美国产业型的垄断组织看，经历了几次兼并浪潮，在 19 世纪中期，美国企业经营分散、规模不大，如纺织厂雇用工人大多数不到 20 人。南北战争后，工业生产迅速发展，企业规模扩大5—10倍，从19世纪末到20世纪60年代，出现三次大规模兼并。一是19世纪50年代，出现联合垄断组织；19世纪60—70年代，开始有卡特尔与全国性的同业公会；19世纪80年代出现美孚石油公司等托拉斯。二是20世纪20年代，兼并浪潮以纵向为主要特征，生产企业向前延伸到运输、销售，向后延伸到原材料供应，并延伸到国外，形成跨国公司。三是20世纪60年代，兼并浪潮以大规模的混合兼并为特点，即跨行业企业相互兼并，不同行业无关联的企业合并成混合体，出现经营多元化的巨型混合公司，突破了单一经营模式。从1950—1966年，美国的跨国公司从7 000家激增至23 000家。

在第二次生产浪潮中，西欧各国也先后出现了托拉斯等垄断组织。在德国流行的康采恩，则类似美国的财团。在20世纪60年代末、70年代初，德国的蒂森、克虏伯等五大钢铁康采恩的钢产量，占全国的77.4%；大众、奔驰等四大汽车公司的汽车销售量，占全国的86.3%；拜尔、赫希斯特等四大化工康采恩的总产值，约占全国同行业总产值的70%。

德国的康采恩，从其特征看：一是以一个大企业为核心，通过控股、持股，控制一批子公司、孙公司与关联公司，形成庞大的集团；二是内部实行垂直控制，核心企业通过监事会、董事会与向成员企业派遣监事、董事控制整个集团。

第二，由于规模经济的发展，再现了供大于求的状况，市场的决定作用尤其是供求机制凸显。在第一次生产浪潮中，亚当·斯密揭示了财富是从生产领域产生的道理；在第二次生产浪潮中，由于规模经济的发展，垄断组织的产生，生产能力的增强，则揭示出生产既能创造财富也能毁掉财富的道理。即当供不应求时，生产创造财富；当供大于求时，就可能导致企业效益下降，甚至导致企业破产倒闭。即使是天生的大亨，设计出低成本T型车的福特，当市场上T型车已经饱和后，人们希望得到新型号的车时，他还坚持大批量生产T型车，而不改变其车型，只是将车价一降再降，试图以此来刺激消费者，结果人们仍然不买他的车，此时他就难逃厄运了，只好眼巴巴地看着 T 型车销量直线下降。到了 1909 年年底，福特汽车公司不得不关闭一些汽车厂。

而在这时，别的汽车公司却在大踏步地向前发展。1927 年，通用汽车公司顺应市场需求，一跃而成为世界上最大的汽车公司，走在了福特汽车公司前头；就连创办年头不多的克莱斯勒汽车公司，也由于顺应了市场供求机制而超过了福特汽车公司。最后，福特不得不退位，将公司实权交给了孙子福特二世。福特二世一上任，就直面市场，改变了老福特的做法，调整了生产经营方式，顺应市场的供求机制，生产出了新型号的福特车。由于福特二世开发出各种不同档次的福特车，一举打进了国际市场，才拯救了福特汽车公司，赶上了克莱斯勒汽车公司。这对当今中国如何解决供给侧问题，解决结构性的产能过剩问题，是很有启示的。

三、德国的教训与经济滞胀的成因分析

（一）德国的教训

在第二次生产浪潮中，德国作为后起的资本主义国家，不仅不存在技术设备老化问题，而且利用第二次科技革命的最新成果，使大批企业一开始就建立在新技术设备的基础上，从而加强了竞争能力。加之德国政府采取了一系列促进资本主义发展的措施，如保护关税、降低铁路运费、军事订货、发展教育等，使得德国工业在十九世纪 70 年代之后获得跳跃式发展，其生产的增长速度仅次于美国。从 1870—1900 年，工业生产指数（以 1913 年为 100）由 17.5 上升到 64.7，增加了 2.7 倍。在此期间，德国重工业得到迅猛发展，煤、钢、铁产量分别增长了 4.4 倍、39 倍、6 倍。新兴的化学工业发展特别迅速，酸、碱等基本化学原料的产量增加了 7 倍，染料增加了 3 倍，均居世界首位，1900 年世界所用染料的 4/5 是由德国制造的。机器制造业、电气工业也取得巨大的成就。到 20 世纪初，德

国在最新技术基础上建立起完整的工业体系，成为重工业占主导地位的工业强国。在世界工业总产值中的比重仅次于美国，居世界第二位。

与此同时，德国的工业生产也走向了集中，并出现垄断组织。德国的垄断组织以卡特尔为主。到 19 世纪末 20 世纪初，工业部门的卡特尔向更高的形式转化，发展成辛迪加，并出现了少数托拉斯与康采恩，各主要工业部门被几个大财阀所控制。工业资本与银行资本也日益结合，形成金融资本。到第一次世界大战爆发前，德国国民经济实际上被 300 个金融资本巨头所操纵。19 世纪末 20 世纪初德国正式进入帝国主义阶段。

由于德国是后起的帝国主义国家，它的工业生产超过了英、法两国，但国外市场与殖民地却远远少于英、法。因此，德国的垄断资产阶级迫切要求按资本与实力的大小重新瓜分世界，企图从英、法手中夺取殖民地，从俄国手中夺取乌克兰、波兰及波罗的海沿岸地区，并摧毁英国的海上霸权。英国则将德国视为最危险的竞争对手，企图击溃德国，并夺取其殖民地以及土耳其的美索不达米亚与巴勒斯坦。法国则企图收复阿尔萨斯与洛林，进而抑制德国的欧陆霸权，夺取德国盛产煤铁的萨尔区。

1879 年 10 月，德国与奥匈帝国为了联合对付俄、法两国，首先缔结秘密的军事同盟条约。法、俄两国为了对付三国同盟，迅速接近，于 1894 年形成法俄同盟。英国面对德国的挑战，于 1904 年与法国、1907 年与俄国订立协约。这样，形成三国协约。

1914 年 8 月 1 日与 3 日，德国分别对俄、对法宣战。于是，第一次世界大战爆发。这场战争历时 4 年零 3 个月，有 30 个国家、15 亿人口卷入战争，人员伤亡达 1 850 万人，直接经济损失 1 805 亿美元，间接经济损失 1 516 亿美元。

当然，这场大战对科技新成果的投入使用也起了推动作用。战争期间，刚刚发明不久的飞机受到不少国家的重视，很快进入实用阶段。汽车的耐力与机动性得到更多的关注，大战爆发时，欧美发达国家的街道与公路上还是马车占据支配地位；到战争后期，已逐渐让位给汽车了。德国等原材料缺乏的国家为了应付敌方的封锁，大力研制化学合成产品，从而推动了化工技术的发展。战时旺盛的需求促使人们不断改进的生产流程，为战后生产管理的革命提供了条件。

法、英等国作为战胜国，依恃自己的有利地位，严惩战败国德国，压制奥地利、匈牙利与保加利亚，遏制在一战期间新生的苏维埃俄国，扶持波兰、捷克斯洛伐克、罗马尼亚与南斯拉夫。

战败国德国虽然受到严惩，但并未从中吸取教训。希特勒上台后，迅速增长军事力量与扩张野心。他与墨索里尼都通过宣扬需要生存空间来为他们的征服行为进行辩护。他们将他们的国家问题怪罪于他们所在的帝国缺乏资源与市场。1930年，希特勒讲："如果德国人不能解决自己国家空间缺乏的问题，或是不能为自己的工业打开国内市场，那它2000年的历史就付诸东流了。因为德国就会在世界舞台上消失，更有活力的人会来继承德国的遗产的……

必须抢占并保有空间。那些懒惰的人种根本就没有权力占有土地。土地应归属于那些勤劳耕种它们并能保护它们的人们。如果一国国民丢掉了土地，他们同时也就丢弃了生命。如果一个国家不能防卫他们的国土，它的每个国民也就失去了自己的土地。没有更高的正义规则规定一国国民必须挨饿。唯一起作用的只有权力，它创造正义……

并不是这个地球上所有的权利都是国会创造的，武力也能创造权利。问题是我们是希望生存，还是希望死亡。我们比全世界其他民族有更多的权利拥有更多的土地，因为我们的人口密度实在是太大了。我个人认为在这方面可以运用这个原则：上帝只帮助那些自助的人。"①

正是在这样的思想支配下，他发动了第二次世界大战。卷入第

---

① ［美］斯塔夫里阿诺斯著：《全球通史》(第7版)，董书慧、王昶、徐正源译，北京大学出版社2015年版，第702—703页。

二次世界大战的地区比第一次世界大战要多得多。在第一次世界大战中，以战壕与机枪群为基础的防守优于进攻；在第二次世界大战中，以坦克与飞机为基础的进攻强于防守。

第二次世界大战是全世界民主力量与妄图称霸、奴役世界的法西斯主义之间展开的一场殊死搏斗，苏、中、美、英等近50个国家结成伟大的反法西斯同盟，相互支持，英勇奋战，终于打败了德、意、日法西斯侵略者。这场大战是迄今人类历史上规模最大、损失最惨重的一次战争。它历时6年，先后有60多个国家与地区、五分之四的人口卷入战争。交战双方动员兵力达1.1亿人，因战争死亡的军人与平民超过1亿人，直接军费开支总计约1.3万亿美元，占交战国国民收入的60%—70%，参战国物资损失价值达4万亿美元。

战前，德、日等国走军事强国之路，其军力在20世纪30年代后期大增，对外扩张也连连得手，世界为之震惊。但是，单纯的军事强国难以长久维持。德、日最终战败，被逐出强国之列。有远见的政治家由此看到，强国之本首先在于发展科技与经济。这次战败，也使德国吸取了教训。

近来，有人预测第三次世界大战，认为美国、俄罗斯与中国都将面临大考验：是否会爆发第三次世界大战？甚至有人说，第三次世界大战可能随时被一些意外事件所点燃。

然而，不管是谁，妄图利用一些意外事件，发动第三次世界大战，一是会给人类带来更大灾难，二是其下场也会比希特勒更惨，企图以战争巩固或者建立符合自己利益的秩序，结果只会适得其反。正如人们所常讲的：玩火者必自焚。

（二）经济滞胀的原因分析

1929年至1933年爆发的资本主义经济大危机，使资本主义世界的工业生产下降了约37%，国际贸易数量减少了2/3。1933年，资本主义国家失业者总和达到3 000万人之多，大批农民因无法清偿债务而丧失家园。由于当时没有失业救济等社会福利措施，大量失业者在街头流浪，甚至饿死。

为了维护本国的企业与就业，主要资本主义国家在对外贸易中毫无例外地采取了"以邻为壑"的政策，一方面以津贴补偿的办法来刺激出口，另一方面又用关税壁垒等手段阻止进口。其后果是，外贸锐减，各国俱受其害。对于这种现象，当时的西方报纸登载过一幅漫画。该漫画把世界描绘成一个由各个岛国构成的海洋，每一个岛国四周都围绕着坚不可摧的关税高墙，而在海洋中运行的船只都找不到停泊的场所。

面对这一严峻形势，美国总统罗斯福采取了以需求管理为核心的新政，公布了相关法案与法规，建立了相应的、旨在加强管理的机构，如联邦紧急救济署、公共事业振兴署与农产品信贷公司等。通过扩张性的财政政策，举办公共工程，增加就业机会等加强需求管理，刺激购买力；通过国家权利机构用奖励与津贴的办法等，缓解农业生产的萧条。然而，当时在经济理论上，却受到马歇尔为代表的传统经济学影响，仍然鼓吹并主张自由放任、国家不干预经济生活的政策。于是，西方国家在经济上出现的罗斯福新政与经济理论发生了矛盾。一方面，强调国家对经济生活的干预；另一方面，却加以反对。正是在这种情况下，英国经济学家约翰·梅纳德·凯恩斯于1936年出版了他的代表作《就业利息与货币通论》，否定了自古典经济学以来供给会自动创造需求的基本假设，提出了有效需求的理论体系与通过国家宏观调控以减少失业、治理萧条的政策主张，为需求管理、扩张性的财政政策提供了理论依据。凯恩斯主张从需求与投资入手解决经济危机，促使经济繁荣。凯恩斯经济学的枢纽性概念是有效需求。所谓有效需求，是指商品的总供给价格与总需求价格达到均衡时的社会总需求。有效需求不足，是因为货币购买力不足，并由此导致了萧条。基于此，凯恩斯认为，能否实现有效需求，关键在于实际就业量，在于人们的购买力。因此，他的基本政策主张是通过扩张性的财政政策，拉动需求和投资，从而解决经济失衡问题。他主张：在萧条时期，国家可以通过货币政策来使总需求或国民收入增加到充分就业的水平。当经济活动过热，出现通货膨胀时，国家同样可以使用货币政策来使总需求或国民收入减少到充分就业的水平。这样，国家的宏观经济运行就能够被稳定在充分就业的状态，不会出现长期的失业，也不会出现长期的通货膨胀。

凯恩斯主张通过消费解决生产问题。他认为一切生产之最后目的，都在于消费。

第二次世界大战之后，西方发达国家普遍采纳了凯恩斯理论，进入和平发展时期。从20世纪50年代初起，各国国民生产总值的年平均增长率在5%—6%以上。日本在某些年份达到15%。1957—1958年，资本主义世界爆发战后第一次经济危机，持续了大约一年时间。但是，经济高速发展的进程并未就此中断，一直持续到70年代初。这一时期史称资本主义的黄金时期。

西方发达国家"这一长期繁荣是由若干因素引起的，其中包括补偿战时损失的需要，大战期间被忽视和抑制的对商品与劳务的巨大需求，电子学和喷气飞机运输等领域的军事技术转为民用以及朝鲜战争、越南战争期间和整个冷战年代中巨大的军事购买力"①。

"在这一时期，一些跨国公司充当了全球经济扩张的急先锋。凭借第二次工业革命带来的某些革新，包括集装箱运输、卫星通讯和现金管理电脑系统，它们现在第一次获得了在全球经营所需的技术。这些革新使这一时期的中等跨国公司有可能在11个不同的国家生产22种产品。跨国公司现在不仅能向第三世界国家输出制成品，还能输出工厂；在第三世界国家，一个工人一天的工资通常跟跨国公司本国工人每小时的工资差不多，有时甚至更低。因此在这四分之一世纪的繁荣期里，跨国公司年平均增长率为10%，而非跨国公司则为4%。"②

然而，到了20世纪70年代初，西方工业发达国家发生了通货

---

① ［美］斯塔夫里阿诺斯著：《全球通史》（第7版），董书慧、王昶、徐正源译，北京大学出版社2015年版，第762页。

② 同上书，第762—763页。

膨胀与经济停滞的滞胀局面。美国则在 20 世纪 60 年代后期，通货膨胀就急剧发展。1973 年 10 月，第四次中东战争爆发，石油生产国削减输出量，造成油价飞涨，触发了一场较大规模的经济危机。这场危机开始于 1973 年 11 月，从英国迅速扩展到其他西方国家，持续约两年时间。其特点是，生产下降幅度大，整个资本主义世界工业生产下降 8.1%，危机持续时间较长；大批企业倒闭，西方发达国家仅资产在 100 万美元以上的公司就倒闭了 12 万家，失业人数猛增，美国的失业率达 9.1%。固定资本投资大量缩减，其中日本下降幅度最大，达 28%；美国最小，也达 16.6%。

这场经济危机为何如此严重？国内有学者认为，一个很重要的原因，是多年来西方国家长期地过度地使用了凯恩斯主义。[①] 还有学者认为，战后，凯恩斯主义的扩张性财政政策和货币政策虽然对刺激资本主义的经济发展，缓和经济危机起了很大的作用，但是，也引起了长期持续的通货膨胀。[②]

"滞胀"是"停止膨胀"（siagfation）的简称，即指低经济增长率与高失业率、高通货膨胀率并存发展、相互纠结的现象。通常出现的经济危机，是由于生产过剩引起的，它导致价格下跌，企业破产倒闭，资金周转不灵，信贷萎缩，这时可以通过扩大信贷、刺激需求等"逆风向运行"的办法来缓和危机，即实施凯恩斯主张的扩张性财政政策；但这一招，对于 20 世纪 70 年代发生的经济滞胀却无效。原因在于，在滞胀的情况下，政府处于左右为难的境地，如果控制通货膨胀，就会加剧经济衰退；如果刺激经济繁荣，就会冒进一步通货膨胀的危险。

面临这一挑战，究竟怎么办？究其原因，从供给方面看，滞胀与经济危机一样，都是由生产过剩引发的，即是二战后，为了满足需求，西方发达国家在战后近 30 年的第二次生产浪潮中，不断地扩

---

① 董昶源著：《世界通史》，北京大学出版社 2006 年版，第 590 页。
② 王志伟编著：《现代西方经济学主要思潮及流派》，高等教育出版社 2004 年版，第 147 页。

大生产规模，虽然在一定程度上满足了生产社会化高度发展的需要，但是也产生了供大于求现象；从需求方面看，西方发达国家在战后的第二次生产浪潮中，随着生产的发展，市场上的商品琳琅满目、花样百出，市场的需求也在发生变化，从大众消费走向了阶层消费，但需求的变化跟不上供给的变化，于是出现了总需求小于总供给的态势。在这种情况下，实施扩张性的财政政策，则会适得其反。这是因为，它不同于经济危机，是西方发达国家在二战后第一次出现的"经济发展阶段陷阱"。

面对这一陷阱，凯恩斯主义的能量已经耗尽。为了摆脱困境，西方经济理论界活跃起来了。不少新自由主义经济学派对凯恩斯主义提出了严厉的批评，认为国家干预政策是造成周期性生产下降、经济停滞、通货膨胀与失业的主要原因，并提出了新的对策。

"新自由主义"顾名思义，是在古典自由主义思想的基础上建立起来的新的理论体系。亚当·斯密被认为是古典自由主义的创始人，英国经济学家阿弗里德·马歇尔（1842—1924 年）被认为是古典自由主义的集大成者。美籍奥地利经济学家弗里德里希·奥古斯特·冯·哈耶克被认为是新自由主义之父。他们推崇市场的自发调节，反对凯恩斯国家干预经济的主张，既不赞成货币手段，也不赞成财政手段。

在滞胀情况下，与凯恩斯主义相对抗的新自由主义流派现代货币主义学派，在英美等国异军突起。这一学派在 20 世纪 50 年代中期首先由美国芝加哥大学教授米尔顿·弗里德曼提出，70 年代逐渐受到政府重视。这一学派打着"现代货币数量论"的旗号，强调货币问题的重要作用，主张以控制货币数量的金融政策来消除通货膨胀，保证经济的正常发展，反对凯恩斯主义国家干预的通货膨胀理论。

这一学派的基本观点是：第一，强调自由放任与自由竞争的市场经济，认为以私人经济为基础的市场经济本身具有内在的稳定性，会大致保持在充分就业（即处于"自然率"状态的就业）水平：经济受到干扰后会自动恢复到充分就业的均衡状态；失业率会自动恢复到"自然率"水平，并且会有效地推动技术革新；政府的干预，只能破坏经济均衡发展，阻碍技术进步。第二，认为货币供应量的增长也许会导致不同的通货膨胀率，通货膨胀是货币供应量增加过速的结果；任何货币供给增长率都可以与充分就业的均衡相配合，即充分就业的均衡可以处在不同的价格水平上。因此，他们主张控制货币发行量，反对用扩大政府开发与增加预算赤字等凯恩斯主义的办法来对付衰退与扩大就业。第三，主张自由效率，反对福利主义，认为大搞福利主义必会增加政府支出，降低劳动生产率。西方发达国家，采用现代货币主义，虽在一定程度上缓解了其经济矛盾，但却逐渐在失业率、高利率、增长缓慢等方面暴露出新的矛盾。如美国采取了现代货币主义政策之后，将通货膨胀率从 1980 年的 13% 降到 1982 年的约 4%，但结果却创下了二战后最严重的经济衰退与高利率。

供给学派（The Supply-side School）是 20 世纪 70 年代后期在美国兴起的又一个新自主义经济学流派。这一学派发展很快，到 80 年代初已开始成为发挥政治经济影响与提供政府决策理论依据的学派，其代表人物有南加利福尼亚大学的阿瑟·拉弗（Arthur B.Laffer）、哈佛大学教授马丁·费尔德斯坦（Martin.Feld-stein）等。供给学派以"供给会自行创造自己的需求"的萨伊定律为信条，与凯恩斯主义的"有效需求"理论相对立，强调经济结构中供给方面的重要性，主张把重点放在改善生产条件即供给上。这一理论与 18 世纪法国经济学家萨伊提出的"萨伊定律"有一定的继承关系。

供给学派所讲的供给，指的是商品与劳务的供给，即生产。由于这一学派强调生产与供给，所以被称为供给学派，又称生产学派、供给经济学。阿瑟·拉弗讲：供给学派的经济学是一种"新经济学，即对个人刺激的经济学"[1]。这一学派的另一位代表人物伊文思（Mitchell Evans）认为，凯恩斯主义把注意力放到了需求方面，所以

---

[1]   阿瑟·拉弗：《为什么供给经济学突然广泛流行？》，《商业周刊》1979 年第 9 期，第 116 页。

不能解决好现实的经济问题，而供给学派的经济学家则强调把注意力放在供给方面，集中在调节生产率方面。

供给学派的理论渊源，主要是古典经济学。这种古典经济学即从亚当·斯密到约翰·斯图亚特·穆勒并由萨伊建立的以供给为出发点，以生产、成本、生产率为研究重点，以经济自由主义为主要政策主张的经济理论体系。

这一学派认为，凯恩斯主义的经济理论无非是与萨伊的"供给自行创造需求"相对立的一种"需求自行创造供给"的理论。凯恩斯主义在长期以来不断人为地刺激需求，持续地损害了资本主义经济。当今美国的经济与凯恩斯当年面对的大萧条不同，需求的增长不一定会造成实际产量的增长，而只能单纯地增加货币数量，促进物价上涨，结果反而引起储蓄率与投资率的放慢、技术变革的延缓。这一学派的代表人物乔治·吉尔德（George Gilder）讲："在经济学中，当需求在优先次序上取代供应时，必然造成经济的呆滞和缺乏创造力、通货膨胀以及生产力的下降。"[1] 正是在批判凯恩斯的有效需求理论与否定凯恩斯的需求管理的基础上，供给学派复兴了古典经济学与萨伊定律，从而提出了他们的供给管理政策主张。

由于当时"滞胀"难题久拖不治，有人便提出不妨采取这一学派的主张。于是，1981 年美国里根政府上台后，便将供给学派与现代货币主义兼容并蓄，推出了里根经济学。

里根所持的是保守派的观点，他认为只有让资本家自行其是才能解决经济困难。他反对罗斯福新政以来政府对社会经济生活的种种干预，主张大砍联邦社会福利计划，大量降低所得税额，支持企业加速折旧；主张通过立法支持州政府禁止工人加入工会。

里根的施政纲领兼采供给学派与现代货币主义的主张。供给学派与现代货币主义的政策主张尽管不同，一个主张从需求决定供给转向供给创造需求，强调只要降低高额累进税的税率，资本家就愿

---

[1]　乔治·吉尔德著：《财富与贫困》，隼玉坤译，上海译文出版社 1985 年版，第 45 页。

意投资，工人就愿意工作，消费者就愿意储蓄，经济自然就会高涨，赤字自然就会缩小到消灭；一个主张紧缩货币供应量，认为这是能够制止通货膨胀并导致经济繁荣的唯一办法，但两者都主张减少政府干预，创造一种良好的客观环境，让企业家自由发展。

里根执政之初，美国正陷于 1979—1982 年世界经济危机中，因而里根政府的政策措施除了在降低通货膨胀率方面取得比较突出的效果外，总体成果并不明显。但从 1983 年初开始，随着再生产周期进入复苏阶段，美国经济的回升势头加快，在西方工业发达国家中独占鳌头。1983 年，美国国民生产总值年增长率为 3.5%，1984 年上升到 6.8%，通货膨胀得到控制，失业率有所下降；1984 年，美国固定资产投资增长率达到 15%，美国经济终于走出了"滞胀"困境。

回顾这段历史，对于当代中国以供给侧结构性改革为旗帜，在坚持以制造业为基础前提下提高第三产业的经济比重，避免脱实向虚的发展倾向，是有启示的。

大约从20世纪70年代开始一直延续至今，人类社会掀起第三次生产浪潮。从德国人所讲工业4.0看，工业1.0（机械制造时代）相当于第一次技术革命、第一次工业革命与第一次生产浪潮，工业2.0（电气化与自动化时代）相当于第二次技术革命、第二次工业革命与第二次生产浪潮，工业3.0（电子信息化时代）相当于第三次技术革命的第一阶段至第三阶段。第三次技术革命，不是某一二项技术革命，而是一次科技群革命。这次科技群革命，产生于第二次世界大战之后，即20世纪40年代后期至60年代末。到20世纪70年代，第三次技术革命进入第二阶段，即新技术革命与高技术群的发展阶段。从此，人类社会由工业社会迈向了信息社会。

第三次生产浪潮是分阶段向前推进的。从技术革命角度看，第三次技术革命第一阶段与第二次技术革命后期是相交的。20世纪70年代以来，微电子技术的信息革命是第三次技术革命第二阶段，即新技术革命与以高技术群为主导与核心的革命。由此，掀起了第三次工业革命与第三次生产浪潮，即进入了第三次工业革命与第三次生产浪潮的第一阶段。

20世纪70年代至90年代，是个人电脑开拓时代。20世纪90年代以来，第三次技术革命进入第三阶段，第三次工业革命与第三次生产浪潮进入第二阶段。从美国开始搞信息高速公路，人类从电子信息化时代迈向了网络化时代，或称互联网时代。

工业4.0（实体物理世界与虚拟网络世界融合时代），也称"互联网+"时代，相当于第三次技术革命第四阶段与第三次工业革命与第三次生产浪潮第三阶段。在这一时代，产品全生命周期、全制造流程数字化以及基于信息通信技术的模块集成，将形成一种高度灵活、个性化、数字化的产品与服务新生产模式。这是一个崭新的时代。

在这样一个时代，需要我们思考的问题很多。其一，如何运用互联网，使一个企业或一个国家核心能力的优势发挥到最大，从而缓解经济下行压力，实现最大突破？其二，如何依据"互联网+"所引起的新生产方式革命，确定好为何生产、生产什么、如何生产？其三，如何在第三次生产浪潮中，运用"互联网+"，转变自己，开创未来？

美国著名经济学家罗斯托，将人类社会经济的发展过程划分为传统社会、为起飞创造前提阶段、起飞阶段、成熟推进阶段、高额群众消费阶段、追求生活质量阶段。由罗斯托的经济成长阶段论可以发现，不管是工业发达国家还是发展中国家，在各个不同发展阶段，既有经济发展的美好前景，也有陷阱，或称暗淡的一面。当代中国经济已进入成熟推进阶段，既要防止陷入"中等收入国家陷阱"，也要防止陷入"经济发展新阶段的陷阱"。

第三章
第三次生产浪潮

一、第三次技术革命与20世纪70年代至90年代个人电脑时代的开拓者

（一）第三次技术革命与信息社会的形成

近几年内，由德国首次提出的工业4.0，说的是，近代以来的工业，迄今已经历了1.0、2.0、3.0，现正迈向4.0。工业1.0，指的是机械制造时代，即通过水力和蒸汽机实现工厂机械化，这就是本书所讲的第一次技术革命、第一次工业革命与第一次生产浪潮。工业2.0，指的是电气化与自动化时代，这相当于本书所讲的第二次技术革命、第二次工业革命与第二次生产浪潮。工业3.0，指的是电子信息化时代，即广泛应用电子与信息技术，使制造过程自动化控制程度进一步大幅度提高。这相当于本书所讲的第三次技术革命的第一阶段至第三阶段，大约从20世纪70年代开始一直延续至今。工业4.0，指的是实体物理世界与虚拟网络世界融合的时代，产品全生命周期、全制造流程数字化以及基于信息通信技术的模块集成，将形成一种高度灵活、个性化、数字化的产品与服务新生产模式。这相当于本书所讲的第三次技术革命第四阶段。

第三次技术革命，不是某一二项技术革命，而是一次科技群革

命。这次科技群革命，产生于第二次世界大战之后，即 20 世纪 40 年代后期至 60 年代末。

从科学上看，在第二次世界大战后，出现了一次科学理论的大综合，即几乎同时产生了几门崭新的横断学科：信息论、系统论、控制论（简称"三论"）。这种学科与其他基础学科不同，它的研究对象既不是客观世界中哪一种物质的结构，也不是物质的某种运动形态，而是许多物质处于运动形态过程中，其某一共同的侧面。信息论，主要解决对信息的认识问题，即如何描述与度量信息；控制论，是解决信息的利用，即如何对信息进行处理与控制的问题；为了解决这两方面的问题，需要把研究与处理的对象看成是由一些相互联系、相互作用的因子组成的系统，这就出现了系统论。

从技术上看，第二次世界大战之后，由于飞速发展的生产是与能源的消费紧密联系的，它要求人们研究更经济合理的能源利用方式，开发新的更强大的能源；由于飞速发展的生产扩大了对特殊材料的需求，它要求人们研制与提供能够适合各种工艺技术要求的，更坚韧、耐高温、抗腐蚀、电气性能与机械加工性能优异、价格低廉的新材料；由于飞速发展的生产愈来愈突出了人的生理条件与工艺技术要求不相适应的矛盾，它要求人们研究不需要人直接干预就能自动控制的生产装置；又由于一些与军事有关的项目与领域得到了加速发展，于是，原子能、电子计算机、高分子合成材料、空间技术等技术群体应运而生。它从 20 世纪 40 年代后期至 50 年代初兴起，在 50 年代后期至 60 年代，使得西方一些发达国家实现了高度工业化。走完了工业社会的最后历程，至 70 年代迎来了蓬勃兴起的新技术革命与高技术群的发展，使人类社会由工业社会迈向了信息社会。

以上讲的是第三次技术革命的第一阶段，从技术革命角度看，这一阶段是与第二次技术革命后期相交的。到了 20 世纪 70 年代，第三次技术革命进入第二阶段，即新技术革命的兴起与高技术群的发展阶段。在这一阶段，新技术革命速度神奇、高技术群发展规模空前，对传统工业体制影响很大。从速度方面看，首先，它从发明到应用很快。以往的科技革命，如蒸汽机从发明到生产中的应用，前后相隔 85 年。而这次技术革命与生产变革结合在一起，几乎是同步进行。如激光技术从发明到实际应用，仅相隔两个月。其次，高技术产品更新换代很快。如大规模集成电路更新期只有三年。从内容、规模、影响方面看，这次新技术革命，以微电子技术为主角，涉及人工智能技术与机器人生产技术、生物工程技术、新材料技术、能源技术、激光技术、海洋工程技术与空间科学技术等等。即不只是在个别生产技术或生产领域取得突破，而是在一系列重要的技术与生产领域取得突破性进展，形成了一个新的技术革命群。这些新技术不仅面向工业，而且面向农业、运输业、服务业等各行各业。它的成果深入到经济与社会生活的各个方面，渗透到各个领域；不仅向人类居住的大陆纵深进军，而且向大洋、太空发展。

电子计算机是一种用电子元件及其组合，模拟人的思维与神经系统的新型机器。它的产生与发展，是第三次技术革命第一、二阶段的主要标志。与人类发明的轮子、杠杆、热机、机床以及电话、电视等延长人的四肢与感官功能的技术工具不同，电子计算机延长了人脑的功能，它在一定程度上物化并放大了人类的智力。因此，它被称为电脑。

世界上第一台电子计算机的研制，是与军事需要有关的。1942 年，美国宾夕法尼亚大学莫尔学院与阿贝丁试炮场协作，为陆军计算火力表。这种表每张要计算几百条弹道，而一个熟练的计算员用台式计算机每算一条弹道要花 20 小时，这与当时的战争需要极不适应。于是，军方提出了对高速计算工具的紧迫需求。当宾夕法尼亚大学莫尔学院莫希利（J.W.Mauchly）博士提出研制电子计算机的设想与方案时，立即受到了正为弹道计算困扰的美国军方的重视。1943 年，美国陆军与宾夕法尼亚大学签订了一份研制莫希利所设想的电子计算机的合同。

参加研制的小组成员包括莫希利、戈德斯泰因，由 24 岁的硕士研究生埃克特（J.P.Eckert，1919—　）任总工程师。1944 年夏，著名美籍匈牙利数学家冯·诺伊曼（J.Von Neumann，1903—1957），也参加了这个小组的研制工作。这台电子计算机被称为 ENIAC，即"电子数值积分器和计算机器"，于 1945 年底宣告竣工，正式的揭幕典礼于 1946 年 2 月 15 日举行。

这台标志人类计算工具历史性变革的巨型机，开创了计算机历史上的新纪元。它占地 549 平方米，重达 30 吨，共使用了 18 800 个电子管与 1 500 个继电器，费用高达 1 000 万美元。从计算速度看，它每秒钟运算数达 5 000 次之多，比已经运用的一般计算机要快 1 000 倍。

这台电子计算机诞生之后，电子计算机技术获得了惊人的发展。仅从元器件看，电子计算机经历了以电子管作为元器件的第一代电子计算机（1949—1958 年）、以晶体管作为元器件的第二代电子计算机（1958—1964 年）；其后，又经历了小面积集成电路的第三代电子计算机（1964—1971 年）、大规模集成电路的第四代电子计算机（1971 年至今）、微型计算机与巨型计算机、人工智能计算机的发展。

20 世纪 70 年代以来，微电子技术与信息革命是第三次技术革命的第二阶段，即新技术革命与以高技术群为主导与核心的革命。由此，掀起了第三次工业革命与第三次生产浪潮，即进入了第三次工业革命与第三次生产浪潮第一阶段。微电子技术是电子技术的一个分支，它指的是在硅片上精细地制作电子电路（集成电路）的技术，它的发展与普及是电子技术革命的标志。20 世纪 70 年代以来，人们常把微电子技术作为集成电路及其应用技术与应用产品的总称，其范围非常广泛。例如，人们把电脑、机器人、办公室有关设备等都当做微电子产品的典型代表。笔者则将微电子产品理解为集成电路与微型计算产品。微电子技术与通讯技术的结合，推动了人类社会信息化的进程。

历史上，人类经历了多次信息革命：语言；文字；印刷术；电信、电话、电视等与计算机结合的电子计算机通信，以电子计算机为中心的信息革命，实质上是代替并扩大了人的智能，它以解决综合问题与创新体系、新制度的具体形式表现出来。

这次信息革命的发生，导致了以微处理机的广泛应用为主要标志的产业革命，它是继蒸汽机革命、电气化与自动化革命之后的一次产业革命，它使工业、农业、商业、企业、实验室、办公室、行政部门、科研工作与家庭等社会的各个领域实现信息化（微处理机化），使智能机器人代替人的劳动与思维，把电子化时代推进到信息化时代，把社会经济从工业发达社会推进到信息社会——"后工业社会"。

"后工业社会"这一概念，是由美国著名社会学家丹尼尔·贝尔提出的。1969 年至 1970 年，他在休假期间开始写《即将到来的后工业社会》一书，系统地研究工业社会的未来，预测发达国家的社会结构的变化及其后果。1973 年此书出版。到 70 年代末，由于微电子学飞速发展及其启示，贝尔发展了他的思想。1979 年，贝尔发表了《信息社会》一文。在该文中，他明确指出：即将到来的后工业社会，就是信息社会。

贝尔把社会发展的历史划分为三个阶段：（1）前工业社会（即农业社会）。前工业社会依赖于自然界提供的原料与劳动力，致力于向自然界采掘资源，它的主要经济部门是农业（包括渔业、畜牧业、林业）与矿业。（2）工业社会。工业社会依赖于能源，致力于用机器生产商品，发展制造业（包括建筑业）及其必需的服务（主要是交通运输与商业）。（3）后工业社会。后工业社会依赖于信息，致力于提供服务。信息是后工业社会的战略资源。当然不是唯一的资源，但却是最重要的资源。

由于在信息社会里，战略资源是信息，因而大多数人将从事信息工作，进行知识生产。不断扩大人们的智力已成为决定生产力、竞争力与经济增长的关键因素。由于电脑的发展，带来了信息革命，产生了大量系统的信息、科学技术与知识。大量地生产知识是信息社会的目标。在信息社会里，知识总量以"爆炸性"的速度增长，信息在人类的生产活动与社会活动中发挥越来越重要的作用，以至于形成一个新的产业——收集、传递、保存、加工、处理与销售信息，生产、制造由此所需的各种设备，等等。

按照西方较为流行的一种观点讲，西方一些发达国家，在20世纪五六十年代进展到高度发达的工业社会后，至70年代则从工业化社会转入信息社会，即进入以信息为标志、以信息工业为支柱的社会。它的主要特征是生产活动与社会活动的信息化、计算机化与自动控制化。这"三化"构成强大而灵活的信息网络，把广阔的领域都囊括在内，形成信息社会的各种神经中枢。信息工业在国民经济中起着主导作用，通过终端设备与计算机网络，把所有的工业部门、企业联系起来，形成一种新的生产格局。整个社会实现工厂自动化、办公室自动化、家庭自动化与农业自动化。激光、新型材料、生物工程、海洋与空间开发等等，都只有建立在信息工业的基础上，才能大大发挥其本身所有的能量与作用。这就是本书所讲的第三次技术革命第二阶段、第三次工业革命与第三次生产浪潮第一阶段的情形。

（二）20世纪70年代至90年代个人电脑时代的开拓者

如果将第三次生产浪潮第一阶段的信息工业分类的话，可分为两大部类：第一部类是以计算机为主的硬件工业；第二部类是以软件工业为主的信息服务行业，这是直接与信息打交道的部门。硬件工业的开拓者当推IBM，软件工业的开拓者当推微软。这一阶段，人类社会走向了个人计算机（个人电脑）迅速发展时期。这场革命被称为PC革命与互联网开启革命，它让很多人拥有了PC和手机，开始上网，进入信息社会，同时带来了许多了不起的公司。

讲到计算机与信息社会，人们不由自主地会想到蓝色巨人IBM；IBM公司之所以能成为如此庞大的跨国公司，与托马斯·沃森父子的经营是分不开的。

1874年2月17日，托马斯·约翰·沃森生于美国纽约州北部的一个农民家庭。尽管生活艰难，但全家仍然勤奋地工作，并且始终对生活抱有一种乐观的态度。他们相信无懒不穷的道理，相信诚实的劳动与坚忍不拔的毅力能够给他们带来回报。

托马斯·沃森青年时代一直做推销员工作，1914 年出任"计算、报表和记录公司"经理，并很快使这家亏损企业成为一家成功的大企业。1924 年，沃森把它更名为 IBM（国际商用机器公司）。1939 年公司国外销售总额达到 4 100 万美元。20 世纪 40 年代后期，沃森率先进入计算机领域，攻占了计算机市场，被称为"计算机之父"。

沃森有两个儿子，一个是汤姆，一个是迪克。汤姆从基层推销工作干起，表现出色，层层擢升，后来接替了沃森的职务。在迪克需要培养时，由于沃森已垂垂老矣，便以一种超常规的方式，为迪克找了个位置。1940 年，人们还没有想到建立跨国公司，沃森则早在法、日等国建立了 IBM 的国外分支机构。沃森把美国的业务交给汤姆，其余的交给迪克。他把 6 大洲的办事处与工厂合为一个分公司，称为世界贸易公司，由迪克任总经理。1956 年，沃森将公司交给了两个儿子。迪克负责世界贸易公司，汤姆负责整个公司。兄弟俩发挥了各自才能，干得都很出色。

汤姆早在 1946 年，就利用出差机会，到宾夕法尼亚大学参观了世界上第一台电子数字积分计算机（ENIAC）。当 IBM 的工程师用电子管做乘法时，给了汤姆巨大冲击。他对沃森说："我们应该把它推向市场，并登广告说我们有世界上第一台商用电子计算机。"沃森接受了儿子的建议。于是，IBM 进入了电子时代。

1946 年 9 月，他们登了一整版广告，宣告"IBM603 电子乘法器"诞生。尽管它绝非真正意义上的计算机，但也卖出了几百台。几经改进的 IBM604 甚至卖出了几千台。

1950 年，雷明顿—兰德公司开始制造世界上第一台通用计算机——UNIVAC。在当时，它在技术上比 IBM 至少要领先五年。这使 IBM 的市场大受影响，由于不断接到用户退货，差点使公司濒临毁灭之境。这促使沃森感到不能保守。汤姆敏锐地注意到市场动态，果断地向父亲提出："追赶 UNIVAC，并且要赶在前面。"于是，IBM 公司决定研制一种高性能商业计算机。此后，汤姆不断推陈出新，一浪推一浪。

1951 年，冯·诺意曼担任 IBM 公司顾问，提出了许多重大建议，都一一被采纳。1953 年 IBM 研制成功 IBM701。这种机器使用静电管作主存，磁鼓作外存。三年里共交付使用 18 台，初步打开了市场。1955 年研制成功的 IBM650 用磁鼓作为存储器，并装备了穿孔片输入输出系统。IBM650 获得很大成功，1955—1959 年间销售了几百台。1959 年推出"IBM1401"型新型晶体管电子计算机。从此，IBM 彻底替代兰德公司在计算机界居领先地位。此后 20 多年，西方国家计算机总销售额中 IBM 计算机一直占 70%。

1952 年 1 月，托马斯·沃森（人们习惯称老沃森）提升汤姆·沃森（人们习惯称小沃森）接任总裁。1956 年老沃森去世，汤姆接替了父亲的职务。

从 1956 年到 1961 年，汤姆一直在 IBM 独领风骚，汤姆就意味着 IBM。1961 年，IBM 的销售额已达 20 亿美元，规模是老沃森在世时的 2.5 倍。1964 年，IBM 开始生产第三代计算机 IBM360 系列，并于次年投放市场。1965 年，IBM 跻身全美十大企业，并成为世界最大的计算机公司。

1971 年 6 月，汤姆向董事会正式提出辞呈。汤姆离任后的负责人，一直继承了沃森父子的传统，使 IBM 获得了长足发展。1979 年，美欧与日本的计算机总销售额为 471.3 亿美元，IBM 一家就占了 228.63 亿美元。1981 年，IBM 以其高价的个人电脑，席卷美国的个人电脑市场，与苹果公司展开了竞争。当时，IBM 的个人电脑是用英特尔公司 16 位微机处理器制造的，比起用 8 位微处理器制造的电脑功能强得多。1983 年，IBM 获利 55 亿美元，在西方各企业中首屈一指。这时，IBM 已是一个名副其实的"蓝色巨人"。进入 20 世纪 90 年代后，它的销售额突破了千亿美元，至今经久不衰。

在第三次生产浪潮的第二阶段，计算机界群星灿烂，在美国，20世纪90年代初，与IBM齐名的还有硅谷的惠普公司、苹果公司等。硅谷位于美国西海岸的加利福尼亚。在这里，由于高科技公司特有的高利润以及高风险，一次投资计划的失败，一种新产品的滞销，都会使一家公司元气大伤。因此，许多公司实行彻底的"金钱驱动"政策，公司内部人与人之间完全是赤裸裸的金钱关系。

与好友休利特一起创办了惠普公司的戴夫·帕卡德则采取了与众不同的做法，他为员工提供尽可能周全的福利计划，并对每位员工赋予充分信任。除了提供给员工各种工作保障，而且在20世纪50年代后不解雇任何员工。1974年，在美国发生的经济危机达到高潮，硅谷的每幢大楼里，员工们都战战兢兢，大量的科技人员变成失业者。惠普公司的工人、科技人员则照常上下班，与其他公司形成鲜明对比，求职者像潮水一般涌向惠普公司的招聘部门。

真正使帕卡德成为伟大管理者的，是他认识到公司每位雇员的工作质量对公司信誉具有直接影响这一事实。《幸福》杂志曾经报道了一项对管理人员的调查：这些管理人员被要求从包括财富的殷实程度、管理质量、在行业中承担的责任及革新精神等八个方面对所有的公司打分，结果惠普公司与IBM并列第一名，被认为是美国最受赞赏的公司。

随着年纪逐渐增大，帕卡德开始把公司的管理工作交给了年轻人。1993年，帕卡德从公司董事长的职位上退休。此时，公司的销售额达200多亿美元，成为世界第三大电脑公司。

苹果公司，也是美国一家屡屡创造奇迹的公司。它的创始人史蒂夫·乔布斯生前总能在关键时刻，让它创造出惊人的奇迹。

史蒂夫·乔布斯与他创办的苹果公司都具有传奇色彩。乔布斯生于1955年2月24日。出生后，生母委托医生先后找了两位领养人，第一位要收养的是个女孩而不是男孩，第二位养父母保罗·乔布斯与克拉拉·哈戈皮安·乔布斯不但领养这个孩子，而且向生母保证让他长大后上大学。史蒂夫·乔布斯这个名字是养父母起的。

对于乔布斯来讲，被遗弃既是一种人生的结束，又是另一种人生的开始。在谈到自己亲生父母时，乔布斯如是说："亲生父母对于其他人来说，可能还有更重要的意义，但对于我来说，他们仅是精子库和卵子库而已。"① 在谈到自己的养父母时，乔布斯如是说："他们百分之一千是我的父母。"②

的确，乔布斯的养父母对他和自己的儿子一样，十分宠爱。乔布斯小的时候调皮捣蛋，经常与一些孩子恶作剧。一次，他与一个叫里克·费伦蒂诺（Rick Ferrentino）的小家伙一起制作了一张海报，上面写着"带宠物上学日"，结果很多同学真的带着宠物到了学校，弄得教室里鸡飞狗跳，老师们气得都跳起来了。还有一次，他们在自己的老师瑟曼夫人（Mrs.Thurman）的椅子下面点燃了炸药，"那个老师吓得腿都软了"。乔布斯说起这件事的时候，语气充满歉意。这种种行为让乔布斯在小学三年级还未读完就被送回家三次。幸好，他的养父母保罗夫妇将他当作特殊的孩子来对待，从未打过他。在一次被遣送回家后，保罗带着他来到学校说："没有失败的学生，只有失败的学校和老师。我认为调动孩子的学习兴趣是你们的责任，如果你们不能履行这个责任，而责怪我的孩子，那是不对的。"③

在小学四年级，乔布斯遇到一位好老师，并改变了他的一生。当时，学校为了安宁一点，将他与费伦蒂诺这两个恶作剧的孩子分配到了两个不同的班级。乔布斯由此遇到了伊莫金·希尔（Imogene Hill）这位干劲十足的好老师。因为这位女老师脸圆乎乎的很可爱，人们就昵称她为"泰迪"。泰迪在收服乔布斯之前，认真地观察了他好几个星期，发现这是个聪明的小家伙，只是把聪明用错了地方。于是，就采取"收买"的办法收服了他。一天，放学后，乔布斯正要回家，泰迪拿着一个练习本走到他面前说："你回家把这上面的数

---

① 明道编著：《乔布斯——神一样的男人》，中国华侨出版社 2013 年版，第 1 页。
② 同上书，第 4 页。
③ 同上书，第 10 页。

学题都做出来。"乔布斯暗想：这个老师是不是疯了，我怎么可能会做。泰迪好像是看出了乔布斯的想法，就从身后拿出了一根超大的棒棒糖说："尽力做吧，如果大多数都做对了，这根棒棒糖就归你了，而且我还会给你5美元零花钱。"在当时的乔布斯看来，整个地球也就那个棒棒糖那么大了。于是，他为了一根棒棒糖极其认真地用了两天时间把习题做完了。这样的奖励持续了几个月后，乔布斯就自己提出不要奖励了，他说："相对于奖励来说，我更想让她高兴。"

美好的时光总是过得很快，乔布斯巴不得四年级永远不要过去，可是他还是处在了四年级的尾巴上。这时，泰迪给他做了一项测试，结果显示，他的知识水平已经达到初中二年级了。这让保罗夫妇之外的其他人意识到了乔布斯智力上的超常，于是他们决定让乔布斯跳级。

尽管乔布斯很早就知道自己是领养的，但这丝毫没有影响到他和养父母之间的感情，尤其是他与养父保罗·乔布斯的感情更加深厚。他在谈到养父对自己的影响时，如是说："他（保罗·乔布斯）追求完美，这甚至蔓延到别人看不到的地方。"[1] 这种追求完善的精神整整影响了乔布斯一生。只要与养父在一起，乔布斯觉得做什么都好。根据乔布斯的要求，养父母倾其所有，为乔布斯搬家，在南洛斯阿尔托斯2066号买了一座房子，虽没有什么特色，但却有非常重大的纪念意义，因为后来苹果公司就诞生在这所房子的车库里。在这里，乔布斯像是养父的跟屁虫。车库，就像保罗的工作站，里面贴满了自己喜欢的车子照片。他指着照片向乔布斯介绍各种车子的特色。例如，这款车子线条非常流畅，那款车子排气孔容易出问题等。他希望可以把自己对于机械和汽车的热爱传递给儿子。每天下班后，他都会穿上工作服，在车库中摆弄汽车，而乔布斯则会在旁边给他打下手。

---

[1]　明道编著：《乔布斯——神一样的男人》，中国华侨出版社2013年版，第12页。

　　到了20世纪70年代，《电子新闻》上使用了"硅谷"这个名字。硅谷南起南旧金山，北至圣何塞，横穿帕罗奥图，涵盖了绵延近64公里（40英里）的圣克拉拉谷。这里，电子产业获得了如火如荼的发展，遍地都是电子公司、微芯片制造商与计算机公司。这种产业集聚，让这里的科技氛围十分浓厚。可以说，在这里你随便走进一户人家家里，那家的主人都能给你讲一通电子原理。乔布斯家周围，也居住了很多工程师。这让他陷入了浓郁的科技氛围中。他曾经回忆说："我周围住的都是些和高科技打交道的人，这让我对这些东西也充满了好奇，总会拉着他们问东问西，他们也都很乐意给我讲解这些东西。"①

　　在美国，那是一个各种文化交锋的年代，嬉皮士运动、伯克的言论自由运动，都在如火如荼地进行。刚开始的时候，嬉皮士与电脑并没有多少交集，他们甚至认为，电脑是五角大楼与统治阶级才会使用的工具。但到了70年代初，人们对电脑的看法开始发生改变。约翰·马尔科夫作为《时代》杂志的撰稿人曾经在他所写的《睡鼠说了什么》一书中讲："计算机的身份已经逐渐从被当作官僚机构的控制工具转变为了展示个人表达与自由解放的工具，人们对于它的态度也从最初的不屑一顾变为欣然接受。"②处于这样的时代、这样的环境中的乔布斯，有着一颗躁动不安的心，他总觉得自己在这样的环境中应该有所作为。

　　1975年3月5日，家酿计算机俱乐部（the Homebrew Computer Club）在弗伦奇位于门洛帕克的车库正式成立。来自四面八方的30多人参加了它的第一次聚会。会上，弗伦奇向人们展示了Altair电脑，从这台电脑上，乔布斯好友沃兹第一次见识到了微处理器，这次展示还让另外两个人意识到软件的重要性，他们就是比尔·盖茨与保罗·艾伦。家酿计算机俱乐部凭借Altair电脑的展示，一下子

---

① 明道编著：《乔布斯——神一样的男人》，中国华侨出版社2013年版，第8页。
② 同上书，第50页。

打出了名气，人员很快就从最初的 30 多人增加到了 100 多人。乔布斯在沃兹介绍下也参加了这个俱乐部，并被这家俱乐部浓郁的科技氛围吸引。沃兹正是从家酿计算机俱乐部获得灵感，产生了一种想法，即利用微处理器设计一台带有键盘和显示器的终端机，使其成为一台独立的小型台式机，于是他研制了苹果一代电脑，被乔布斯命名为 Apple Ⅰ。沃兹后来总结讲："在 Apple Ⅰ 问世之前，人们需要通过难懂的前面板和电脑沟通，而在 Apple Ⅰ 之后，所有电脑都配备了屏幕和键盘，人们通过屏幕和键盘可以和电脑沟通了。"①

若想赚钱，最好的办法就是创建一家属于自己的公司。这是乔布斯的想法，同时，他觉得自己将会是个不错的老板，沃兹也将是个不错的技术合伙人。于是，他筹划与沃兹合伙，成立一家公司。

他首先说服沃兹，然后又找来懂得法律与商业事务的罗恩·韦恩，起草了一份合伙文书，于 1976 年 4 月 1 日确定了三人的合伙方式，成立了苹果公司。那天正是愚人节。后来，乔布斯讲："苹果公司的成立，是我当年收到的最好的愚人节礼物。"②但后来韦恩抽身而去，而他与沃兹则成了改变整个世界的双雄。公司命名为"苹果公司"，他们的工作地点，就在乔布斯家中。

刚开始时，他们的工作地点在乔布斯妹妹帕蒂的卧室内，后转移到客厅，甚至连厨房都曾被他们占用过。在这种情况下，乔布斯养父便停下了自己修理汽车的副业，让他们将工作地点转移到车库。他不但在车库内放置了一张长长的旧工作台，还为乔布斯与沃兹装上了一排贴好了标签的抽屉，以便他们存放各类元器件。正是在这间简陋的车库内，苹果公司创造了奇迹。

1975 年 6 月 29 日，苹果公司的第一代产品 Apple Ⅰ 诞生，改变了人机互动模式，将人们从枯燥而讨厌的二进制中解放出来。到了 1976 年底，乔布斯与沃兹已制造并卖出 200 台 Apple Ⅰ，带来了

① 明道编著：《乔布斯——神一样的男人》，中国华侨出版社 2013 年版，第 56 页。
② 同上书，第 58 页。

近 5 万元的利润，这就为打造出下一代真正意义上的个人电脑——Apple Ⅱ，开创出下一个奇迹，奠定了基础。

Apple Ⅱ上市之后，令世界为之着迷。究其原因有二：一是 Apple Ⅱ有着独到的设计。在当时市场上，Altair 电脑以及后来的 IMBSAI8080 与伯克利处理器科技公司生产的 SOL-20 等等，都是 Apple Ⅰ强有力的竞争者。有鉴于此，在 Apple Ⅰ的设计制造刚刚完成之后，沃兹便将其主要精力放在了 Apple Ⅱ的研发之上。在苹果公司成立一个月后，即在 1976 年的劳动节，乔布斯与沃兹带着 Apple Ⅰ与他们新研制出的 Apple Ⅱ参加了新泽西州大西洋城举行的第一届年度个人电脑节。由于造型粗陋，没有多少人感兴趣。乔布斯通过这次失败，意识到包装对个人电脑的重要性。于是，便下定决心，Apple Ⅱ在正式上市销售时，不但会有漂亮的机箱、内置的键盘，还会将电源、软件、显示器等全都整合在一个机器中，使其成为一台真正意义上的个人电脑。在 1977 年正式发售 Apple Ⅱ时，苹果公司特地采用了新设计的彩虹苹果商标，以强调 Apple Ⅱ的色彩功能。为了使 Apple Ⅱ取得成功，乔布斯不仅发挥沃兹杰出的电路设计能力，让 Apple Ⅱ成为一台有着完整功能的消费产品，而且在外观设计上，请杰里·马诺克为他设计并制造了一个外表光滑且又轻便的模制塑料制成的机箱，该塑料机箱采用流线型设计，造型虽然简单，但看上去却很整齐、简洁。二是 Apple Ⅱ有着准确的市场定位。乔布斯在沃兹设计 Apple Ⅱ时要求"要让人机交互变得更加简单，让电源的操作更加容易，让电脑成为大众消费品" [①]。这既是对 Apple Ⅱ的设计要求与市场定位，也是苹果公司的革新精神。这种革新精神，不仅使得 Apple Ⅱ在 1977 年 4 月在旧金山举办的美国西海岸首届电脑展览会上获得巨大成功，而且贯穿了苹果公司其后推出的 Maocintosh、Pod、iMac、iPhone 与 iPad 等一系列产品。

在 1977 年的展销会获得成功一年后，苹果公司便以最初只有 6

---

① 明道编著：《乔布斯——神一样的男人》，中国华侨出版社 2013 年版，第 65 页。

名员工的小公司，迅速发展成了拥有 60 名员工的中等计算机公司。到 1979 年，苹果公司的销售额达到 7 000 多万美元，到 1980 年销售额达到 11 700 多万美元；到 1982 年，Apple Ⅱ 以每月 33 000 台的速度出售。在短短的七年内，苹果公司从成立时只有 1 000 多美元资金的小公司，发展成了《财富》排行榜上 500 强的大公司。脱颖而出的苹果公司，没过多久，在此基础上，迅速地发展成为世界个人电脑市场上的霸主之一。

IBM、惠普、苹果是生产电脑硬件的，微软则是生产电脑软件的。乔布斯曾讲："如果说硬件是电脑的大脑和肌肉，那么软件就是电脑的灵魂。"[1]

微软的创始人比尔·盖茨以他的门第与天资，完全可以走上一条业已铺就的锦绣前程，而他却经由自己的选择，赤手空拳开拓了一个新世界。他生于 1955 年 10 月 28 日，从小酷爱读书，除了童话故事，他最喜欢的书要数《世界图书百科全书》，他常常一读就是几个钟头。

盖茨的父母对他寄于厚望。1967 年，他们把盖茨送进西雅图收费最高的私立学校湖滨中学读书。该校校规很严，一有违规，必有重罚。但它有一个对于天才学生格外垂青的良好传统，特别是在某一方面独树一帜表现突出的学生，校方会给予一些特权与自由的天地。允许他们做自己愿意做的事情，有时甚至是超出学校规定范围的事情。盖茨在这所学校很快就得到了这种特殊的自由，将他的智慧火花与创造力激发了出来。

1968 年，湖滨中学作出一个对于比尔·盖茨的未来具有重大意义的决定，让学生去涉足计算机世界。盖茨如鱼得水，求知欲得到极大的满足，凡能弄到手的计算机书刊、资料，他总是百读不厌，且能举一反三。他的同窗好友保罗·艾伦，常向他发难与挑战，坚强的意志力与强烈的进取心，使他们成为知己。艾伦曾讲："我们都

---

[1]　明道编著：《乔布斯——神一样的男人》，中国华侨出版社 2013 年版，第 76 页。

被计算机能做任何事的前景所鼓舞……盖茨和我始终怀有一个伟大的梦想，也许我们真的能用它干出点名堂。"当艾伦醉心于专业杂志时，盖茨还喜欢读一些商贸杂志。他们甚至想到用学校的计算机赚上一笔。

在湖滨中学，盖茨坚持不懈地寻找各种途径与机会，以利用自己在计算机编制程序方面的经验与知识来赚钱，机会总是给有准备的人。当时，华盛顿大学的四名计算机专家创办了计算机中心公司，这个私人公司向数据设备公司租借了几台计算机，其中包括像盖茨与其他湖滨中学的学生所使用的 PDP-10 型机。湖滨中学的学生被允许可以有偿使用这家公司的计算机。盖茨与湖滨中学的学生们在这里使用计算机时发现了病毒。于是，他很有兴趣地把发现的问题一一记下来，并汇编成册，取名《问题报告大全》。在 6 个月的时间里，这本书已经有了三百多页，其中大部分内容是盖茨与艾伦记录下来的。一天，盖茨接到一位 TRW 公司的人打来的电话，这家公司是美国国防用品合同商之一，他们的工作需要编制计算机软件。但是，当时的 PDP-10 型计算机的软件经常出错。他们开始在全国寻找能解决 PDP-10 型计算机软件缺陷的专家，结果他们在西雅图计算机中心找到了一本《问题报告大全》，盖茨与艾伦这两名计算机软件高手名字出现在几乎每页上。

当时，艾伦已在华盛顿大学上二年级，盖茨约他一起到 TRW 公司去面试了。通过面试后，他们的薪水是每周 165 美元。

盖茨家庭富裕，他有足够的钱可花，即使他不做任何成功的事业，其父母也会给他留一笔可观的家产。但盖茨不是这种人，他一心要自己能成为一个赚大钱的人。于是，他征得学校同意，可以在最后一学期不用来上课，让他有精力在那家公司好好工作，而艾伦则无法得到华盛顿大学的允许，只得自动停学。工作了三个月后，盖茨不得不回到湖滨中学来应付最后的考试。在计算机课上，他连一次课也没听，但他仍然考了第一名。不过上课老师认为这个学生从来不上课，只给他一个"B"，以示惩罚。而此时，他已经被哈佛大学接受为学生了。

从中学毕业后，盖茨又回到 TRW 公司，与艾伦一起做他们的编写计算机程序工作。他们在整个暑假都在计算机的终端前呆着，每天干到深夜，吃块馅饼，喝一口可乐。但在工作之余，他和朋友也去俄勒冈附近的湖上游玩，他用工资的一部分买了一艘快艇，周末一有时间就去湖上开着快艇兜风。

盖茨于 1973 年进入哈佛大学。他填的专业是法律预科。但是，他并不想承接父业去当一辈子律师。好在父母并不硬要他学法律，他们只对他讲，哈佛是美国高等学校中历史最悠久的一所大学，是一个充满魅力的地方。你必须读一所大学，哈佛是最好的。它会对你的一生都有好处。盖茨只好听从父母劝说，去哈佛大学读书，不急于办公司。

盖茨与艾伦曾经认真地进行过办公司的尝试。他们办的那个公司取名"交通数据公司"，后因故未能办下去。但他们并没有放弃有机会办自己的软件公司的计划。经过长期的资料收集与认真思考，他们确信计算机工业的触角即将伸入广大家庭之中，他们正处在一个关键时刻。他们意识到如果不顺应甚至领导这一场计算机革命，就会被抛到末流。艾伦经常讲："再不干就迟了，我们就会失去历史机遇，并将遗憾终生。"艾伦喜欢硬件，盖茨则认为软件才是计算机的生命。

当时，微电子技术的发展使计算机的体积越来越小，运算速度越来越快，功能越来越强。世界上第一台微机"阿尔塔"是以 8080 处理器芯片为基础开发的。

那时，英特尔公司对计算机的发展作出了重大贡献，一位名叫霍夫的人发明了能把房子那么大的计算机电路装进手指甲那么大的一片集成块的东西，叫做集成电路。有一位名叫埃德·罗伯茨的人，办了一个微型仪器遥控系统公司，因为濒于破产，不惜孤注一掷，决定利用刚问世的微型信息处理器，生产计算机爱好者都想要的个人计算机。罗伯茨得知英特尔公司生产的 8080 集成块速度太慢，并正在研制最新的集成电路，称为 8080 型，将于 1974 年问世。于是，罗伯茨就决定利用这种新的集成块，设计一种小型的计算机。

但是，罗伯茨的小型计算机有一个难以克服的困难，阿尔塔还缺少一种可供 8080 集成块使用的高水平的计算机语言。微型处理机功能很多，但它需要一种简单的语言，将一系列指令构成一种程序设计语言，这正是盖茨拿手的。他与艾伦认真地读了关于阿尔塔的文章，赶紧给罗伯茨打电话，宣称已经研制出 BASIC 语言，只需稍加修改即可用于阿尔塔。其实，他们还没有研制出来，为了提前获得订货，就要了这一花招。随后的两个月里，他们没日没夜地呆在机房里，为 8080 发明一种语言。

陷于困境中的罗伯茨接到盖茨与艾伦的电话后，抱着死马当活马医的想法，请他们俩来到他的公司。由于 BASIC 语言最初是为小型柜式机器设计的，盖茨与艾伦必须编写很长且紧凑的数码，并让它能适应阿尔塔四位数字的最大信息容量，这就好比把一只 33 厘米（13 英寸）长的脚硬塞进 20 厘米（8 英寸）长的鞋里去。但他们居然经过努力做成了。在此之前，还没有人为微型计算机编过 BASIC 程序。从这一角度讲，盖茨与艾伦为今后的软件研制人员开辟了一条前进的道路，为软件工业奠定了标准化生产的基础。这一年，盖茨才 19 岁。

当罗伯茨与微型仪器遥测系统公司的人看到他们的计算机使用 BASIC 语言开始工作时，感到非常吃惊。BASIC 语言的研制成功，也使盖茨心里豁然开朗，他意识到自己真正的兴趣在计算机，他的使用价值在计算机，他的未来在计算机，而计算机时代当时已经来临。机不可失，时不再来。于是，他决定从哈佛大学退学，干他自己选择的事业。

当盖茨将这一决定告诉父母后，父母既吃惊，又伤心。尤其是他母亲玛丽·盖茨坚决反对。她希望儿子在取得学位前不要离开哈佛大学。因为，她本人在华盛顿州教育界很有名望，而儿子却无视教育，而且还是哈佛大学的教育，这让她在面子上很不好受。但是，无论她，还是她丈夫，都无法说服儿子改变决定。于是，她只好请商业界领袖萨穆尔·斯托姆去劝说比尔·盖茨。结果，萨穆尔·斯托姆不仅没有说服盖茨，反而为盖茨折服，鼓励盖茨干出一番大事业。这下子，盖茨父母无可奈何了，只能由着儿子了。

退学后，盖茨加入了艾伦所在的微型仪器遥测系统公司。但该公司着力开发的 4K 存储板并不成功。罗伯茨因此把存储板与 BASIC 一起搭配出售。计算机爱好者看到存储板一文不值，而 BASIC 售价昂贵，便纷纷复制 BASIC 语言，并免费散发。这给盖茨后来的经营以重大启示：软件必须独立出售。盖茨与艾伦认识到，如果按照罗伯茨的方式来经营公司，不可能有光明的前途。于是，他俩便想与罗伯茨分手，并在 1975 年夏天，他俩成立了微型软件公司，简称微软公司。

也就在此时，他与艾伦的这个公司与罗伯茨签定了一个关于 8080BASIC 使用权的协议，这个协议是盖茨当律师的父亲与罗伯茨的律师准备的。对于盖茨来讲，是他首次运用法律手段来进行商业行为。这份协议，为期 10 年，将允许微型仪器遥测系统公司在全世界范围内使用和转让 BASIC 语言，包括转让给予第三方，但这第三方的转让不能没有另一方的同意与背书。这份协议虽可让盖茨与艾伦最多获得十几万美元的利润，但对盖茨来讲，这只是小打小闹的一笔交易，他的想法是赚更多的钱。

到 1977 年，微软公司已经成长壮大起来。于是，在这年的元月，比尔·盖茨正式退学了。他与艾伦这两个微软创始人，默契配合。艾伦专注于新的理念与发展中的新技术；盖茨虽然偶尔也参与一下，但他以商业为主，特别是在建立广泛的商业关系方面。在哈佛读书时，盖茨攻读了许多商务书籍，他渴望了解有助于他营运一家公司的一切知识，从管理人到营销产品，等等。同时，他将学到的这些知识运用到了微软公司。

1977 年，微软公司把它的 BASIC 许可证出售给 RADIO SHACK 与苹果公司。

1980年11月，IBM与微软公司签订了合同。这次被告知，微软必须在1981年3月底前设计完成在IBM个人计算机上的软件。盖茨抓住IBM这个蓝色巨人，带动微软公司开启了飞行速度，从与IBM的合作中，微软公司得到的最大的好处，就是它的DOS系统成了行业标准。

当时，盖茨与IBM一致决定，采取开放的系统设计。没有这一点，IBM要在个人机领域独霸一时就无从谈起。盖茨设法使MS-DOS设计成为整个行业所用的操作系统。他对SCP-DOS操作系统的部分转让感到不安，因为他不仅想要唯一的使用权，更要整个所有权。于是，微软公司在谈判中让发明人布洛克净得5万美元，从而促使他在协议上签了字。这样，微软公司便有了属于自己的操作系统。IBM PC也很快问世，微软DOS因而成为同行的唯一标准。

由于IBM PC销量日增，MS-DOS影响也随之日增，为其开发的应用软件也越来越多。这样，盖茨成了最大的赢家。1982年5月DOS版正式完成，此时26岁的盖茨已成为同行中举足轻重的人物。

IBM PC大量出现，并逐渐成为标准机型。但康柏（Compac）公司别出心裁地宣传：我们没有差别。可以运用所有的IBM PC设计的程序。兼容机时代开始了，由于得风气之先，康柏公司发了大财。由于兼容需要，推动了开放与共享的技术发展。兼容的结果是都用同样的系统软件MC-DOS。微软只生产标准软件，并通过与厂商签约，收取软件复制权费用。

苹果与微软一向不很冲突，因各自建立在不同的微处理器基础上。但当IBM涉足个人计算机领域时，乔布斯决定开发以GUI为特色的新型计算机以保持技术领先，对抗IBM PC狂潮。当时，苹果公司的那个被称为麦金塔电脑及其软件为用户提供了IBM与微软都不能提供的图形用户界面。比尔·盖茨不能容忍让别人领先一步，他在苹果已有的成就之外，提出另一种有关此项技术的前景概念，其新项目名为："界面管理者"，后更名为"窗口"（Window），这就是日后大名鼎鼎的"视窗"之由来。

1985 年 5 月，比尔·盖茨带着演示版视窗出现在当年的 Comder 电脑大展上，向成千上万名观众表演用鼠标与键盘打开或关闭"窗口"的效果。同时，他代表微软公司宣布：视窗 1.0 版软件标价仅 95 美元。一个月后，微软公司向外发放了视窗 1.0 的测试版。视窗投向市场后，每年可售出几十万份，一下子把对手的市场都压住了。

1987 年 10 月，微软公司推出视窗 2.0 版与视窗 386 版。

1990 年 5 月 22 日，微软公司推出视窗 3.0 版。当年，视窗 3.0 版被评为最佳软件，其最引人注目的是它的多媒体功能。开发新产品的投入是巨大的，但巨大的投入获得的回报也是巨大的。到 1991 年底，微软价值 219 亿美元，超过了久负盛名的通用汽车公司。比尔·盖茨与艾伦，还有鲍默尔，都成了微软公司的亿万富翁。到 1992 年底，微软公司大约有 2000 名雇员都成为百万富翁。比尔·盖茨后来则连续多年成为世界首富。

20 世纪 90 年代，多媒体发展很快，比尔·盖茨密切关注。他希望为多媒体个人电脑（MPC）建立标准。1990 年 11 月，微软召开了多媒体大会，会上 MPC 宣布诞生了。MPC 的支撑软件是微软操作系统，微软因此具有绝对优势。拥有 MPC 的控制权后，人们开始形容盖茨为电脑皇帝。然而，他并不满足于电脑皇帝，而是又向信息高速公路进军。未来的信息高速公路将融合现有的计算机联网服务、电话与有线电视等功能，成为广泛的服务载体。比尔·盖茨当时意识到，必须控制这一新兴行业的咽喉。

1995 年 8 月 24 日，可以说是一个不平凡的日子，这是比尔·盖茨耗资 5 亿美元做广告，首次发行"视窗 95"的日子。这一天，在公司总部西雅图，微软公司总裁比尔·盖茨亲自充当超级推销员，向数千名支持者演示"视窗 95"的部分功能。"视窗 95"大大增强了联网功能。无疑，"这是一次空前的广告促销尝试，其成功不言而喻"。这是当时的纽约《世界广告季刊》的评价。

微软公司于 1975 年创办时，产品仅有一种，人员仅有 3 名，收入仅有 16 000 美元。但到 1995 年，微软公司则成为风靡世界的巨型高科技公司，已拥有产品 200 多种，雇员 17 800 多名，年收入达 60 亿美元。比尔·盖茨作为微软公司总裁，在 1995 年成为世界首富，个人拥有净资产 130 亿美元。

微软的成功，究其原因有多方面。其中，有两条尤为突出：一是微软公司的创办人比尔·盖茨不仅素质高而且精明。任何一家公司，要成功地创办又成功地经营，并获得飞速发展，其决定性因素在于该公司内部必须拥有高素质的人才，关键在于公司的创办人与第一把手的素质与稳定性。公司的发展之路，首先在于其人才经营之道与人才发展之路。对于一个公司来讲，无论是经营还是创新，要获得成功，关键在人；对于一个国家来讲，要建设创新型国家，开拓进取，关键在于如何得天下英才而用之。二是向未来进军，连续不断地创新。向往未来，憧憬未来，连续不断地创新和开发新一代产品，既是微软公司发展的活力，也是比尔·盖茨的成功之道。

二、20 世纪 90 年代以来互联网时代的精英与新贵

（一）互联网时代的巨变

20 世纪 90 年代以来，第三次技术革命进入第三阶段，第三次生产浪潮进入第二阶段。从美国开始搞信息高速公路，人类从电子信息化时代进而迈向了网络化时代，也可称为网络经济时代、IT（信息技术）时代、互联网时代。在这一时代，互联网兴起，并获得迅猛发展，这就是整个社交网络的崛起与发展。

在 20 世纪 90 年代，不管你是否愿意，互联网已经来到你的面前，并且正在改变你的生活。它从何而来，将向何处去？追根溯源，互联网是从美国国防部开始的。早在 20 世纪 60 年代末，美国五角大楼要求计算机专家为无限量的计算机通信找到某种最佳途径，使任何一台计算机都无需充当"交通警"的角色。当时，美苏冷战正酣，谁也吃不准将来是否会爆发核大战。如果一个中枢控制的网络

遭"核屠杀",网络就会瘫痪。于是,五角大楼把赌注下在一个被称为"包切换"的技术上,于1969年兴办了ARPANET项目。ARPA是美国国防部高级研究计算署(Advanced Research Pmjects Agency)的简称。最初,高级计算机署网即ARPANET只有四台计算机,其设计构想是用这些机器来连接分散在广大地区的异构型计算,以确保网络在受到外来袭击时仍能正常工作。因此,ARPANET被设计成可在计算机间提供许多路线(称为路由)的网络。而计算机必须能够通过其中任一路线而不是只能通过某一固定路线来发送信息。"包切换"即把信息分解为不同的部分(称为"包切换"分组),每部分经由不同路径发送(被"切换"),最后再重新组合成完整的意思。怎样确保信息到达它应该去的地方呢?这就要靠路由器了。

将一台计算机与另一台计算机直接相连的最主要优点是数据传输速度快,而缺点则是不方便与成本高。局域网技术以一种方便、廉价与可靠的方法解决了计算机的通信问题。但局域网只是一种短距离数据通信技术。要想实现远距离的电脑资源共享,还必须建立广域网。后来,研究人员开发出各种局域网与广域网技术。如何将这些技术相互兼容起来,将不同网络互联在一起形成一个可用的大网络?ARPA研究中的一个关键思想是用一种新的方法将局域网与广域网互联起来,成为网际网(internetwork)。这一术语通常缩略为internet,它既指ARPA项目本身,又指ARPA所建立的原型网络。为了区分这两个含义,ARPA项目研究人员采用了这样一种规范,在提及通常的网际网时,用小写的internet,而在提及实验原型时,"I"要大写。

互联网作为明星出场是在1995年。

当时,微软公司(Microsoft)总裁比尔·盖茨步出一家餐馆时,一位无家可归者拦住他要钱。这并不奇怪:盖茨当时已是世界上最富有的人。接下来的事令他目瞪口呆,流浪汉主动提供了自己的互联网地址(西雅图一家社会庇护所在网上公布了地址以帮助无家可归者)。"简直难以置信,"盖茨事后说,"internet是很强大,但我没想到无家可归者也能找到这里"。那一年，无论从哪方面讲，都可称为"微软年"。这一年，盖茨发动了一场自新口味可口可乐推出以来声势最大的新产品推广活动，在嘹亮的鼓点中，视窗95（Widows 95）隆重登场。这一年，互联网成为至高至尊。成为"信息高速公路"的同义语。它在存在了27年后的1995年大放异彩。仿佛一夜间，从好莱坞大亨到梵蒂冈教皇，全都用了电子邮件地址。

由于拥有自身独特的优势，互联网迅速发展成为世界上第一个数字信息实用体——一种全功能网络。这是一个划时代的发展。从1995年开始，在环球网上即使是新手，也能在全球的计算机上开始数字漫游。它使所有人，从高中生到非营利组织到大企业——都可以自由地在网上开设主页。

互联网的流行，谁也忽视不得。当时，已经站在信息革命最前沿的芯片生产厂家英特尔公司（Intel），由于低估了网络的影响而栽了个大跟头。事情缘起于英特尔当时开发的最新一代芯片——奔腾（Pentium）的发售。英特尔打出这样的广告词："奔腾处理器，给电脑一颗奔腾的芯！"这种芯片性能超强，被英特尔视为打进家用电脑市场的法宝。爸爸、妈妈与孩子们在家里使用电脑与在办公室完全一样，可以随意享受声光动画、教育软件及各种多媒体产品。1994年圣诞节前夕，奔腾处理器像其前几代处理器一样。经过一年多的市场推广，正要取代486，迈上销售的巅峰。但在其宏伟的计划里，却没有互联网的位置，因而英特尔在网络上的地址一点也不起眼，与其他许多技术公司根本无法相比，于是它很快就为此付出了代价。

祸端肇始于美国弗吉尼亚州数学教授托马斯发现奔腾芯片会出现算法错误。于是，他在1994年10月在互联网上发表《奔腾处理器中的错误》备忘录，随后迅速在一个电子邮件发送清单与新闻组中流传开来，并且辗转进入了像计算机服务公司与奇迹公司这样的商业联机服务机构。大众传媒对这一事件表现出了浓厚兴趣，紧追不舍。11月21日，通过卫星传送，全世界都收看到了CNN对此事的报道，许多电脑用户心中产生了恐慌。

英特尔试图通过网络及其他媒体安抚用户，其总裁迪斯科葛洛夫亲自出马致歉，说明这主要涉及"浮点运算单元"，它是微处理器中的一部分，专门负责处理复杂的数字计算。公司在设计奔腾处理器时，少输入了一项计算公式，因而采用这种处理器的个人电脑，在作特别复杂运算的某些时候，浮点会出现瑕疵，偶尔会产生结果错误。但这无法消除网络与媒体的疑虑，它们不断对持币待购的用户发警告。

于是，装有奔腾芯片的电脑售价 2 000 美元，而电脑生产厂商已经生产出了上百万台新机器，这意味着上亿元的产品处于积压危险中。在这关键时刻，又雪上加霜，IBM 宣布将停止奔腾电脑的出售，原因是英特尔低估了浮点运算错误的影响，IBM 基于保护用户的立场，将停止发售。这时，公众又通过媒体得知，早在 6 月，英特尔就发现了其芯片存在的问题，却秘而不宣，于是网上开始充斥关于英特尔的讽刺笑话，使它的声誉受到极大伤害。

在 IBM 宣布停止出售的当天，华尔街迅即作出了反应。英特尔股价滑落，几乎所有电脑公司都步其后尘。在这种情况下，英特尔不得不改变原先做法，决定对所有奔腾电脑用户，无论是否受到浮点错误影响，都提供终身更换保障。无疑地，这在短期内将给英特尔的运营造成影响，但从长远来看，却是正确的一步。

通过"浮点运算"风波，英特尔吸取了教训，再也不敢忽视网络上的宣传了。其环球网页一扫过去的沉闷，变得丰富多彩，应有尽有。

在信息社会，互联网在各国迅猛发展。如今，互联网已进入寻常百姓家，上网费用也大大降低。上网的网民，目的各不相同。以德国为例，三分之一网民上网是出于个人需要，六分之一是因工作需要，半数多的人是公私兼顾，且大多数人在家中上网，在工作单位上网的约占三分之一。

随着互联网的发展，它逐渐分为两类：一类是网民，一类是非网民。通过网络，网民了解到更多的信息，非网民则生活在传统生活方式之中。如购买一件商品，网民可在网上对商品的性能与价格作充分的比较，择其优者网上订购，然后等待送货上门；非网民则需花大量时间跑到各家商店货比三家，然后购买。

在美国，网络经济如今已成为主流产业。网络经济给人们带来的最大好处是廉价与快速，带给工商界更是大量的商机。网络给人们的生活带来极大的便利，使人们的生活更加丰富多彩。

在互联网时代，网络公司的发展速度惊人，互联网公司以"四两拨千斤"的效果迅速地摧毁了传统的产业模式，互联网催生的不仅仅是一个互联网行业，而且是一场社会全局性的变革。

互联网是全球发展的大趋势，它像印刷、电话与电力一样，全面改变人类通讯、娱乐、休闲、商业运作、国际政治等方面。尤其是，它使商业领域发生了重大变革。如 yaoo！（门户）、AOL（ISP+门户）等，它们是互联网催生出来的新型商业模式，是此前从未出现过的，未来它们的生存方式就是创新式生存。这不仅仅是在 IT 行业，而且所有产业都需要创新。用硅谷人的话讲："不创新，即死亡。"

每一次电信技术的革命，都会造就出一批新的巨人。以美国为例，就涌现出思科、雅虎、网景、在线、时代华纳、谷歌等互联网时代的新贵。

——思科，全称思科系统公司（Cisco System），它是美国华达山脉的一座加利福尼亚小城的名字。该公司是伦纳德·博萨克（Leonard Bosack）与桑迪·勒纳（Sandy Lerner）夫妇于 1984 年创建。博萨克与桑迪·勒纳原来都是斯坦福大学研究所的研究人员，他们发明了各自独立的计算机之间传递数据的方法，同行称为"路由器"。当他们的同行希望得到"路由器"时，斯坦福大学不同意将路由器提供给国内的一家企业，这对夫妇便离开斯坦福大学，创建了思科公司，并在家里生产路由器。至 2000 年 3 月 24 日，思科公司的股票市值首次超过微软，成为世界第一大公司。思科公司震惊世界的飞速发展，是与该公司首席执行官约翰·钱伯斯分不开的。

钱伯斯于 1949 年 8 月 23 日生于俄亥俄州的克利夫兰。他曾在 IBM 做了 6 年的销售工作，随后在王安电脑公司（Wang）做了 8 年的高级销售主管，于 1991 年加入思科公司；1995 年，钱伯斯升为首席执行官。

钱伯斯的从商经历使他比硅谷中其他的首席执行官们更加熟悉大多数公司管理人员的职业经历。在高技术领域的大多数成功公司中，只有思科一家公司是长期由一位职业的首席执行官来领导。英特尔公司、微软、美国在线（AOL）、康柏（Compaq）、戴尔网关（Gateway）等公司都是由其创始人、早期的雇员或者原来的研究人员来领导的。

思科与钱伯斯是如何获得成功的？究其原因，有多方面。于此，仅摘取与互联网有关的三点。

一是用电子商务赢得世界。钱伯斯在任时，犹如摇钱树般的思科网站的日营业额为 3 200 万美元，占公司全部收入的 80%。网上订货中一半的订单都被直接转给转包商，由他们进行产品的生产与检验，并由他们直接发货给顾客。思科的工作人员日常工作就是处理顾客的支票。在销售服务的请求中，大约有 70% 是在互联网上处理的。在这一过程中并没有思科员工进行实时参与。

二是用网络改革公司内部的运作。为了使公司内部的运作简单而高效，思科发挥了网络的作用。例如，在公司季度性账目结算的终止日期截止之后的 24 小时内，就可以完成"虚拟的"账目结算。各种岗位的工作，其中包括尤为重要的员工招聘工作，都是建立在网络的基础上进行的。而且，思科还在网上开展员工培训。

三是向你的核心客户提供"端对端"的解决方案。思科的目标是满足其客户在网上的每一个需求。这就意味着思科要开发或者购买到与此相关的每一项新技术。钱伯斯讲，思科的"横向商业模式"，即他们所实践的、通过网络将远端的供应商、客户和战略伙伴联系在一起的模式，是满足客户不断变化的需求的唯一方法。

当然，思科与钱伯斯的成功之道，远不止这些。例如，无论何地，拿出你的激情来，宣传你的理念；将人的因素置于产品、效益及其他一切因素之上；经常听取客户的意见，以客户需求为导向；在所有的商业领域中寻求领先的机会；通过正确的并购使自己成为企业巨人；如果你不收购他们，那么就加入他们之中吧，等等，都可说是思科与钱伯斯获得成功的奥秘。

——雅虎，其创办人叫杨致远，他随父母由中国台北移民到美国时，还是个 10 岁的孩子，阔别 17 年后，他已是网络资讯检索服务公司"雅虎"（YAHOO！）的创办人了，也是全球资讯产业的又一位年轻企业家。

雅虎首日在纽约华尔街证券市场上便备受瞩目，每股由 13 美元升至 33 美元，升幅达 1.5 倍多，为该公司筹集了逾 20 亿美元的资金，成为另一个火箭般上升的技术股，并让世人对这只新股充满憧憬。雅虎的创办人、年仅 28 岁的美籍华人杨致远也因此在一日之间成了亿万富翁。雅虎从创业到上市不足一年，杨致远以其勤奋、智慧与气魄站在新兴科技领域发展的前沿，使雅虎充满了生机。

从雅虎公司的成立看，充满戏剧性。1993 年底，在斯坦福大学电机研究所攻读电机工程博士学位的杨致远开始使用全球网络，他与学友大卫·费洛觉得国际网络范围广泛，要找一个题目往往需要耗费多时，如果能建立一个搜寻的软件，由系统分门别类地加以组织，那么使用网络资料时就会很方便。于是，1994 年，年仅 25 岁的杨致远在万维网上出版了使用资料搜查手册（全球资料目录软件）。至于为何命名为"雅虎"，他表示："我们是在 CULL IVER 旅游手册中找到这个名称的，我们觉得 YAHOO 代表那些既无经验、又无教育的外来游客，与我们这群电脑人非常相近。所以，我们就用了 YAHOO！来作为这个软件的名称了。"

由于许多网友纷纷进入斯坦福大学的电机工作站使用这套软件，使校方大感困扰，抱怨这项发明影响了学校电脑的正常运作。为此，杨致远与费洛积极寻找潜在的投资者，第一个找到的是硅谷成功的企业家、国际购物网络的创始人亚当斯，亚当斯帮助"雅虎"找到出路，将雅虎介绍给了硅谷的风险投资公司 SEQVOIACATTAL，由这家公司帮助雅虎计划上市。

由于那时正是推出软件的黄金时机，杨致远认为继续开发软件工作，比完成博士的研究课程更重要。于是，他与费洛决定放弃即将完成的博士学位，携手成立了 YAHOO！软件公司。

与一般传统的电脑软件业者不同，这家电脑网络应用软件专业公司，看准的是电脑网络的应用市场，它建立起一个类似网络电话簿的检索系统，称为"雅虎"检索系统软件，将全球网址分类为艺术、教育、卫生、新闻、娱乐、科学、社会科学、地方、区域、电脑与网络等 14 类。雅虎的推出，可以使电脑用户避免在查询高速公路信息时，犹如面对庞大的资料库却不得其门，耗费多时只为了寻找一个有兴趣的题目。通过这套软件，用户能够按自己的旨意作出选择，尽可能以极其短的时间在国际网上数十万个主题中，找到想找的网址。

雅虎将索引软件无偿提供给用户使用，公司盈利则主要依靠广告收入。创建开始，雅虎每周用户就多达七千万个，每日雅虎为软件增加两百条新目录。由于雅虎检索系统实在方便，前景被普遍看好，广告收入相当可观。结果，它一上市就一鸣惊人，风头大出。

雅虎的成功，在于它是第一个进入市场的检索软件公司，并且为未来的资讯世界建立了一套应用方便、功能强大的资讯检索系统。雅虎的崛起，是网络世界发展的一个象征，受到资讯业及世界股市的重视，杨致远也因此而成为华人世界中最年轻的名人之一。

——网景，创始人是马克·安迪森与吉姆·克拉克。1994 年，22 岁的大学生马克·安迪森开始免费散发它设计的 Mosaio 浏览软件。他将环球网变成了各种新的应用程序与出版方式的计算平台，这是一个划时代的概念，意味着"环球网就是计算机"。

随后，安迪森与资深企业家吉姆·克拉克建立了网景公司。1995 年 4 月，这家成立仅 16 个月、未赢过一分利的公司在纽约上市。上市那天，对于安迪森与克拉克来讲，真是一个好日子。网景公司的股票以每股 58.25 美元价位收盘。年仅 24 岁的安迪森身价达 5 800 万美元，克拉克身价达 5.65 亿美元。这个非凡的表现，使这家创始资金只有 1 700 万美元的小公司一跃成为一个 20 亿美元的新巨人。安迪森成为美国青少年的新偶像。1996 年 6 月 17 日，《时代》周刊推出由它的所有编辑与记者评选出来的 25 位全美最有影响力的人物，名列第一的就是网景公司创始人之一、董事长吉姆·克拉克。

在华尔街，网景一类的"高技术股票"炙手可热。其原因在于，它们与互联网联系在一起。而互联网产业早已等同于 20 世纪 70 年代末期的个人电脑产业。

——美国在线，创立于 1985 年。2000 年 1 月，美国华尔街迎来了交易总额达 1 840 亿美元的有史以来最大的收购案。网络巨头美国在线宣布将以换股及债务方式，收购世界上最大的媒体公司时代华纳公司。当时，时代华纳拥有众多著名品牌。这次收购产生了一个超级媒体帝国，总市值将达到 2 860 亿美元，营业额 300 亿美元。它的边界从杂志、电影网、电影公司、音乐公司、卡通一直延伸到互联网，将重新规划人们获取信息与娱乐的方式。合并后，美国在线用户将享受时代华纳丰富的媒体及娱乐资源，与此同时，时代华纳也将借助美国在线庞大的用户群，扩大自己的市场份额。这是数字化时代两家公司革命性的胜利，合并后的公司，将拥有《时代》、《财富》、《人物》、CNN 电视网、华纳兄弟电影公司、HBO 电视频道、卡通网络、华纳音乐集团、《娱乐周刊》杂志等著名媒体品牌以及美国在线、网景、ICQ 信息通、数字都市等著名网络品牌，其竞争力之强不言而喻。

难怪，消息一传出，全世界为之震动。这次收购，标志着全球媒体产业的权杖从以报刊、电视为代表的传统媒体转移到了以互联网为代表的新型媒体手中，它是时代的巨变。

（二）全球信息搜索的旗舰——谷歌

谷歌，由拉里·佩奇（Larry Page）与谢尔盖·布林（Sergey Brin）于 1998 年创建。最初，该公司设立在斯坦福大学的学生寝室中，后搬到苏珊·沃西基在门洛帕克的车库，之后又先后移师帕洛阿尔托和山景城。其间，两位创始人一直秉承几条基本原则，其中首要的，就是聚焦用户（focus on the user）。两人觉得，如果能提供优质服务，那么资金问题就能迎刃而解了；如果两人一心专注于打造全球最棒的搜索引擎，那么成功就是迟早的事。于是，他们致力于创造一款伟大的搜索引擎并提供其他优质服务。在该公司创办与发展过程中，两人十分重视聘请有才华的软件工程师，给他们自由发挥的空间。

谷歌执行董事长埃里克·施密特说："对于一家诞生于大学实验室的企业而言，这样的做法无可厚非，因为在学校环境中，人才是最为珍贵的资产。多数企业都声称'员工即一切'，但谢尔盖和拉里却在公司运营中践行了这句话。这种做法并非是为企业拉大旗，也不是处于利他主义。之所以这样做，是因为他们觉得，要让谷歌苗壮发展并实施看似遥不可及的雄心壮志，只能吸引和依靠最为顶尖的工程师。"① 这是谷歌公司的成功之道。

谷歌公司所处的行业日新月异。该公司在与微软公司的激烈竞争中，紧紧依靠拥有过硬的专业知识、懂得如何使用专业工具、具备充足的实践经验的创意精英，通过相互沟通，齐心协力向同一个大方向前进，对互联网的重要性以及搜索的力量深信不疑，并勇于创新，不断向技术的极限推进。

2002年5月一个周五的下午，谷歌公司创始人之一拉里·佩奇在谷歌网站上闲逛。他键入搜索词条，想看看会搜出什么样的页面和广告，而得到的结果让他很不满意。例如，他键入一个搜索要求，虽然谷歌弹出许多相关的自然搜索结果，但看到的却与搜索词条完全不沾边。如果在一家普通的公司，首席执行官看到某款产品有问题，便会把负责人叫来问责，还会召开两三次会议，商讨可行的解

---

① ［美］埃里克·施密特（Enc Schmidt）、乔纳森·罗森伯格（Jonathan Rosenberg）、艾伦·伊格尔著：《重新定义公司——谷歌是如何运营的》，靳婷婷等译，中信出版集团2015年版，《前言》第ⅩⅩⅢ页。

决方案，然后决定应该采取的行动。大家会就解决方案的实施制订出一份计划，经过一系列的质量保证测试之后，再将方案付诸实施。在一家普通的公司，这个过程一般会花去几周的时间。然而，拉里没有这么做，他仅将自己不喜欢的搜索结果打印出来，把存在问题的广告特意做了标记，又将打印出来的文件贴在台球桌旁厨房墙壁的公告板上。他在纸条上端用大写字母写了"这些广告糟透了"几个字，然后便回家了。

第二周的周一清晨 5 时零 5 分，一位名叫杰夫·迪安的搜索引擎工程师发了一封电子邮件，说他与其他几位同事都看到了拉里在墙上的留言，也觉得拉里评价这些广告糟糕在情理之中，并详细地分析了问题出现的原因，提供了一份解决方案并给出了他们几个人利用周末时间编写出的解决模型以及超链接，还附加了测试结果，证明新模型与当时通用的系统相比有哪些优点。这份解决方案的大意是：我们准备计算出与"广告相关度数值"，来评估广告与搜索请求的相关性，然后根据得出的数值来决定广告是否出现，以及出现在页面的什么位置。广告的先后排列应以其相关性为判断标准，而不是只以广告商愿意支付的费用或每条广告所获的点击量为依据，这个核心理念后来成为谷歌 Adwords 引擎赖以生存的基础，由此，一项价值几十亿美元的业务应运而生。①

谷歌以搜索起家，搜索信息是谷歌的核心业务。该公司是世界上拥有最大研究队伍的公司之一，可以心无旁骛地攻克搜索方面的难题；谷歌人知道自己擅长什么，也知道自己如何做得更好，他们不断应对各种棘手状况，深谙复杂难题的解决之道；他们追求无止境，始终将自己在某方面的优势视为继续发展的起点，而不是终点。经过谷歌人的不懈努力，终于使谷歌成为互联网时代全球最具标志性的企业、全球信息搜索的旗舰。

---

① ［美］埃里克·施密特（Enc Schmidt）、乔纳森·罗森伯格（Jonathan Rosenberg）、艾伦·伊格尔著：《重新定义公司——谷歌是如何运营的》，靳婷婷译，中信出版集团2015 年版，第 4—5 页。

三、"互联网 +"时代的思考与"经济发展阶段陷阱"分析

（一）大数据与"互联网 +"时代的思考

第三次生产浪潮的第三阶段，即继个人电脑（PC 革命与因特网开启革命）、互联网这两个阶段之后，人类社会在近年内进入大数据与"互联 +"时代。这一阶段，既可称为信息社会的第三阶段，也可称为工业 4.0 阶段。工业 4.0 是实体物理世界与虚拟网络世界融合的时代，产品全生命周期、全制造流程数字化以及基于信息通信技术的模块集成，将形成一种高度灵活、个性化、数字化的产品与服务新生产模式。这是一个崭新的时代。

在这样一个时代，作为大数据与"互联网 +"开路先锋的谷歌公司执行董事长埃里克·施密特讲：有三股强大的科技狂潮汇集在一起，"让多数行业的大环境发生了乾坤挪移"[①]。"第一，互联网让信息免费、源源不断、无处不在，也就是说，几乎所有信息都可以在网络上找到。第二，移动设备和网络让全球范围内的资讯共享及持续通信成为可能。第三，云计算让人人都能以低廉的价格现付现购地使用强大的计算机功能、无限的内存空间、精密的工具和各种程序。时至今日，全球仍有很大一部分人口无法享受这些科技的泽惠，但是，这一切将发生改变，剩下的 50 亿人口上网的那一天已是指日可待。"[②]

在这一时代，人们将工业互联网、云计算、机器人等技术融合在一起，整合了整个生产流程，使整个生产过程越来越智能、越来越具有可预测性。在德国人看来，这一时代是工业 4.0 时代。他们认为，工业 4.0 描绘了一个通过人、设备与产品的实时联通与有效沟通，构建高速灵活的个性化与数字化的智能制造时代。为了推动

[①②]　［美］埃里克·施密特（Enc Schmidt）、乔纳森·罗森伯格（Jonathan Rosenberg）、艾伦·伊格尔著：《重新定义公司——谷歌是如何运营的》，靳婷婷译，中信出版集团 2015 年版，《前言》第 XXIX 页。

制造业革新，德国发布了《保障德国制造业的未来——关于实施工业4.0战略的建议》。2014年，德国还出版了《生产、自动化与物流中的工业4.0》，从应用技术的视角对工业4.0进行了剖析。德国希望借助工业4.0，牢牢掌握对全球智能制造业的话语权。

在美国人看来，这是一个"工业互联网"时代，它将智能设备、人和数据连接起来，并以智能方式利用这些交换的数据，以期打破技术壁垒。促进物理世界与数字世界的融合。2012年2月，美国发布了《先进制造业国家战略计划》，从此美国踏上了新一轮工业革命的道路。

社会发展的终极力量是生产力，从以蒸汽机为动力的机械制造，到电力驱动，再到电子计算机与IT实现的制造自动化，无一不是对生产力水平的跨越式提高。随着智造业的发展，工业有望实现真正的电化操作。未来所谓的机器与组装，工人所要起到的作用更多的是掌握应用技术，而不是实际的用双手把零部件逐一放到完整产品上。近几年，绝大部分美国制造业企业已经实现了65%自动化装配和生产，即65%的装配量都是由计算机进行数字化技术集成来完成的，而工人只要进行终端操作就可以了。

从德国人所讲的工业4.0看，主要包含三个方面的内容：第一是"智能工厂"，即用智能化的方式改造生产系统和生产过程，实现工厂生产的智能化；第二是智能生产，主要涉及整个企业的生产物流管理、人机互动以及3D打印技术在生产过程中的应用等；第三是智能物流，利用物联网等方式整合物流资源，充分提高物流效率。总之，德国人所讲的工业4.0的主题离不开智能。

工业4.0具体能实现什么？国内有学者作了这样一个描述：工厂接到客户订单后，会立即自动向原材料供应商采购原材料。原材料到货后，将被赋予信息，这是某客户订制的某产品的某工艺中的原材料，原材料此时"知道"了自己的用途。进入生产流程后，原材料将会与生产设备开展"对话"，以确认进入正确的生产线。原材料被嵌入产品内后，仍保留着路径流程信息，可实现追踪溯源。工业 4.0 将把智能工厂、物流配送、消费者编织在一个网络中，即由网络把消费者订单中的个性化要求发送给智能工厂，由其采购原材料、设计并生产，再通过网络直接配送给消费者，实现定制化生产；它所体现的是生产的自动化、信息化、数字化、网络化、智能化、标准化与个性化；它催生的是移动互联网、大数据、云计算等的创新应用，从而为制造业生产方式与发展模式的变革奠定了基础。

这样一个时代，既是大数据与"互联网+"时代，也是"机器人革命"与机器人发展的黄金时代。

"互联网+"是互联网与各行各业的智慧融合，与工业结合成智慧工业，与物流结合成智慧物流，与金融结合成智慧金融……互联网是以信息为纽带的超级大组织，它将大量实体系统中分散的人、物、事在信息系统中聚集起来，从根本上改变了人、物、事的组织方式，它以互联为魂、客户为王、数据为源。由客户主导企业经营已是全球大趋势。在供不应求时期，企业以产品为王；在供过于求的今天与未来，企业以渠道为王；在产能过剩、供给侧问题凸显时期，企业以客户为王。客户为王是"互联网+"时代企业经营最重大的转变。

在"互联网+"时代，互联网应用于各行各业，每时每刻都在产生海量数据，即大数据。大数据遵循的是新的摩尔定律，呈现指数级的大爆发增长。

"机器人革命"则是第三次生产浪潮的切入点与重要增长点。根据国际机器人联合会的统计报告，工业机器人 2013 年全球销售量已达 17.9 万台，需求达到了历史最高点，同比增长 12%。机器人技术的研究与应用，近几年来从工业领域快速扩展到航空航天、国防军事、国家安全、医疗康复、社会服务等各个领域。

2013 年，美国发布了机器人发展路线报告，其副标题就是——从互联网到机器人（From Internet to Robotics），将现今的机器人与 20 世纪互联网定位于同等重要的地位。机器人将影响人类生活与经济社会发展的各个方面，并被列为美国实现制造业变革、促进经济发展的核心技术。

作为衡量一个国家科技创新与高端制造业水平的重要标志，机器人产业发展越来越受到世界各国高层的关注，不仅美国，而且欧盟、日本、中国等主要经济体都纷纷将机器人产业上升为国家战略，并以此作为保持与重获制造业竞争优势的重要手段。

虽然在制造业发展上，目前面临很多不确定性，但是，有一点可以确认：未来我们肯定会越来越倚重于制造业上的应用，而每个应用更多体现出的是集成化与智能化。以美国为例，随着这样的技术发展，在装配线上的自动化装配必将远超现在的 65% 水平。制造厂商的生产线，在美国，每隔 18 年会进行应用软件的升级，这些升级往往就是由 IBM 之类的终端集成生产的公司来提供，它们有望通过更多的应用整合出更便捷、高效、高产能的生产线。产能升级后，机器产能增速会超过计算机运算速度的增速，即伴随着 IT 技术的更新，我们可以看到在实际生产与制造业当中获得的回报，它的回报率更高，这当然不能简单说是 IBM 实现的，而是通过各方面的调研集合最终由计算机来完成的。

在这样一个时代，需要我们思考的问题很多。从全球经济发展现状及其趋势看，如何运用互联网，使一个企业或一个国家核心能力的优势发挥到最大，从而缓解经济下行压力，实现重大突破？这是我们在"互联网＋"时代，需要认真思考的问题之一。

目前，从欧洲、美洲到以中国为龙头的多数亚洲新兴市场经济国家，制造业生产活动均已放缓。尽管世界能源价格下跌，但却未能提振全球需求。尽管美国经济已经复苏，但其债台高筑。2015年 11 月底，美国公共债务总额达到了历史高位，首次突破 18 万亿美元（18 005 549 328 561.15 美元），私人债务上升到了 12.9 万亿美元（12 922 681 725 432.94 美元）。据 2015 年 9 月 30 日数据显示，美国 GDP 总量仅为 17.555 万亿多美元。2016 年，根据世界银行报告，美国 GDP 总量是 18.03 万亿美元；国际货币基金组织发布的美国 GDP 总量是 185 691.00 亿美元。尽管不同机构发布的数据有一些差别，但都表明 2016 年美国 GDP 总量低于美国国债总量。据网易财经频道（华尔街见闻）报道，2016 年美国国债总量为 19 976 826 951 047.80 美元（这仅是公共债务数据，不包括私人债务）。这么多债，怎么还？用税收还，难度可想而知。恐怕只能由美联储多印美元还了。这么干，对美国来讲，没多大问题。因为美元是全球信用系统的核心货币，世界上哪一个国家不买美元的账？但新兴市场经济国家就不行了，经济一旦不行，它们就将陷入窘境。

互联网的基本特征是开放，通过开放集聚众多的资源与能力，而互联网的优势是效率与资讯。当今全球经济的基本特征也是开放，它需要运用互联网的效率与资讯优势，让各国走向融合、共赢的途径。以往的短板理论认为，一个系统中的短板制约系统的总体价值，通过补短板可提高系统的价值。在互联网环境下，将改变为长极理论，长极理论认为，一个系统中的长极应拉长，要将核心能力的优势发挥到最大。但问题在于：一个国家也好，一个企业也好，如何在大开放背景下利用互联网的资讯提高效率，组织强大的产业生态系统（包括产业链、要素链、服务链、客户链等等），发挥长极效应，克服短板制约，并将核心能力的优势发挥到最大，从而缓解经济下行压力，摆脱窘境，实现重大突破？这是一道世界性难题。

需要我们思考的问题之二是：如何依据"互联网+"所引起的新生产方式革命，确定好为何生产、生产什么、如何生产这三个人类经济活动的基本命题？

从人类社会经济形态的演变看，每当经济结构与经济形态发生变形乃至变迁的时候，经济社会大致处于比较典型的历史中介状态，或称处于转型过程中。当今社会就处于历史中介状态，或称转型时期。这一转型是由"互联网+"所引起的生产方式革命所导致的，它使得网络经济具有现在与未来两个经济时代之间所特有的中介特性。

在当今社会，信息化已成为引领现代化建设全局的战略举措。信息化作为时代的大浪潮，经历了三次大波浪：第一波，主要是单个系统的数字化；第二波，主要是信息系统互联互通的网络化；第三波，主要是互联网与各行各业融合的智能化。"互联网+"就是从第二波向第三波的加快发展，成为信息化与新生产方式革命的高潮。

社会形态的转变是由生产方式的转变引起的。信息技术革命推动了社会经济结构的变迁，使人类社会步入了网络社会。"互联网+"导致了新生产方式革命即前述工业4.0的发生，它促使人们不得不对人类经济活动的三个基本命题进行冷静思考。

首先是为谁生产？在"互联网+"时代，是由客户主导企业经营的，经营企业要以客户为中心，为消费者生产。互联网是实现客户为中心、搜索消费者、发现消费者并与客户和消费者沟通的最佳路径。在互联网上，企业与客户、消费者的距离最近、时间最短，任何地点与时间都能与客户、消费者沟通信息，以最快的速度满足客户、消费者的要求。以客户为中心，为满足消费者而生产，就必须要求企业一切从客户、消费者需求出发，而不是从企业需求出发；解决供给侧问题，要从需求侧考虑，即先需求侧后供给侧。企业经营商品与经营客户孰先孰后，在"互联网+"时代，应将经营客户放在经营商品之前，即首先要将客户经营好，全心全意为客户创造价值。由此可见，为谁生产，与其说是生产动机问题，不如说是人类使命问题。

其次是生产什么？生产什么为谁生产，是一个问题的两个方面，二者是相互关联的。人类最终使命是借助人与人之间的关系体系，实现人与自然之间的物质、能量与信息的变换，以实现人类自身生存繁衍与发展的问题。

人类在生存与发展过程中，曾经历了三种文明形态：一是社会生产力极其低下、绝对依附于自然、受自然奴役的原始文明；二是在一定程度上能支配自然，即利用自然又尊重保护自然、对生态环境破坏有限的农业文明；三是以征服自然为目的、满足人类各种需求的"人类中心主义"的工业文明。

工业文明表现出双重性，既伟大又残酷。它的伟大主要是指它创造了巨大的经济总量，超过以前所有文明创造的总和，但同时它对自然环境的破坏也大大超过了以往人类对自然环境的破坏。工业文明产生的资源枯竭、环境破坏、生态失衡等问题已经严重阻滞了人类社会的发展，促动人们重新审视并从根本上改变人与自然的关系，以寻求人类的可持续发展。生态文明是人类在利用和改造自然界的过程中，主动保护自然界，积极改善和优化人与自然的关系，建设健康有序的生态运行机制和良好的生态环境所取得的一切成果的总和。生态文明是人们在反思工业文明危机的基础上而产生的一种新的文明形态，是时代的呼唤也是历史发展的必然选择。所谓生态文明建设，就是指人们按照生态文明理念的要求而实现社会可持续、健康发展的社会实践过程。生态文明建设是一个全球性的课题。虽然各个国家或地区，在"互联网＋"时代，都应当根据自己的特殊国情，去寻求适合自己的生态文明建设之路，但各国企业在考虑生产什么问题上，都不可忽视绿色产品，各国都必须按照生态文明建设的要求，发展绿色经济、低碳经济。人类只有一个地球，保护环境人人有责。

在考虑生产什么问题上，美国学者杰里米·里夫金在他所著的《第三次工业革命——新经济模式如何改变世界》一书中认为，第一次工业革命造就了密集的城市核心区、拔地而起的工厂；第二次工业革命催生了城郊大片房地产业以及工业区的繁荣；第三次工业革命将会把每一栋楼房转变成住房与微型发电厂。正如历史上任何其他的通信、能源基础设施一样，支撑第三次工业革命的各种支柱必须同时存在，否则其基础便不会牢固。因为第三次工业革命的支柱包括以下五个，这五个支柱是靠相互间的联系而发挥作用的："（1）向可再生能源转型；（2）将每一大洲的建筑转化为微型发电厂，以便就地收集可再生能源；（3）在每一栋建筑物以及基础设施中使用氢和其他存储技术，以存储间歇式能源；（4）利用互联网技术将每一大洲的电力网转化为能源共享网络，这一共享网络的工作原理类似于互联网（成千上万的建筑物能够就地生产出少量的能源，这些能源多余的部分既可以被电网回收，也可以在各大洲之间通过联网而共享）；（5）将运输工具转向插电式以及燃料电池动力车，这种电动车所需的电可以通过洲与洲之间共享的电网平台进行买卖。"[①] 里夫金注重绿色产品生产的第三次工业革命理念，不仅受到欧盟等的重视，而且从理论走向了现实。

例如，里夫金认为，在第三次工业革命中，每个建筑物不再单单是一个能源消耗者，它同时还是一个能源工厂。它通过对建筑物设计上的创新与建筑新材料的发明，在消耗当地的可再生能源（像太阳能、风能、潮汐能等）的同时，制造出许多新的能源，从而变成一个微型的能源工厂。每个建筑物所产生的能源在新技术的帮助下可以最大效率地储存下来，而利用互联网技术所构筑起来的国际电网使得每个建筑物所产生的能源不愁没有去处。

现在，人类朝这个方向走得越来越近。以德国议会大厦为例，这是一座见证了几百年风雨历史的建筑物，宏伟壮观，但它对能源的消耗也是惊人的。据有关专家统计，它一年所消耗的能源足够维持 5 000 个普通家庭一年的正常生活；在冬天，为了增加议会大厦的室内温度一度，它一天所消耗的能源足够为 10 户普通人家供暖一年。可是，在对议会大厦的内部系统重新设计与改造之后，情况就不同了：使用可再生的植物油发电，代替原来的汽油，这样二氧化碳的排放量就锐减了 94%。过剩的热能储存在热水里，天冷可以用于供暖，天热它又可以用来驱动特殊设计的制冷机，起到冷却作用。德国议会大厦对传统能源的依赖大大减低，实际上，它现在所产生的能源已经超过了它所消耗的能源，变成了一座名副其实的微型能源工厂。

在"互联网+"生产方式下，为何生产与生产什么的问题，已演化成为 GDP 增长而生产还是为人类福祉而生产的问题，网络把人

---

① ［美］杰里米·里夫金著：《第三次工业革命》，张体伟译，中信出版社 2013 年版，第 60 页。

类生产的动机演绎得越来越贴近人类的本质。为人类福祉而生产，必然会选择绿色产品生产与低碳经济的可持续发展。

再次是如何生产？在"互联网＋"生产方式下，如何生产已由借助于传统的机器生产升级为借助于强大的技术网络而生产。与传统工农业经济不同，信息技术成为网络经济的技术基础，信息产业显示出超过钢铁、汽车产业的势头。

特别是，互联网＋3D打印技术，与传统制造业形成鲜明对照：传统制造企业有的浓烟滚滚，有的各种原材料、零配件堆满制造车间；工人穿着工作服，满手油污，汗流浃背；有的机器轰鸣嘈杂，听不清对方讲话……所有这一切在工业4.0下将会消失，取而代之的是三维打印机。三维打印机（3D Printing）技术与可再生能源、互联网的广泛应用相辅相成，对于制造业的影响是革命性的。与传统的打印机一样，三维打印机也使用"墨盒"。它将生产各种产品所需要的原材料一层一层地摆放在墨盒里，然后通过电脑指令，启动预先设计好的特殊软件去指导墨盒如何工作。与传统的打印机不同的是，三维打印机打印出来的是实实在在的三维实物。传统制造业上的复杂的工艺流程在三维打印机里只需要按一下"打印"按钮这么简单。尤其是，互联网＋3D打印技术，使得制造业正在由大规模标准化制造向大规模个性化制造范式转变。这一转变，将带来制造业产业组织模式、结构等一系列变化。

需要我们思考的问题之三是：如何在第三次生产浪潮中，运用"互联网＋"，转变自己，开创未来？

信息技术在经历了微电子技术、个人电脑、互联网几个阶段发展后，进入大数据与互联网时代。这是一个自我催化式的变革时代，各种技术融合在一起，齐头并进。一是大数据与互联网的推进，二是机器人革命与自动化技术的飞速发展，三是3D打印技术与数字化、个性化、智能化技术的飞速发展，四是新能源技术的推进，五是绿色产品、低碳经济的推进。"五路大军"汇聚在一起，相互作用，交相辉印，将信息社会推向新阶段，将全球经济推向新一轮发展，它正在以自我催化式的变革盛行于经济、政治、社会、文化、生态各个领域，汇合成一股遍及全球的历史洪流，形成第三次生产浪潮，浩浩荡荡地荡涤着传统的世界，催生着新的经济形态、政治形态、社会形态、文化形态与新的生态。

我们每一个人、每一个企业与每一个国家，如何顺应这一潮流与时代的发展，运用"互联网+"，转变自己，开创未来？对这一问题的思考与回答，是仁者见仁、智者见智，各不相同。杰里米·里夫金思考的是：我们即将进入一个后碳时代。人类能否可持续发展，能否避免灾难性的气候变化？他认为，第三次工业革命将是未来的希望。美国学者大卫·辛奇-利维认为，第三次工业革命的主要内容是数字化"智"造，但这需要渐进式的技术演变。目前3D打印技术不会取代传统制造业，大数据时代尚面临数据收集、分类与管理的难题。在全球范围内，供应链管理也不会存在一种统一模式，无论策略、形式如何，其目的都是提升生产效率，降低成本，打造高效、绿色、环保的供应链新格局。[①] 谷歌执行董事长埃里克·施密特思考的是：在互联网时代，如何重新定义公司？如何制订新的商业规则？谷歌公司创始人之一拉里·佩奇希望人们从谷歌理念中汲取一些想法，向不可能发出挑战。如同描写江南水乡，白居易与王勃就各有千秋。"日出江花红胜火，春来江水绿如蓝。"白居易的这两句诗，将我们带到大江绿水、风光绮丽的江南水乡。"落霞与孤鹜齐飞，秋水共长天一色。"王勃在《滕王阁序》中的这两句名句，别开生面，描写的也是江南水乡，只不过不是白居易所写的春光灿烂的水乡，而是秋天傍晚的江上景色，恍若比翼齐飞；秋色澄碧而连于天，长天空灵而映入水，满目浑然一色。各自都写出了特色，至于我们每一个人、每一个企业、每一个国家，如何结合自己的情况、不同的国情，在大数据与"互联网+"时代，如何顺应时代的发展，

---

① 赵博：《第三次工业革命的主要内容是数字化"智"造》,《文汇报》2013年12月3日第9版。

开创出各自的美好未来，干出自己的特色，那就只能由各自思考、各自选择了。经济学是一门选择的学问，运用这门学问，可以帮助我们寻找到比较适合的答案。

（二）经济发展阶段的陷阱分析

美国著名的经济学家与经济史学家华尔特·惠特曼·罗斯托，借鉴了德国历史学派在进行经济历史研究时采用的划分若干阶段的方法，将社会经济的发展过程划分为六个阶段进行研究，从而建立了自己的经济成长阶段论。

罗斯托在 1951 年撰写的《经济成长的过程》一书中，已经把经济成长分为五个阶段：传统社会、为起飞创造前提阶段、起飞阶段、向成熟推进阶段、高额群众消费阶段。1959 年，他出版了《经济成长阶段》一书，对上述五个成长阶段作了详细说明。到 1970 年，他写出《政治和成长阶段》时，又在高额群众消费阶段之后，提出一个追求生活质量阶段，形成著名的"六阶段说"。

第一是传统社会。罗斯托把我们所讲的原始社会、奴隶社会与封建社会统称为传统社会。

第二是为起飞创造前提阶段。罗斯托认为，在为起飞创造前提条件阶段（过渡阶段），政治因素有着特别重要的作用。在从传统社会到现代社会的过渡中，有一种反应性的民族主义——对较先进的国家的侵略的反应——一向是一种最重要的和最有力的动力，它至少同获得利润的动机一样重要。掌握实际权力或势力的人所以愿意消灭传统社会，主要不是为了赚钱，而是因为传统社会未能或不能保护他们不受外国人的侮辱。他特别强调农业与开采业生产力的迅速提高在过渡阶段的意义。认为农业或开采业与社会经营资本这两个部门在过渡时期发生革命性变化的全部意义，就是为现代工业结构准备一个可以持续存在的基础。

第三是起飞阶段。罗斯托把起飞定义为一种工业革命。它是在较短时期内，生产方法、经济与社会的结构发生重大的性质上的而非程度上的变化，它是一个社会的历史上具有决定意义的过渡阶段。

确定一个经济是否处于起飞阶段，需要三个相互关联、缺一不可的条件：一是生产性投资率由国民收入的 5% 或不到 5% 增加到 10% 以上。在起飞阶段较高的投资率不仅要靠充分的资金来源，还要有一批富有企业家精神的人。二是有一种或多种重要制造业部门成为主导部门。罗斯托一再强调主导部门在起飞阶段的关键性作用。他指出，在不同的国家中，起飞阶段的主导部门是不一样的。在英国，是棉纺织业；在美、法、德、加拿大与俄国，是铁路建筑；在瑞典是木材工业、纸浆工业；在丹麦是肉类与乳制品生产；同时，军事工业对德、俄、日也有重要作用。三是迅速出现一个有助于国内筹集资金的政治、社会与制度结构，以保证成长的持续性。罗斯托认为，这要视各国具体情况而定。

第四是向成熟推进阶段。罗斯托认为，在经济开始起飞之后，大约经过 60 年，即三代人的时间，经济将进入成熟阶段。他对成熟阶段的界定是：成熟阶段是经济表现出有超出原有的、推动它的各种工业之外的能力吸取现代（当时）技术的最先进成果并且把这些成果有效地应用于自己很多种——如果不是全部的话——资源时期。他指出，成熟阶段的经济具有以下一些特征：一是投资率经常保持在占国民收入的 10% 到 20%，使生产的增长经常超过人口的增长。二是由于技术的改进，新工业的加速发展与旧工业的停滞、经济结构不断发生变化。工业向多样化发展，新主导部门代替旧主导部门。例如，在英国是以铁路建筑代替了起飞阶段的棉纺织业，在美、法、德是以钢铁、机械代替了起飞阶段的铁路。

第五是高额群众消费阶段。罗斯托认为，当社会达到成熟时，它的注意力就将由供应方面转到需求方面，从生产问题转到消费问题与最广义的福利问题。

第六是追求生活质量阶段。罗斯托认为，向这个新阶段的过渡是人类社会追求发展中又一重大的突变，因为在追求生活质量阶段，主导部门不再是生产有形产品的工业部门，而是提供劳务与改善生活质量的服务业，其中包括公共投资的教育、卫生保健设施、市政建设、住宅、社会福利等部门，以及私人投资的学校、诊疗所、文化娱乐、旅游等部门。人类历史上将第一次不再以有形产品数量的多少来衡量社会的成就，而要以劳务形式反映的生活质量程度作为衡量成就的新标志。

由上简述，可见罗斯托的经济成长阶段论，或称"六阶段说"，是在考察了世界经济发展的历史后提出的。其正确地强调了国际贸易对一国发展的重要性，对落后国家追赶先进国家具有重要的启示。在罗斯托的经济成长阶段论中，第三阶段即起飞阶段与生产方式的急剧变革联系在一起，意味着工业化与经济发展的开始，在所有阶段中是最关键的阶段，是经济摆脱不发达阶段的分水岭，罗斯托对这一阶段的分析也最透彻，这是值得我们关注的。

由罗斯托的经济成长阶段论，笔者发现，不管是工业发达国家，还是工业不发达国家，在各个不同发展阶段，既有经济发展的美好前景，也有或是隐性的或是显性的"陷阱"，或称暗淡的一面。以工业发达国家为例，在20世纪70年代，西方工业发达国家经过战后20几年"黄金发展时期"的发展，纷纷进入了"追求生活质量阶段"。在这一阶段，仍然以凯恩斯主义的国家干预理论来满足生产社会化高度发展的需要，用国家的力量人为地扩大市场容量或抑制生产，以缓和生产与市场的尖锐矛盾，便掉进了这样一个陷阱：国家的赤字财政与通货膨胀日益严重。这不仅把有增无减的巨额国债留给了下一代，而且高利率、高税收、高赤字也造成了严重的后患。在西欧各国，当时国有经济成分比重大，社会福利制度开支大，政府财政负担重，这些因素在经济繁荣时就已暴露出许多矛盾与问题，但是国家财力的发展快，尚能弥补与负担。然而，随着经济增长速度减缓，政府财力下降，这些矛盾与问题便日益尖锐。在"滞胀困境"发生后，政府处于左右为难的境地：如果控制通货膨胀，就会加剧经济衰退；如果刺激经济繁荣，就要冒通货膨胀的危险。这是继20世纪30年代初发生的经济危机后，西方工业发达国家陷入的一个陷阱，遭遇的一大挑战。

后来，"滞胀困境"虽得以解决，但在经济自由主义影响下，西方工业发达国家又走向了另一个极端，在互联网时代发展了虚拟经济，出现了严重的"泡沫经济"，导致2008年在美国爆发金融危机。这场危机迅速波及全球，引起欧盟严重的债务危机，从而揭示出经济运行不仅有危机、有发展阶段，而且在不同的发展阶段，会出现不同的陷阱。

二战后，日本经济可以说是世界经济史上的一个奇迹。从战后一片废墟到1968年国民生产总值超过法、英、德，成为仅次于美国的第二大经济强国。到1970年，日本的第二产业生产总值位居世界第三，主要产业部门均居于世界领先地位。在这期间，日本一直保持着较高的经济增长率。从1973年到1991年，日本经济开始进入成熟化阶段，结束了近20年的高速增长，进入低速增长阶段。1990年的"经济泡沫"导致日本进入了空前的经济衰退陷阱，1991年至1997年的经济增长率下降为1.7%。1997年爆发的东南亚金融危机，对刚刚恢复元气的日本经济又是一个巨大冲击，使得1998年日本经济增长率首次出现负的1.9%，致使日本政府不得不防止陷入经济发展新阶段的陷阱。

从全球看，在"互联网+"时代，按理讲，新技术层出不穷，生产线不断升级，世界经济增速应提升。然而，实际情况却是，2016年全球实际GDP增速仅为2.3%；2017年预计世界经济增长约为2.7%。究其原因，就在于世界经济发展到今天，又呈现出新的发展阶段与新的发展阶段陷阱。尽管美欧在2008年爆发的金融危机后，纷纷回归实业、再工业化，特朗普也提出制造业回流美国，但美国也拗不过经济规律；一些国家实施了贸易保护主义，结果却损人不利己。

下篇　当代中国的三次生产浪潮

1949 年，对于当代中国来讲，是具有决定性的历史转折点的一年。当代中国的第一次生产浪潮，就发生于 1949 年至改革开放。这次生产浪潮，是新中国从农业经济迈向工业经济、从农业社会迈向工业社会的生产浪潮。

在战争废墟上建立的新中国，初期在财政经济方面极为困难。它继承的是一个极其落后的千疮百孔的烂摊子。当时的中国是一个典型的、贫穷落后的农业社会。

为了改变国家贫穷落后的面貌，早在 1949 年，中国共产党就在七届二中全会上提出：要使中国"稳步地由农业国转变为工业国，由新民主主义国家转变为社会主义国家"，即"两个转变"同时并举。经过三年国民经济恢复与其后的"一化三改"（"一化"即社会主义工业化；"三改"即对个体农业、手工业和资本主义工商业的社会主义改造）、"一五"计划的编制与完成，中国经济本来可以进入罗斯托所讲的起飞阶段，然而，由于中国共产党对于农业、工业与现代化的认识偏差，走了弯路，在"一五"计划完成之后至 1978 年，我国的农业、工业化与现代化建设，经历了曲折历程，犯了"大跃进"错误，遭受了十年"文化大革命"动乱。

1978 年召开的中共十一届三中全会实现了历史的转折，打破了"左"的陈旧观念的束缚，开启了改革开放的新局面。

改革开放是中国共产党的历史上的一次伟大觉醒，正是这个伟大觉醒孕育了新时期从理论到实践的伟大创新，使得中国经济进入了罗斯托所讲的起飞阶段。从此，中国经济起飞了、腾飞了。

第四章
当代中国的第一次生产浪潮

一、当代中国第一次生产浪潮的掀起与
"一五"计划完成后的曲折历程

（一）当代中国第一次生产浪潮的掀起

1792 年 9 月，遵从乔治三世的命令，第一个英国贸易使团离开英国，前往中国。该使团给中国带来了望远镜、钟表、晴雨表、装有弹簧悬挂装置的马车与气枪等工业制成品，任务是向大清乾隆皇帝展示英国工业革命取得的巨大成就与精湛技术，希望打开中国市场。

1793 年 9 月，该使团公使马戛尔尼进京拜见乾隆，希望获准在通商口岸广州从事贸易，并愿意上缴关税。但乾隆不为所动，贸易使团的努力化为泡影。

乾隆皇帝没有给马戛尔尼明确答复，却给乔治三世发布了一道敕令，称清政府没有必要扩大对外贸易，因为中国地大物博，根本不需要其他国家的东西。乾隆这样写道：

"天朝德威远被，万国来王，种种贵重之物，梯航毕集，无所不有。尔之正使等所亲见。然从不贵奇巧，并无更需尔国制办物件。是尔国王所请派人留京一事。于天朝体制既属不合，而于尔国亦殊

觉无益。"

　　遭拒后，两手空空的马戛尔尼只能通过走陆路到广州唯一路径离开中国。在这次航程中，他坚持作了大量的记载，其中有一条写道："中国是一个古老、疯狂的国家，它拥有一流的军舰。那些足智多谋、谨小慎微的政府官员固守着150年来的陈旧思想，试图以自己的大国地位威慑邻国。"他对大清帝国的未来非常悲观，认为其命运注定是要"在海岸上被撕得四分五裂"。马戛尔尼指出，中国拒绝英国的要求是没有用的，因为"遏制人类知识前进的步伐是徒劳的"①。

　　一个时代行将结束，另一个时代即将来临。马戛尔尼的预言，尽管出于他的自信，但不能说没有道理。的确，尽管几千年的中国封建社会有过自己的辉煌，也有过许多发明创造，尤其是指南针、火药、造纸术、活字印刷术这"四大发明"就为欧洲人所用；在机械发明方面，也有不少建树，但始终未能像纽科门、瓦特那样发明蒸汽机，最终也未能实现工业革命。"康乾盛世"虽走在世界前列，1800年中国经济仍然蓬勃发展，且适度繁荣，是当时世界上最大的经济体。欧洲充其量只是经济大球场上中等水平的球员。正如亚当·斯密1776年观察所说的："中国比欧洲的任何国家都更为富有。"一直到1850年，伦敦才取代北京成为世界上最大的城市。②但中国从秦汉至明清，繁荣、发展的是农业经济。18世纪末叶，英国通过运用其殖民地的资源与本国充裕的煤炭供应，摆脱了日益增长的资源受限。中国当时资源短缺的问题则日益凸显：人们越来越缺乏木材、燃料、衣服、家畜、金属，还有肥沃的良田。整个19世纪，都存在着盲目的森林砍伐行为，在一些地方，木材短缺如此严重，以至于人们几乎无柴可烧，只能拿玉米秸秆做燃料。随着市场的不断发展与劳动力成本的不断上升，英国国内对节省劳动力的机

---

① ［英］马丁·雅克著：《当中国统治世界》，张莉、刘曲译，中信出版集团股份有限公司2010年版，第68—69页。

② 同上书，第73页。

器的投资，是一种完全理性的行为，它实现了发明、应用、日益提高的劳动生产力与经济增长的良性循环；中国则依然沉浸在陈旧的生产作业里。在英国，小规模家庭作坊被证明是后来工厂体制的先驱。英国的经济逻辑揭示了家庭作业与工厂体制之间的因果关系，①中国则未能像英国那样，由家庭作坊转变为机器大工业生产，仍然处于农业经济时代，未能实现工业化。就这样，在近代史上的第一次工业化生产浪潮中，中国落伍了。

落后是要挨打的，农业文明是无法与工业文明抗衡的。1840 年，英国发动了第一次侵略中国的鸦片战争，清王朝尝到了痛苦，被英国打败，不得不允许进口产自印度的鸦片，并与英国签订了《南京条约》。这是中国近代签订的许多不平等条约中的第一个，它涉及赔款、割地（损失香港）与设立 4 个通商口岸等，英国在这些口岸享有特许权。在第二次鸦片战争中，英法联军火烧圆明园，与清政府签订了《天津条约》与《北京条约》。这些条约导致了一连串的通商口岸的出现。在通商口岸地区，西方公民被授予治外法权，容许其建立外国军事基地，中国开始失去对一些重要管辖区域的控制权。1894 年，又被在亚洲率先进入工业化国家行列的邻国日本在甲午战争中战败，被迫与日本签订《马关条约》，赔款超过清政府年收入的 3 倍。就这样，中国被西方工业化国家侵入撕裂了，一步步地由一个独立的封建的中国变为半殖民地半封建的中国，使中国日益贫穷落后、灾难深重。到了 20 世纪初，清王朝面临着深刻的权力危机，主权十分有限，需要不断地寻求占领国的批准。由于需支付大量赔款，经济状况日益恶化，政府不得不依靠从外国银行贷款来履行义务，财政常常处于十分窘迫的状态。

1911 年，在孙中山领导的辛亥革命中，清王朝彻底垮台。辛亥革命虽然推翻了清王朝，终结了自秦汉以来的封建王朝，但却未能

---

① ［英］马丁·雅克著：《当中国统治世界》，张莉、刘曲译，中信出版集团股份有限公司 2010 年版，第 73 页。

改变半殖民地半封建的旧中国，中国人民仍然深陷帝国主义、封建主义、官僚资本主义的剥削压迫之中，苦难深重。只有中国共产党领导中国人民在新民主主义革命中，经过28年（1921—1949年）艰苦卓绝的斗争，推翻了帝国主义、封建主义、官僚资本主义"三座大山"，战胜了国民党，在1949年建立了中华人民共和国。从此，中国人民才在世界上站立起来，获得了新生。中国经济也由罗斯托所讲的传统社会，进入了为起飞创造条件阶段（即过渡阶段）。

1949年，对于当代中国来讲，是具有决定性的历史转折点的一年。当代中国的第一次生产浪潮，就发生于1949年至改革开放。这次生产浪潮，是新中国从农业经济迈向工业经济、从农业社会迈向工业社会的生产浪潮。

毛泽东曾经讲过："就全国范围来说，在抗日战争以前，大约是现代性的工业占百分之十左右，农业和手工业占百分之九十左右。这是帝国主义制度和封建制度压迫中国的结果，这是旧中国半殖民地和半封建社会性质在经济上的表现。这也是在中国革命的时期内和在革命胜利以后一个相当长时期内一切问题的基本出发点。"[1]

在战争废墟上建立的新中国，初期在财政经济方面极为困难。它继承的是一个极其落后的百孔千疮的烂摊子。当时的中国是一个典型的、贫穷落后的农业社会。以1949年为例，这一年几种主要工农业产品的产量是：原煤3 243万吨，原油12万吨，生铁25万吨，钢15.8万吨，棉布18.9亿米，粮食11 318万吨，棉花44.4万吨。当年全国人口为5.4亿人，按人均计算，每人占有的重工业产品数量是非常微小的，棉布、粮食、棉花三项也只有3.5米、200公斤、0.8公斤。中国人口占世界第一位，而原煤、钢、谷物、棉花产量在世界上的位次却是第9位、第26位、第4位。如按人口平均，位次都将是最末一批。机械工业几乎等于零，飞机、机车、拖拉机、大型机械均不能制造。文化教育同样落后。1949年各级学校在校学

---

① 《毛泽东选集》第四卷，人民出版社1991年版，第1430页。

生共 2 577.6 万人，其中高等学校 11.7 万人，中等学校 126.8 万人，小学 2 439.1 万人。全国平均每万人中有大学生 2.2 人。全国文盲占人口总数 80%。全国医院病床数为 8 万张，平均每万人占有 1.5 张，而农村则每 10 万人占有 3.2 张。因此，毛泽东感慨地说："旧社会给我们留下的东西太少了。"

当时的中国百废待兴，急需各行各业的专家来推动国民经济的恢复和发展。苏联领导人斯大林应中国政府的要求，决定派遣大批专家来华工作。经过遴选，斯大林"看上"了时任苏共中央人事局局长和有色冶金工业部副部长阿尔希波夫。这位生于 1907 年的苏共要员，曾被授予"社会主义劳动英雄"称号，1943 年出任苏联冶金部副部长，不仅能力突出，而且谙熟经济问题。在召见阿尔希波夫时，斯大林亲自点将，要求他"以生命作保证，一定要搞好苏中关系"。中国方面对此也极为重视，宣布任命阿尔希波夫为政务院经济总顾问。

1950 年春节，阿尔希波夫来到北京，作为援华专家组的总负责人，开始了在中国的工作。他与苏联援华专家一起，援建了 156 个大型建设项目，帮助中国奠定了工业基础。由于工作原因，阿尔希波夫与周恩来、陈云、李富春、薄一波等中国政务院领导人结下了兄弟般的友谊。每逢中国政务院召开经济工作会议，他都会应邀参加。在一次会议上，周恩来大声叫阿尔希波夫坐到前面来，讨论问题时也总是让他先讲，并说"在这方面，阿尔希波夫同志比我有发言权"。

后来，中苏关系恶化，阿尔希波夫感到很痛心。为恢复中苏两党关系，阿尔希波夫做了大量工作。在他的推动下，1989 年 5 月 15 日，戈尔巴乔夫对中国进行了正式访问。1998 年 2 月 28 日，91 岁的阿尔希波夫在莫斯科辞世。新华社专门刊播消息："中国人民的老朋友阿尔希波夫逝世。"

从 1949 年至 1952 年，中国共产党领导中国人民集中力量恢复国民经济，医治战争创伤。在新中国成立的头三年，国家拿出 66.27

亿元进行建设，按年平均，超过了北洋军阀、国民党政府任何一年的建设投资。当时重点进行了水利、交通运输与以煤、电、钢铁为主的工业建设。

国家十分重视水利建设，三年中用于水利工程的投资达 7 亿元，占国家基本建设投资总额的 10.5%。在这些水利建设中，最著名的要数治淮工程了。这一工程始于 1950 年。这一年夏天，安徽、河南连降大雨，淮北地区受灾严重，为百年所未有。从 1950 年 7 月 20 日至 8 月 31 日，毛泽东连续批发 3 份关于淮北灾情及治淮问题的报告给周恩来，提出要根治淮河；要水利部限日作出治淮计划，秋初即开始施工；并要苏、皖、豫三省同时动手，三省党委的工作均须以此为中心。经过充分调研，10 月 14 日政务院发布了《关于治理淮河的决定》，毛泽东也发出"一定要把淮河修好"的号召。经过几百万人治淮大军的艰苦奋斗，对淮河进行全流域的治理，这对减轻以致消除淮河流域的水涝灾害起到了巨大作用。三年间，全国有 2 000 万人直接参加了水利建设，这对于改善农业生产条件、发展农业生产起了重要作用。

交通运输是国民经济的大动脉，直接关系到工农业生产与人民的生活。三年中，人民政府用于交通建设的投资达 17.7 亿元，占国家基建投资总额的 26.7%。到 1950 年，全国原有的铁路网基本修复。到 1952 年底，新建成的铁路有成渝（成都到重庆）、天兰（天水到兰州）、来睦（来宾到睦南关）等线，还有修建中的宝成（宝鸡到成都）、兰新（兰州到乌鲁木齐）、丰沙（丰台到沙城）等线，使全国铁路通车里程达 2.4 万多公里。与此同时，人民政府还新建公路 3 846 公里，使全国公路通车里程达到 12.67 万公里。其中，有通往拉萨的康藏铁路与青藏公路，还有内地与新疆的兰新公路等。

为了迅速恢复与发展工业，国家主要依靠国营经济的发展。当时，国家在对国营工矿企业开展民主改革与生产改革（如吸收工人参加管理、大力推广与使用新技术等）的同时，还挤出大量资金新

建了一批骨干企业。用于工业建设的投资，共计 26.98 亿元，新建
3 300 多个企业。其中，较为重要的有阜新海州露天煤矿、鞍钢的无
缝钢管厂与大型轧钢厂、抚顺与西安的发电厂、山西重型机械厂、
哈尔滨亚麻厂、武汉等地的棉纺厂等。

为了改变国家贫穷落后的面貌，早在 1949 年，中国共产党就
在七届二中全会上提出：要使中国"稳步地由农业国转变为工业
国，由新民主主义国家转变为社会主义国家"，即"两个转变"同
时并举。① 由于当时中国太落后了，到 1952 年，中国的现代工业
在工农业总产值的比重仍然仅占 26.6%，重工业在工业中的比重
只有 35.5%，我国的产业结构明显是以农业为主，许多重要的工
业产品，人均产量不仅落后于工业发达国家，而且落后于 1950 年
的印度。1954 年 6 月，毛泽东尖锐地指出："现在我们能造什么？
能造桌子椅子，能造茶碗茶壶，能种粮食，还能磨成面粉，还能
造纸，但是，一辆汽车、一架飞机、一辆坦克、一辆拖拉机都
不能造。"② 这种落后的经济状况，只有靠优先发展重工业才能改
变。只有钢铁等基础工业发展了，机器制造业的原料增多了，轻
工业的装备才有保障。只有能源和交通运输业发展了，整个国民
经济才能正常运转。只有钢铁、有色金属、机器制造、能源、交
通等重工业建立发展起来，才能大力发展轻工业，才能给农业以
支持。

当时的农业呢？一方面要获得自身发展，一方面要支援工业。
如何获得自身发展呢？有人主张先搞机械化，后搞合作化。但当时
中国的工业那么落后，如何搞机械化呢？经过土地改革后的广大农
民虽然分得了土地，但缺乏农具、耕牛来耕种。当时的农业处于十
分分散落后的小农经济状态，力量薄弱。个体农民平均每户只有十
来亩耕地，贫雇农平均每户不足半头耕畜、半部犁，资金也很缺乏，

---

① 本书编写组：《毛泽东思想和中国特色社会主义理论体系概论》(2015 年修订版)，高
　　等教育出版社 2015 年版，第 68 页。
② 同上书，第 69 页。

维持生产都不容易，只能组织起来，搞互助合作，即走合作化道路。河北省遵化县西铺村的"穷棒子社"，以勤俭创业的非凡业绩，受到毛泽东表彰，被誉为"我们整个国家的形象"，极具典型。

那是 1952 年初，遵化县西铺村村民通过和邻近村的比较，发现办合作社的地方收成明显要好于自己，都纷纷要求办社。当地党委很快批准了西铺村办社的要求，并提出了稳步前进的方针，针对西铺村社情复杂的情况，党委特别要求办社一定要注意依靠贫雇农，从无到有，从小到大，坚持到底就是胜利。很快地，支部成员按照上级要求，分头深入下去做群众工作。对那些暂时还不愿入社的农户，采取说服教育和耐心等待的态度，决不强拉硬拽；而把贫下中农当做主要动员对象，凡是真心愿意入社的才吸收进来。经过几天的串联发动，报名入社的共有 23 户，绝大多数都是在旧社会扛活、讨饭、当劳工的贫苦农民。1952 年 10 月 26 日，西铺村的第一个农业生产合作社正式成立了，全社 230 亩土地，凑起来只有三条驴腿的牲畜股，没有农具，也没有车辆。

西铺村里的一些富裕户讥笑新生的初级农业生产合作社为"穷棒子社"："这群吃救济粮、领寒衣的骨干，凑在一块儿，早晚得穷得散架！""浑水的泥鳅成不了龙！"面对这些冷嘲热讽，社主任王国藩在社员会上勉励大家："有人讥笑我们是'穷棒子'，我们就是'穷棒子'，咱人穷志不穷，难不倒，穷不散！……咱只要发挥集体力量，把社办好，就自然听不到这种怪话了。"

有了雄心壮志，就有了迎战困难的勇气和办法。"穷棒子社"的社员打破了传统的旧习惯，变冬闲为冬忙。他们兵分两路：少部分壮劳力带领妇女老少做好春耕工作，三条驴腿不够用，就肩不离担，手不离锹，送粪、搂石、整地。以其余的壮劳力为主，组成一个 19 人的队伍，不顾天寒地冻，顶风冒雪，在隆冬季节远出 30 里外的王寺峪山上打柴，解决生产资料缺乏问题。他们在"没牛没马，从山上拉；没衣没米，从山上取"的口号鼓舞下，吃的是稀粥白薯，穿的是开花棉衣，住的是透天草棚，十几个人合扯四条小被；有的人磨破了鞋，有的人扯破了衣，有的人碰伤了手与脸，有的人甚至从坡上摔下来，但他们毫不畏缩，坚持苦干。20多天的战斗，凭着19双勤劳的手，打回4万多斤柴，卖得430多元。打柴换来的钱，全部用在了添置生产资料上面，根据社内的迫切需要，买了一头骡子、一头牛、19只羊、一辆铁轮车，还有一部分零星农具。从此，长峪山下出现了一派前所未有的大搞生产的动人景象：社干部劳动在前头，活计专拣重的干，社员你追我赶，紧紧跟上。送粪缺车，扁担结队挑上山；耕地缺人，人拉耧子翻开地；春播缺种，求亲靠友来凑集，合作社终于适时地种上了地。

"穷棒子社"从三条驴腿起家，依靠自己的力量，克服重重困难，赢得了第一个丰收年，用事实对那些散布合作社要"穷散架"的人作出了强有力的回答。这一年粮食亩产达到254斤，超过互助组上年平均产量将近一倍，粮食总产量45 800多斤，扣除集体留粮以后，平均每户分配的收入达190多元。老贫农王生摸着那些几乎没地方盛的粮食，激动得热泪盈眶。他说："这是走毛主席、共产党指引的路才得到的，这条路我是走定了！"

"穷棒子社"一年中巨大变化的事实，使西铺村更多的农民看到了合作社的优越性，它像磁石一样，强烈地吸引着社外农民特别是那些比较贫困的农民的心。他们迫切地要求入社。按照党的过渡时期总路线的精神和上级党委的统一部署，西铺村党支部积极领导扩社工作，到1954年秋天扩充增加到148户，除一户住在偏远山沟外，凡能入社的全取得资格，实现了全村合作化。

历史正是从这里开始揭开了新的一页。全国性的农业合作化运动就是这样掀起的。1953年6月，毛泽东在中央政治局会议上提出了党在过渡时期的总任务；同年12月，形成党在过渡时期总任务的完整表述：

"从中华人民共和国成立，到社会主义改造基本完成，这是一个过渡时期。党在这个过渡时期的总路线和总任务，是要在一个相当长的时期内，逐步实现国家的社会主义工业化，并逐步实现国家对农业、对手工业和对资本主义工商业的社会主义改造。"①其内容被概括为"一化三改"。"一化"即社会主义工业化,"三改"即对个体农业、手工业和资本主义工商业的社会主义改造。通过"一化三改",在我国掀起了第一次生产浪潮。

(二)"一五"计划的完成及其后的曲折历程

编制与执行发展国民经济的第一个五年计划,是当代中国由新民主主义向社会主义过渡,实现过渡时期总路线与总任务的重大步骤。第一个五年计划的时间是从 1953 年到 1957 年,它的编制工作早在 1951 年初就着手进行了,到 1954 年基本定案。

工业化水平的高低是一个国家综合实力的重要标志之一。由于旧中国长期遭受西方列强的侵略与中国封建专制的统治,工业化水平极其低下。又由于旧中国留下的主要是轻工业,缺乏重工业基础,不能构成完整的工业体系。新中国建立后,虽然经过三年的艰苦努力,我国的国民经济恢复到历史的最好水平,但工业化的起点仍然很低(见表 4.1)。

表 4.1   中国与印度、美国钢和电产量的比较

	中国 (1952 年产量)	印度 (1950 年产量)	美国 (1950 年产量)
钢产量(人均)	2.37 千克	4 千克	538.3 千克
发电量(人均)	2.76 千瓦时	10.9 千瓦时	2 949 千瓦时

在这种情况下,作为执政党的中国共产党重视重工业是可以理解的。因此,在第一个五年计划中,中国共产党所确定的指导方针与基本任务就是:集中主要力量发展重工业,建立国家工业化与国防现代化的初步基础;相应地发展交通运输业、轻工业、农业与商业;相应地培养建设人才;有步骤地促进农业、手工业的合作化;继续进行对资本主义工商业的改造,保证国民经济中社会主义成分

---

① 《建国以来重要文献选编》第 4 册,中央文献出版社 1993 年版,第 548 页。

的比重稳步增长，同时正确地发挥个体农业、手工业和资本主义工商业的作用；保证在发展生产的基础上，逐步提高人民物质生活和文化生活的水平。

计划规定，五年中全国经济建设和文化建设的投资总额为766.4亿元，相当于7亿多两黄金，这在历史上是空前的壮举。在总投资中，55.8%用于基本建设投资。全部基本建设投资的58.2%用于工业基本建设。其中又把88.8%用于重工业建设，突出了优先发展重工业这个重点。

中国共产党之所以确立优先发展重工业的指导方针，一方面如上所述，是由于我国的工业基础，特别是重工业基础十分薄弱，我国有计划的工业化建设起点很低；另一方面是由于受苏联建设经验的影响。因此，当时毛泽东讲："我们施仁政的重点应当放在建设重工业上。要建设，就要资金。所以，人民的生活虽然要改善，但一时又不能改善很多。就是说人民生活不可不改善，不可多改善；不可不照顾，不可多照顾。照顾小仁政，妨碍大仁政。这是施仁政的偏向。""大仁政"与"小仁政"是积累与消费的关系问题，是长远利益与眼前利益、整体利益与局部利益的关系问题。虽然它们在根本上是一致的，但也存在着矛盾。社会主义建设的根本目的，是要不断满足人民日益增长的物质文化需要，而发展社会主义建设事业，必须积累建设资金，这就需要人民艰苦奋斗，勤俭建国。当然，在扩大积累的同时，也要改善人民生活。"一五计划"规定，五年内职工平均工资增长33%，农村人民的购买力1957年比1952年提高一倍。

创建于1919年的石景山钢铁厂，于1948年12月17日获得解放。为了保证职工的生活，人民政府先后于1949年1月、10月及1950年1月在不增加工资基金总额的原则下，以原国民党时期工资制度为基础，降低了极少数工资特别高的高级管理人员工资，增加了低工资职工的收入。这种抽高补低的调整，对稳定职工情绪、调动生产积极性起了一定作用。但随着生产发展，旧工资制度的"吃人"性也日益暴露出来，国民党时的工资标准、工资等级都是资本家按自己利益定的，职工工资很低，一线炼钢工人工资更低，全厂工人工资等级达105级，级差小到只有二两小米的钱的分别，计算方法也十分复杂，高中生都看不懂。这样玄机重重的工资制度使得工人收入很低，生活艰难。如今解放了，还采取这种"吃人"的工资制度，不仅影响职工的生活，也削弱人民政府的威信。

该厂党组织针对这一情况，经过研究，决定由厂党委办公室秘书王自勉给毛泽东写信，全面汇报该厂情况。王自勉于1951年8月31日向毛泽东写信，如实地反映了厂里实行的工资制度及其问题，并提出了一些建议。

谁知该信到达中南海后被压了几天。毛泽东看了该信日期，发现被延缓了好几天，就生气地说："你们把群众来信压在一边，共产党员不为工人阶级办事，还算什么共产党员！"他历来反对剥削劳动者，阅看了王自勉的来信后说："国家有困难，但是不能再用资本家那套方法继续盘剥工人，这个状况必须要改变。"于是，他亲笔函复：

王自勉同志：

8月31日的来信看到了，谢谢你们使我知道你们厂里的情况和问题。我认为你们的建议是有理由的，已令有关机关迅速和合理地解决这个问题。此复，顺祝努力！

毛泽东

1951年9月12日

王自勉收到毛泽东的信后，十分激动，立即向厂长作了汇报，厂长立即说："马上通过广播向全厂职工传达。"职工们听了广播后，都欢喜若狂，争先恐后地涌向厂办公室，争看毛泽东的来信。

随后，毛泽东还派办公厅信访室的干部去中央人民政府重工业部协调解决此事。经过毛泽东的协调，重工业部批准了石景山钢铁厂实行八级工资制方案。按照这个方案，该厂工人的工资总额增长了30.78%，有92.26%的职工增加了工资。

9月29日，石景山钢铁厂党、政、工、团负责人联名代表全厂职工再次给毛泽东写信，汇报说："我厂工资问题，圆满解决了，并于9月27日补发了工资。……真是皆大欢喜，喜遍了全厂。"信中，他们表示要在全体职工中开展对新旧工资制度的回忆对比活动，进一步提高职工们的政治觉悟，全面检查修订爱国公约，掀起一个新的"抗美援朝爱国生产竞赛"热潮。

当时，正处于抗美援朝期间，毛泽东收到此信后，十分高兴地对身边工作人员说："我们的群众就是觉悟高啊！人民政府给他们增加了工资，他们就要掀起爱国生产竞赛，前方作战，我们就不愁没有钢铁了。"

后来，石景山钢铁厂发展成为全国最大的钢铁公司之一，以后组建为首都钢铁集团，简称首钢，业务延伸到了国外。2005年2月，国家发改委为了解决首钢的严重污染问题，批准首钢搬迁到唐山曹妃甸，这是后话。

"一五"计划期间，全国人民要求迅速改变我国贫穷落后面貌，意气风发、斗志昂扬地投身于大规模的经济建设高潮之中。工人阶级是工业建设的主力军，展开了热火朝天的劳动竞赛。1954年4月，鞍钢技术革新能手王崇伦等七名全国工业劳动模范向全国总工会提出了开展技术革新运动的建议书，使劳动竞赛运动迅速发展成为全国范围的技术革新运动。广大农民也积极行动起来，努力增加生产，积极交纳农业税、交售粮棉，支持工业建设。工业建设战线喜报频传。1953年底，鞍山钢铁公司的大型轧钢厂、无缝钢管厂等举行开工生产典礼；包头钢铁公司、武汉钢铁公司也先后正式开始施工。1956年，长春第一汽车制造厂建成投产；第一架喷气式飞机试制成功，中国第一个制造机床的沈阳第一机床厂建成投产。

到1956年底，我国对农业、手工业与资本主义工商业的社会主义改造基本完成，随之，"一五"计划的主要指标也提前完成。

经过"一五"期间的大规模建设，我国以重工业为重点的社会主义工业化基础已初步形成。1957年建成的武汉长江大桥飞架南北，天堑变通途。青藏、康藏、新藏公路相继建成通车，把内地与西藏紧密地连接起来。

"一五"计划完成后，中国经济本可以进入罗斯托所讲的起飞阶段，然而，由于党在对于农业、工业化与现代化的认识偏差，走了弯路，在"一五"计划完成之后至1978年，我国的农业、工业化与现代化建设，经历了曲折历程。

随着"一化三改造"的迅速完成与"一五"计划的顺利实现，此时一些中央、地方领导干部觉得完全可以用更快的速度建成社会主义，于是脱离了社会主义建设的客观规律，发动"大跃进"运动，跑步进入共产主义。

1958年8月以后，"大跃进"的重点从农业转向工业。1958年8月17日至30日，中共中央政治局在北戴河召开扩大会议，认为1958年农业生产大跃进将使我国粮食产量比1957年增产一倍以上，中国农业和粮食问题已经过关了，中国共产党的工作重点应该由农业转到工业方面来。因此，这次会议决定，全国省和自治区党委的第一书记，从现在起就必须首先注意对工业的领导，并在以钢为纲思想支配下，号召全党与全国人民用最大的努力，为在1958年生产1 070万吨钢，即比1957年的产量535万吨增加一倍而奋斗。这个决定与号召，将工业"大跃进"推向了高潮。

由于"大跃进"，加之当时的人民公社化运动、"反右倾"斗争、自然灾害与苏联单方面撕毁建设合同的影响，到1960年，国民经济陷入严重的危机之中，国家与人民面临新中国成立以来最严重的经济困难。以钢为纲的"大跃进"，产生的直接后果是农轻重比例失调。由于重工业发展过急，严重挤压了农业和轻工业。1957年至1960年，重工业增长2.33倍，轻工业只增长47%，农业却下降了22.8%。其中粮食产量下降了26.4%。在工农业总产值中，重工业从25.5%猛增至52.19%，轻工业从31.2%降为26.1%，农业从43.3%降至21.8%。国民经济重大比例关系出现了严重失衡，重工业超前发展，与农业轻工业下降，导致人民生活水平大幅度下降。从1960

年夏开始，中共中央开始意识到国民经济严重困难的形势，并对三年"大跃进"运动进行反思。

在这一情况下，我国产业结构进行了第一次调整。1961年1月中共八届九中全会确定了"调整、巩固、充实、提高"方针，经过几年调整，产业结构失衡状况开始好转。至1965年，农轻重比例变为37.3∶32.3∶30.4，三次产业增加值结构由1960年的23.4∶44.5∶32.1变为37.9∶35.1∶27。尤其是，改变了"大跃进"以来追求高指标、高速度等错误做法，但对急于求成的"左"的指导思想还没有彻底清算。随着经济形势有所好转，人民生活也有较大改善。但从1966年至1976年，又遭受了十年"文化大革命"动乱。

由于长期以来受"左"倾错误的影响，以及十年"文化大革命"动乱的影响，国民经济重大比例关系失调的情况相当严重。1976年至1978年，在经济发展的指导思想上又出现了急于求成的倾向，从国外大规模引进成套设备，加剧了各产业间、各产业（尤其是重工业）内部的结构性矛盾。1978年，工农业总产值中农业总产值所占比重为27.8%；在工业总产值中，轻工业只占43.1%。1976年至1978年间基本建设投资总额中，重工业投资占55.7%，轻工业只占5.7%。燃料动力工业严重短缺，积累率1976年为31%，1978年增至36.5%，成为1958年"大跃进"后20年中积累率最高的一年。

正是在这一背景下，我国产业结构进行了第二次调整。1979年3月21日至23日，中央政治局开会讨论国民经济调整问题。邓小平提出，现在的中心任务是调整，首先要有决心。过去提以粮为纲，以钢为纲，是该总结的时候了。一个国家的工业水平，不光是决定于钢。把钢的指标降下来，搞一些别的。谈农业，只讲粮食不行，要农林牧副渔并举。中共中央经过反复研究，决定集中三年时间调整国民经济。1979年4月5日至28日，中共中央召开工作会议讨论经济问题，正式决定对国民经济实行"调整、改革、整顿、提高"的八字方针。

在拨乱反正与调整国民经济的同时，中共中央领导全国人民迈开了改革开放的步伐。1978 年 12 月 18 日至 22 日，中共十一届三中全会在北京召开，全会作出了实行改革、开放的伟大决策。

中国原有的集中统一的计划经济体制，是在新中国成立初期统一财经经济与第一个五年计划期间开始形成的。这种体制在当时条件下，对恢复与发展国民经济虽曾起过积极作用，但后来将这种体制固定化、绝对化，以至权力高度集中，统得过死，所有制形成单一，分配平均主义，在很大程度上排斥商品经济与市场机制。随着情况的变化，这种体制的弊端越来越明显地暴露出来，严重地阻碍着生产力的发展。不改革这种僵化的体制，国家的强盛，人民的富裕，中华民族的复兴，社会主义的发展，都是不可能的。

改革首先从农村突破。农村改革的第一步是废除人民公社制度，建立以家庭联产承包为主，统分结合、双层经营的新型集体所有制。在中国，农民在很长时期内是人口的主体，农业是整个国民经济的基础。农村和农业的状况如何，对国民经济和社会的发展关系极大。

1958 年人民公社化后的 20 年间，中国农村经济走过了曲折的路程。在这个过程中，虽然付出了极大的艰辛，取得一些进展甚至是重要的成就，但总的来说，农业和农村发展迟滞、缓慢，长期处于徘徊状态，多数地方没有摆脱贫困落后的面貌，农民生活水平没有多大的提高。到 1978 年还有 2 亿多农民没有解决温饱问题。20 年间，全国粮食总产量增长 52.4%，而同期全国人口增长了 45.86%。按每人平均产量计算，1958 年 303 公斤，1978 年 316.6 公斤。农业生产的经济效益下降，每投入百元资金的纯收入，1956 年为 2.78 元，1978 年下降为 1.85 元。1956 年到 1978 年间，农民家庭纯收入平均每人每年增加 3 元，年递增率为 2.5%，扣除物价因素，年平均递增率只有 1.4%。造成这种局面，原因是多方面的，除了历史方面的、自然条件方面的问题外，主要是农村人民公社体制以及与之相联系的政策方面的原因。

以政社合一，"三级所有、队为基础"的统一经营，集中劳动，按工分分配为特征的人民公社，通过行政性的积累和投资机制，进行农田水利等基本建设，兴办公用事业，使农民得到某些利益，在消除极端贫困现象方面起了一定的作用。但这种体制政社不分，高度行政化，经营管理过于集中，排斥市场机制，农民缺少自主权，干活"大呼隆"、分配"大锅饭"，缺乏内在的激励功能。这种体制加上与之相适应的"左"的政策的实行，在很大程度上压抑了广大农民的主动性、积极性和创造性，从而束缚了农村生产力发展。

在实践过程中，一些地区的农民曾经几次突破原有体制，实行包产到户等把报酬同产量联系起来的生产责任制。20世纪60年代初，全国农村1/5以上地方曾经实行过这种经营形式。但在1962年秋批判"单干风"后，包产到户被当做走资本主义道路而遭到排斥。那种僵滞的关于社会主义农村经济具体形式的观念窒息了农民的创造性。

二、历史的转折与新的"大跃进陷阱"的避免

（一）历史的转折

中共十一届三中全会实现了历史的转折，打破了"左"的陈旧观念的束缚，开始纠正农村工作的"左"倾错误，为农村体制改革指明了前进的方向。这次全会制定并在十一届四中全会正式通过的《关于加快农业发展若干问题的决定》中，强调对农业的领导一定要从实际出发，要尊重和保护社员群众的民主权利；生产队有权决定经营管理方法；要建立和健全农业生产责任制；各级行政机关对农村集体经济组织的生产和建设的计划指导，"除有法律规定者外，不得用行政命令的方法强制社队执行，应该允许他们在国家统一计划的指导下因时因地制宜，保障在这方面的自主权，发挥他们的主动性"。这就为农村改革的起步提供了先决条件。

农村改革最初在安徽、四川等地兴起。以安徽为例，从20世纪60年代开始，安徽先后进行了"田间管理责任制加奖励"（即"责任田"）、"家庭联产承包责任制"（即"包产到户"）、"土地家庭承包经

营制"（即"包干到户"或"大包干"）及"农村税费改革"的试验和改革。

20世纪50年代末，"大跃进"和"共产风"、浮夸风极大地破坏了农村生产力，浪费和减产使粮食严重短缺，造成安徽农村饿死人的情况。

为扭转困难局面，安徽省委进行了思索和研究。宿县农民刘庆兰父子上山开荒不仅自给有余，每年还给生产队交很多粮食的事对安徽省委触动很大。针对人民公社管理上的集中统一和分配上的平均主义等严重缺陷，在调查研究、总结农业合作化和苏联东欧历史经验、试行和试点的基础上，安徽省委先行推行"包产到组"，进而推行"包产到队、定产到田、责任到人"的田间管理责任制（即"责任田"），实际操作中很多地方实行了"包产到户"。

1961年3月，安徽全省在春耕大忙前开始推广"责任田"，立刻受到农民的热烈响应，至10月实行"责任田"的生产队已达84.4%。当年全省粮食产量达到180多亿斤，较之1960年增产50多亿斤，除去种子和征购粮，农民人均可分口粮600多斤，吃不饱饭甚至饿死人的情况基本消除。1962年，全省粮油及副业继续大幅增产。农民由衷地把"责任田"称为"救命田"。

"责任田"是安徽省委的一大创造，但在1962年1月的中央工作会议上，"责任田"被指责为"犯了方向性的严重错误"。不久，"责任田"被当做"单干风"再次受到批判。在"左"的错误思潮的强大压力下，安徽的"责任田"逐步停止与取消。

责任田虽然夭折了，但在安徽的干部农民心中播下了改革的种子。据1977年统计，安徽全省农民人均收入只有66元，其中，阜阳地区只有33元，凤阳县每年外出要饭的人口达五六万人。

1978年12月的一天夜里，安徽省凤阳县犁园公社小岗生产队20名农民代表全队20户农民，聚在村里一户屋里，神态严峻地写下了一张契约，全文如下：

1978 年 12 月　　　地点　　严立华家

我们分田到户签字盖章　　如此后能干　　每户保证完成每户全年上交的公粮不在（再）向国家伸手要钱要粮　　如不成　我们干部作（坐）牢杀头也干（甘）心甘　　大家社员也保证我们的小孩养活到 18 岁

这个惊天动地的契约，现作为中国当代史的珍贵文物，收藏在中国革命博物馆，藏品号为 GB54563。

当时担任安徽省委书记的万里，主张非把土地划给农民建立责任田不可，否则无法扭转危局，得到邓小平、叶剑英的支持。1979 年，小岗生产队大丰收，全年粮食由原来的 3 万多斤猛增到 13 万多斤。虽然说，这个数字还赶不上农业集体化时的 20 万斤产量，但比起 3 万斤，已经远远超过了。

当时，在凤阳县流传着一首《大包干歌》："大包干，大包干，直来直去不拐弯。保证国家的，交足集体的，剩下的都是自己的。"

小岗村因首先在中国实行"大包干"而闻名全国。"大包干"是一个伟大的创举，这个大包干协议，揭开了我国农村改革的序幕，"保证国家的，留足集体的，剩下的都是自己的"。"大包干"在保证国家税收和集体收入不减少的同时，使农民富裕了起来。小岗村的改革，推动了联产承包责任制在全国农村的推广，促使全国农民走上富裕的道路。

在农村改革获得成功后，便扩大到城市。在城市，是从企业扩大自主权入手的。与此同时，在沿海地区创办了深圳、珠海、汕头、厦门经济特区，以后又搞了各种类型的开发区。

1978 年中国实行改革开放以来，产业结构也发生了显著变化。由于改革首先是从农业入手并获得突破的，因此农业获得先行发展。在国内生产总量中，第一产业由 1978 年的 28.2% 上升到 1984 年的 32.1%；与之相应，第三产业比重也略有提高，由 23.9% 上升到 24.8%；第二产业则由 47.9% 下降至 43.1%。但当时的工业扭转了过去过分强调积累，忽视生活的政策，党和政府鼓励发展满足消费需求的轻工业，由此带动以满足老百姓基本生活需求的轻工业高速增长。因此，在 1980 年至 1984 年，我国轻工业总产值增长速度为 12%，比重工业高出 2.4 个百分点。在工业总产值中，轻工业所占比重由 1978 年的 43.1% 提高到 1984 年的 47.4%，提高了 4.3 个百分点。

（二）陈云三个"我害怕"避免了经济建设"大跃进"的陷阱

1978 年的 2 月，中共中央新制定出来的经济计划，有一个宏大急切的目标：钢铁要在 1985 年达到 6 000 万吨，粮食要达到 8 000 亿斤。这还只是工业和农业的规模指标，在具体的发展项目上，中央的信心更加爆棚：10 个钢铁大企业，9 个有色金属企业，10 个煤炭大企业，10 个油气大企业，30 个电力大企业，6 条铁路新干线，5 个重点港口建设。计划可谓气势磅礴，这意味着接下来的大概 10 年，中国的经济发展将按照这样的蓝图往前走。

1978 年，整个社会开始出现了一种企业导向，人们普遍相信，中国要实现现代化，企业，而且是大型企业的出现，是一个必需的目标。没有这一年以企业为基本导向的经济蓝图，日后的国有企业、乡镇企业、私人企业、外资合资企业都不能起步。当时，中央政府认识到，过去那种全民炼钢的自力更生的土办法，注定不能推动经济发展，必须向外面的世界学习。1978 年 6 月，国务院副总理谷牧出访归来，带来了很多新鲜的信息。比如日本的现代化真正取得令人瞩目的成就，前后不过 13 年，德国历时更短，竟然只有 10 年时间。这给了中央高层巨大的信心，他们普遍认为，之前打算用 20 年乃至 30 年的时间建设中国现代化的周期太长了，应该加快进度。

与此同时，问题也出现了，这就是经济建设的"大跃进"。陈云首先看到了，而且直接说出了自己的担心："引进那么多国外资金，但是考虑过没有，我们中国有那么多配套的资金吗？"当时，有人提出了发展经济一定要依靠财政赤字的观点，赤字无害，资本主义的发展史在一定意义上就是一部通货膨胀的历史，要发展经济就无法避免通货膨胀。

这的确是一种非常时髦的观点，而且有数据可查。但对当时中国经济发展来讲，却是一个很大的陷阱。具有丰富经验的陈云不同意这样的政策走向，在一次内部的会议上，陈云提高嗓门说："用通货膨胀来发展经济，我害怕，我害怕，我害怕。"接下来，他提出了自己关于经济发展的具体意见：既要积极，又要稳妥。他不同意用日本、德国的发展经验来类比中国，认为中国内地的工业基础远远不如它们，因此引进项目，不能一哄而上。要尊重国内的工业现实，尤其是材料的缺口现实。他主张，如果材料有缺口，无论是中央的项目，还是地方的项目，都不能安排。陈云的质疑与批评终于引起大家的关注。

到中共十一届三中全会，陈云的诸多思考变成了会议公报的内容，比如要认真解决一些重大比例失调的状况，解决城乡人民生活中多年积累下来的一系列问题，综合平衡，为发展打下基础，等等。显然，邓小平听取了陈云的意见，他作出一个重要决定，暂置几年之内引进800亿美元的思路，支持陈云对经济格局进行调整。与此同时，邓小平和李先念商量，建议国务院成立财经委员会，而最合适的主任人选，就是陈云，由他来主持全国经济工作，从而避免了新的"大跃进陷阱"①。

三、顺应当代中国改革与现代化建设的对外开放

（一）经济特区的设立

"中国的发展离不开世界"，这是对中国发展历史的深刻总结。邓小平指出，在对外开放问题上，"我们吃过这个苦头，我们的老祖

---

① 基本资料与事实陈述，转引自《陈云三个"我害怕"避免经济大跃进》一文，见《新纪实》2017年第3期第19页。

宗吃过这个苦头"。说"老祖宗吃过这个苦头"，是指从明朝中叶开始，我国封建统治者推行闭关自守政策，阻塞了中外经济文化交流，使近代中国经济、文化、科技、军事全面落后，导致遭受列强宰割的百年屈辱的局面。新中国成立后，我们想扩大中外经济技术交流，包括同一些资本主义国家发展经济贸易关系，甚至引进外资、合资经营等等。但那时没有条件，人家封锁我们。说"我们吃过这个苦头"，就是指新中国成立以后由于国际上的敌对势力对新中国实行封锁政策，主观上我们从 20 世纪 50 年代下半叶开始指导思想出现了"左"的偏差，使中国同世界经济的关系长期处于隔绝的状态，从而与世界先进水平的差距越拉越大。历史的经验教训一再告诉我们，关起门来搞建设是不行的，把自己孤立于世界之外是不利的。

对外开放是社会主义的本质要求，是当代中国改革与现代化建设的客观需要。

中共十一届三中全会以来，国家把实行在自力更生的基础上对外开放的方针作为一项基本国策。国家采取积极措施，利用国外资金，引进国外先进技术和设备，学习国外的科学管理经验，试行对外经济贸易体制的改革，以扩大对外开放，促进本国经济的发展。这时在对外开放方面国家首先迈出的步伐是决定在广东、福建两省实行对外经济活动的特殊政策和灵活措施，并在广东的深圳市、珠海市、汕头市和福建的厦门市设置经济特区，作为对外开放的"窗口"。

广东、福建两省靠近港澳，侨胞众多，资源比较丰富，便于吸收外资侨资发展对外贸易经济，加快经济建设。

以广东为例。在 1978 年 12 月，中共十一届三中全会在京召开。中国进入了一个风云变幻的时代。1979 年 1 月 16 日，时任广东省委书记的吴南生前往汕头地区宣传全会精神。汕头是吴南生的故乡，故乡的一切让吴南生心里十分震惊：那些他所熟悉的楼房残旧不堪，摇摇欲坠；街道两旁，到处都是用竹子搭起来的横七竖八的竹棚，里面住满了成千上万的男男女女；城市公共设施道路不平，电话不灵，停电频仍。市容环境脏乱不堪，由于自来水管年久失修，下水道损坏严重，马路污水横流，有些人甚至把粪便往街上倒，臭气熏天。见此，吴南生十分气愤。穷则生变。但如何才能尽快变得富裕起来？吴南生心中没底。一位新加坡的朋友给他出了个大胆的主意："你敢不敢办像台湾那样的出口加工区？敢不敢办像自由港这一类东西？如果敢办，那最快。"他说："你看新加坡、中国香港地区，他们的经济就是这样发展的！"

吴南生恍然大悟。对呀！我们能不能也办出口加工区，把汕头市划出来，对外开放，办出口加工区，吸引外资投资办企业呢？

21 日夜里，吴南生不顾正感冒发烧，迫不及待地发了 1 300 字的电报给主持广东省委工作的习仲勋、杨尚昆和省委，汇报了自己的想法。28 日下午，吴南生从汕头回广州。当天晚上，习仲勋就到吴家中和他交换了意见。

3 月 3 日，吴南生在省委常委会议上说："现在国家的经济已经到了崩溃的边缘了，我们应该怎么办？我提议广东先走一步。在汕头划出一块地方搞试验，用各种优惠的政策来吸引外资，把国外先进的东西吸引到这块地方来。"

"如果省委同意，我愿意到汕头搞试验。如果要杀头，就杀我好了！"吴南生义无反顾地向省委请缨。

在这之前，广东省委也曾收到宝安县关于把深圳办成出口基地的报告。因此，省委在讨论时一致同意这一设想，并且更为激进，还应该在深圳、珠海办。

"要搞、全省都搞！"习仲勋横下一条心，当即表态："先起草意见，4 月中央工作会议时，我带去北京。"

4 月 5 日至 28 日，党中央在北京召开中央工作会议。4 月 8 日，习仲勋在中南组发言。他说：现在中央权力过于集中，地方感到办事难，没有权，很难办。接着他提出："广东邻近港澳，华侨众多，应充分运用这个有利条件，积极开展对外经济技术交流。这方面，希望中央给点权，让广东先走一步，放手干。"

　　中共中央主席华国锋听了一愣，问习仲勋："你们想要什么权？"习仲勋说："如果广东是一个'独立的国家'，可能几年就搞上去了，但是在现在的体制下，就不容易上去。"所谓"现在的体制"，指的就是计划经济体制。习仲勋的汇报得到了政治局的赞许和支持，就连华国锋也说，广东可以先走一步，党中央、国务院下决心，想给广东搞点特殊政策，与别的省不同一些，自主权大一些。

　　时任广东省革委会副主任刘田夫回忆说："但是，有一位副总理当场大泼冷水。他说，广东如果这样搞，那得在边界上拉起7 000公里长的铁丝网，把广东与毗邻几省隔离开来。我们听罢，大为惊讶。很显然，他是担心国门一旦打开之后，资本主义的东西会如洪水猛兽一样涌进来，因此，才产生用铁丝网将广东与闽、赣、湘、桂诸省区隔离开来的想法。"

　　1979年4月，中央工作会议召开期间，各个小组会议发言后，谷牧向邓小平汇报说：广东省委提出，要求在改革开放中"先行一步"，划出深圳、珠海、汕头等地区，实行特殊的政策措施，以取得改革开放、发展经济的经验。但是，这些地方该叫什么名称才好？原来有"贸易合作区"、"出口加工区"等等，都觉得不合适，定不下来。邓小平很赞成"先行一步"的做法。他说："就叫特区嘛！"陕甘宁就是特区。

　　谷牧当晚把这一消息告诉了习仲勋。第二天上午，习仲勋揣着一肚子疑惑来找谷牧，问："叫做'特区'了，那以后广东还管不管？是不是直接由中央管？"谷牧笑着说："不是，还是由广东管。"

　　不过，北京迅即传出另外一种声音："陕甘宁边区是政治特区，不是经济特区。"说这句话的人是站在反对设置特区的立场上的，但这从反面启发了吴南生，觉得这个人说的话有道理，陕甘宁边区确实是政治特区，但是我们不妨把我们要建设的地方就叫经济特区吧。经济特区这名字一提出来，反对的声音好像少了不少。

　　就在吴南生12月17日于京西会议上汇报特区条例起草情况之后的第十天，广东省第五届人民代表大会第二次会议，审议并原则通过了《广东省经济特区条例》（以下简称《经济特区条例》）。

在《经济特区条例》有无必要提请全国人大审议通过的问题上，两派意见针锋相对。反对者说：《广东省经济特区条例》是广东省的地方法规，要全国人大通过，无此先例。以吴南生为代表的另一派则力主必须由全国人大通过，他说："特区是中国的特区，不过是在广东办。"他用从没有过的生硬口吻对谷牧说："社会主义搞特区是史无前例的，如果这个条例没有在全国人大通过，我们不敢办特区。"最后吴南生把求援电话直接打到全国人大常委会委员长叶剑英的家里，恳求说："叶帅呀，办特区这样一件大事，不能没有一个国家最高立法机构批准的有权威的法规呀！"

据吴南生后来回忆，叶剑英听了他的电话，只说了三个字："知道了。"叶剑英把吴南生的"道理"摆到了全国人大："特区不是广东的特区，特区是中国的特区。"1980年8月26日，叶剑英委员长亲自主持了五届人大第十五次会议。时任国家进出口委员会副主任的江泽民受国务院委托，在会上作了有关建立经济特区和制定《经济特区条例》的说明。

对于当年承担"窗口"重任、探索中国改革开放之路的深圳经济特区，中国改革开放的领路人邓小平则了如指掌。深圳，对于邓小平来讲，就如他当年运筹帷幄、指挥声势浩大的淮海战役，熟悉战区内的每一条河流、每一个村庄，熟悉敌我双方的兵力部署、攻守态势。在肯定深圳经济特区建设成就的同时，邓小平生前以极其敏锐的洞察力透析了深圳异乎寻常的发展速度背后隐藏着的问题，提醒深圳、鼓励深圳开拓新路子。

深圳是邓小平推行改革开放的实践地，如果深圳实践是成功的，也就证明了他提出的建设有中国特色的社会主义道路是行得通的。因此，从创建深圳经济特区开始，他就十分关注深圳每一步的发展，因为这是牵动全局的试验。

（二）改革开放是我们党的历史上一次伟大觉醒

改革开放是中国共产党历史上的一次伟大觉醒，正是这次伟大觉醒孕育了新时期从理论到实践的伟大创作。正是这次伟大觉醒，使得中国经济进入了罗斯托所讲的起飞阶段。从此，中国经济起飞了、腾飞了。

习近平在中共十八大之后首次到地方调研就选择了广东，并向深圳莲花山顶的邓小平铜像敬献花篮。习近平表示，之所以到广东，就是要到在我国改革开放中得风气最先的地方，现场回顾我国改革开放的历史进程，将改革开放继续推向前进。我们来瞻仰邓小平铜像，就是要表明我们将坚定不移推进改革开放和现代化建设取得新进展、实现新突破、迈上新台阶。

实行对外开放，使中国成功实现了从封闭半封闭到全方位开放的伟大历史转变，中国已经越来越多地融入世界，在促进自身快速发展的同时也为世界的繁荣发展作出了重要贡献。从当今时代和世界发展趋势看，全球化的加速使各国经济联系越来越紧密，面临的共同问题、共同利益和相互依存不断增加，这更要求实行开放式发展战略，共同应对挑战，在合作共赢中发展。中国对外开放的大门打开就不会关上，不但不会关上，而且会在更大范围、更宽领域、更深层次上开放。中国对外开放不是权宜之计，而是必须长期坚持的基本国策。

中国的对外开放，是全方位、多层次、宽领域的。全方位是指我国的对外开放要对世界所有国家开放。多层次是指按照不同的开放程度所形成的梯次展开的开放格局。宽领域是指在开放的范围、空间和形式上，有宽阔的活动领域。

1980年5月，党中央、国务院根据邓小平的提议，正式发文将特区命名为"经济特区"，接着决定在深圳、珠海、汕头、厦门设置四个经济特区。

1984年，党中央、国务院根据邓小平的提议，决定开放沿海14个港口城市，使它们在经济建设中充分发挥中心城市的作用，以带动内地经济建设并进而推动整个国家的经济建设。

这一年，因诞生了很多驰骋一时的公司，后来被人们称为中国现代公司的元年。这一年元旦刚过不久，除了出国，一直坐镇北京的邓小平，决定到南方看看，他一生有过两次著名的南下，一次就是 1984 年，还有一次是 1992 年。1984 年，邓小平马不停蹄地走遍经济特区，一路上，他不讲话，不表态，参观时也很沉默。他到蛇口工业区时，袁康汇报说，他们提出"时间就是金钱，效率就是生命"作为整个工业区的口号。在深圳，邓小平用行动表明了自己支持的态度，却又在言辞上留下空白。在珠海，他一反在深圳的沉默态度，写下"珠海经济特区好"的题词，算是给经济特区下了结论。

这一年，王石创办的"深圳现代科教仪器展销中心"成立，这就是万科的前身。虽然当时这家公司还不是人们日后熟知的万科房地产公司，但却是一个悄悄地聚集自己的原始积累的公司。

在山东青岛，35 岁的张瑞敏被派到一家濒临倒闭的电器厂当厂长。他上任后第一个决策就是，退出洗衣机市场转而生产电冰箱。他是 12 月初报到的，当月工厂的牌子就被改为"青岛电冰箱总厂"，后来，该厂又一次次更名，最后定名为"海尔"。

1984 年的北京中关村也初显繁荣景象。这一年，中国科学院计算所的柳传志，刚好 40 岁，他决定告别每天读报的清闲如水生活，去创办公司。在上任前，中科院副院长周光召问他对公司有什么打算。他信誓旦旦地说："将来我们要成为一家年产值 200 万元的大公司。"

柳传志创办的这家公司，诞生在一间 20 平方米，分成里外间的小平房里，这里原来是计算所的传达室。柳传志下海时，中关村已有 40 家科技企业，并且在北京城里拥有了"电子一条街"的名声。

1985 年年初，中科院购买了 500 台 IBM 计算机，其中的验收、维修与培训业务，交给了柳传志创办的这家公司，从而带来 70 万元的服务费。正是这个业务，柳传志与刚刚成立的 IBM 公司中国代表处搭上了线，成为后者在中国的主要代理公司，为 IBM 做销售代理成为日后联想公司最重要的利润来源。这一渊源，一直延续到 20 年后做大了的联想，以 16 亿美元收购 IBM 的 PC 事业部。

1984 年，最值得称道的是广东三水县酒厂厂长李经伟，突然把眼光瞄准了这一年 8 月在美国洛杉矶举办的第 23 届奥运会。他得到讯息，国家体委将在 6 月份开会决定中国代表团的指定饮料是什么。而此刻，他手上有一种还没有投放市场，甚至连包装罐和商标都没有确定下来的新饮料。

当年的三水酒厂，一年利润不过几万元，李经伟敢于把目光直接盯向奥运会，实在是胆识过人。那时厂里已经有一个叫"肆江"的品牌，但李经伟不满意，他苦思冥想出了一个新的名字——"健力宝"，很有"保健"的暗示。李经伟另一个明智的举措是提出用易拉罐包装健力宝。在当时消费者眼中，易拉罐是高档饮料的代名词，国内还无一家易拉罐生产企业。李经伟四处奔波，最后说动深圳的上百家可乐公司为其生产代工。

当 200 箱光鲜亮丽的健力宝出现在亚足联的广州会议上时，引起了一阵惊叫。到 6 月，健力宝毫无争议地成为中国奥运代表团的首选饮料。

8 月，在洛杉矶奥运会上，中国运动员取得了 15 块奥运金牌，人们猜测可能是喝了具有某种神奇功效的新型运动饮品（健力宝）的缘故。一位随团采访的《羊城晚报》记者，写成"中国魔水"风靡洛杉矶，在《羊城晚报》刊出后，被迅速广泛转载。于是，健力宝一夜而为天下知。

李经伟就这样交上了好运。1984 年，健力宝年销售额为 345 万元。第二年飞蹿到 1 650 万元，再一年达到 1.3 亿元。此后，健力宝成为"民族饮料第一品牌"。

1984 年，由于邓小平的南方视察，珠江三角洲发酵了。无数胸怀壮志的年轻人，纷纷投奔此地。

第二年，即 1985 年 2 月，中央在长江三角洲、珠江三角洲、闽东南地区、环渤海地区，开辟了经济开放区。

1988 年 4 月，海南省成立并成为我国最大的经济特区。

1990 年 4 月，党中央、国务院决定开发开放浦东。

1992 年后，由沿海向内陆拓展，开放了 5 个沿江城市、18 个省会城市、13 个沿边城市、增加了 34 个开放口岸。

到 1995 年 12 月中旬基本形成了一个包括 1 194 个市县、222 个开放口岸，50 多万平方公里的多层次、多形式和多方位对外开放的格局。

2001 年 12 月，在经过长达 15 年的谈判后，我国正式成为 WTO 的成员，标志着我国对外开放进入了一个全面开放的新阶段。从此，当代中国的改革开放一步步走向了深化。

第二次生产浪潮，是在社会主义市场经济条件下，当代中国工业化与城市化的推进。它发端于1992年邓小平"南方谈话"发表后，至2013年召开的中共十八届三中全会。

邓小平"南方谈话"发表后，市场经济的大潮，在神州大地迅速掀起，市场经济价格机制、竞争机制、供求机制，一下子在神州大地上展示了出来。

在这股滚滚的洪流中，纺织业与服装业首当其冲，随着生产力的发展、居民收入的提高，消费成为经济增长的一大推动力，接着是重工业、重化工的发展，各类产品不断更新换代，不断升级，投资与出口也攀升了，中国经济腾飞了，形成消费、投资、出口"三驾马车"并驾齐驱，社会主义市场经济成为各种产品、各类行业转型升级的关键力量。

在20世纪60年代，荷兰发现天然气，荷兰政府大力发展天然气，天然气"一枝独秀"，荷兰其他产业中断，10年后，天然气几近枯竭，荷兰出现收入降低、失业率增加等不良反应。短暂繁荣的代价是长期的后遗症，这就是"荷兰病"。在第二次生产浪潮中，当代中国的一些城市，也得了"荷兰病"。这些城市，"成也资源，败也资源"。在经历过资源盛宴狂欢后，感受到了"荷兰病"的切肤之痛。矿工们失业了，失业农民挖不出金子了，矿区地质环境被破坏了，诱发了地质灾害，出现了地下水枯竭，加上水土资源的污染，环境恶化了。还有的地区，城市化是推进了，但城市的肺——农田没有了。

在第二次生产浪潮中，当代中国在工业化与城市化的推进过程中，凸显了环境的承受能力是有限的，超负荷的发展是不可为的。

中国经济离不开制造业的发展，制造业强则国强。在第二次生产浪潮中，中国虽然出现了严重的产能过剩，但不是制造业发展过了头，而是由产业结构失衡导致的。解决这一问题，就必须：第一，去产能化，解决产能过剩问题；第二，有针对性地进行产业结构调整，解决产业结构失衡与转型升级问题，让制造业从中低端迈向中高端。

第五章
当代中国的第二次生产浪潮

一、当代中国第二次生产浪潮的掀起

（一）社会主义市场经济

第二次生产浪潮，是在社会主义市场经济条件下，当代中国工业化与城市化的推进；它萌芽于计划经济时代，发端于1992年邓小平"南方谈话"发表后，至2013年召开的中共十八届三中全会。

1992年，是不平凡的一年。这一年1月18日至2月21日，邓小平先后到武昌、深圳、珠海、上海等地进行视察与调查研究，发表了一系列重要谈话，简称邓小平"南方谈话"。

邓小平的这次谈话，是在国际国内发生巨大变化的背景下发表的。从国际上看，世界上发生了第二次世界大战以来最深刻、最巨大的变化——苏联解体、东欧剧变，世界朝着多极化方向发展，社会主义在世界上处于低潮。从国内方面看，进入20世纪90年代后，我国出现了政治、经济、社会稳定的大好局面，但在经济建设上还存在不少问题，尤其是有些大中型国有企业效益不好、财政赤字增加。正是在这一背景下，邓小平在这次谈话中强调"抓住时机，发展自己"，对社会主义前途要充满信心。

在"南方谈话"中，邓小平以清晰简明的语言确切地阐述了社会主义基本经济制度与市场经济体制的关系，将计划经济排除在了社会主义本质之外。他指出："计划多一点还是市场多一点，不是社会主义与资本主义的本质区别。计划经济不等于社会主义，资本主义也有计划；市场经济不等于资本主义，社会主义也有市场。计划和市场都是经济手段。社会主义的本质，是解放生产力，发展生产力，消灭剥削，消除两极分化，最终达到共同富裕。"① 这次谈话，标志着邓小平社会主义市场经济理论的最终形成。

说是最终形成，因为早在 1979 年 11 月 26 日，邓小平在接见外宾，回答外宾在中国社会主义制度范围之内，将来是否可能发展某种形式的市场经济的提问时，就阐述了他对社会主义是否可以搞市场经济的观点。当时，他说："说市场经济只存在于资本主义社会，只有资本主义的市场经济，这肯定是不正确的。社会主义为什么不可以搞市场经济，这个不能说是资本主义。我们是计划经济为主，也结合市场经济，但这是社会主义的市场经济……市场经济，在封建社会就有了萌芽。社会主义也可以搞市场经济。"② 只不过，搞的是社会主义市场经济，而不是资本主义市场经济。但在当时，邓小平的这一观点还没有被党中央大多数领导人接受，他的这一论述，当时既没有公开发表，也没有在此后的党中央文件中体现出来。

到了 1992 年，当代中国已经经过十几年的改革开放，邓小平的"南方谈话"发表后，他的社会主义市场经济理论，获得了党内从上到下、从下到上普遍确认。其后不久，即在 1992 年召开的中共十四大上，便将建立社会主义市场经济体制作为我国经济体制改革的目标。

第二年，即 1993 年，中共十四届三中全会通过了《关于建立社会主义市场经济体制若干问题的决定》。其后，又提出了两个根本性

① 《在武昌、深圳、珠海、上海等地的谈话要点》，《邓小平文选》第三卷，人民出版社 1993 年版，第 373 页。
② 《社会主义也可以搞市场经济》，《邓小平文选》第二卷，人民出版社 1994 年版，第 236 页。

转变，即在由计划经济体制转向市场经济体制的同时，由粗放型增长方式转向集约型增长方式。

从此，我国的经济体制改革与经济的发展，进入了一个新的历史阶段，把计划经济与市场经济都视为发展生产力、配置资源的手段与方法，而不是社会制度属性的范畴，从而终结了此前一个相当长的时期内把计划经济看做是社会主义、把市场经济看做是资本主义的观念，将计划经济从社会主义制度中排除了出去，将市场经济从资本主义制度中剥离了出来，使之为社会主义服务、为改革束缚生产力发展的计划经济体制提供了理论指南。

正是在这一背景下，掀起了当代中国的第二次生产浪潮。不过，当时仅仅是将市场视为在资源配中起基础性作用的，直到2013年，在中共十八届三中全会通过的《中共中央关于全面深化改革若干重大问题的决定》中，才将市场在资源配置中起"基础性作用"上升为"决定性作用"。这表明，尽管当代中国自20世纪90年代初以来，发生了从计划经济向市场经济的转型，但这一过程还没有最终完成。不过，当代中国的第二次生产浪潮，则在这一阶段风生水起。

说来也怪，1992年夏，老天爷发威了。一阵阵热浪翻滚之后，滂沱大雨倾泻而下；滔滔长江水，汹涌澎湃。抗洪大军，严防死守在长江沿岸。长江下游的太湖水溢出，把素有天堂之称的苏州，淹了大半。大灾过后，迎来的是当代中国的社会主义市场经济的确立与发展。这一下，神州大地沸腾了，处处是一片繁忙景象。中国经济腾飞了。

1978年，中国国内生产总值只有3 645亿元；1993年，中国国内生产总值也只有3.55万亿元；但到了2008年，即国际金融危机爆发那一年，中国国内生产总值跃至300 670亿元，经济总量升至全球第三位；到了2010年，中国国内生产总值达40.89万亿元，经济总量升至全球第二位。2016年，中国国内生产总值达到74.4万亿元，对全球经济增长的贡献率超过30%。

一个人均资源贫乏的国家，为什么出人意料地创造了经济奇迹：

由农业国转变为工业国，由"温饱"转向了"小康"、"全面小康"，进而走向基本现代化……

在全世界的眼中，中国迷雾重重，是一个难以看懂的国家。美国哈佛大学教授韦茨曼提出，按照西方主流经济学家设计的苏联、东欧各国的改革，伴随而来的是经济大萧条，而在他看来，不那么正宗的中国改革，却与高速经济改革并行。他将这种现象称为"中国之谜"。英国剑桥大学经济学家彼得·诺兰，借助主流经济学的理论来解释中国改革开放以来的经济增长，同样提出了中国之谜的看法。他认为，按照主流经济学的理论逻辑，中国不可能获得目前的成就，但中国是在各种缺损的条件下获得了持续的经济增长。他的这一看法，早在 2002 年就提出了。

谁能看透"中国之谜"？谁能解读中国经济的持续增长？其实，"中国之谜"并不难解。究其原因，一是中国走上了社会主义市场经济之途，二是中国政府的推动。

（二）从低端到高端的市场

邓小平"南方谈话"发表后，市场经济的大潮，在神州大地迅速掀起，市场经济的价格机制、供求机制、竞争机制，一下子在神州大地上展示了出来。

在这股滚滚洪流中，在 20 世纪 80 年代就发展起来的纺织与服装业一马当先，将国内市场拓展到国外，成为出口创汇大户。改革开放之初，纺织与服装业是中国最大的产业部门，占国内总产值的近 1/6。企业与职工的数量，在 1980—1990 年间增长了近 1 倍，产出增长了 3 倍。纺织品在工业总产出中约占 1/6，纺织品在总出口销售中的贡献约 3/5。

这一阶段，由于改革开放激发了企业的活力，生产力水平提高使得居民收入水平也得到了较快增长，消费升级成为这一时期经济增长与产业结构变化的主要推动力。

尽管在 20 世纪 80 年代，工业在 GDP 中所占比重变动不大，但内部变动明显。人们需求由满足吃穿转向对用的追求，城镇居民家庭收入人均消费支出中，家庭设备用品及服务业所占比重由 1985 年的 8.6% 提高到 1990 年 10.14%。主要是手表、缝纫机、自行车、电风扇、收录机、电视机、照相机等商品进入家庭。这一变化，使得轻工业在保持增长的同时，其内部结构升级加快，主要是以满足吃穿为主的以农产品为原料的轻工业增长速度减缓，而以满足用的需求的以非农产品为原料的轻工业领先增长。

其后的 1990—1997 年，产出与出口虽仍快速增长，但结构发生了变化，纺织部门在中国出口中的份额从 1/5 跃升到 1/4，这主要是由服装销售推动的，服装销售在 1995 年之后占了中国纺织业出口的大约 2/3。这一变化的背后，是国际化的过程。在国际化进程加剧过程中，很大一部分市场份额从以前占主导地位的国有企业转移到了集体企业、外资企业、私营企业。

主要倾向于服装出口的外商投资企业的进入与增长，为整个工业创造了正向的溢出效应。与国外相联系的企业，在纺织及其附属品部门（如拉链、纽扣）带动了后向的联系。稠密的前向与后向供应链，集中在出口商周围，尤其是在沿海地区。这推动了雅戈尔、华瑞、波司登等私营企业的发展，它们建立了自己的商业网络，以满足海外客户与国内购买者对质量与交货期的高要求。富裕的、追求时尚的购买者，在买方市场，对销售方提出了设计、质量、品牌等方面要求，形成了高端市场；不能满足高端市场要求的企业，则在低端市场展开了激烈的竞争，而在这一市场，主要考虑的因素则是市场价格。随着高端市场份额的增加，一些企业一步步成为行业领导者，它们在产能发展上进行巨额投资，并使用了它们自己的设计与品牌名称。

尽管当代中国的改革仍在进行中，但不论是单个企业，还是整个中国制造业，都在经历着激烈的市场竞争。伴随着纺织与服装业发展的，是充斥着关于电器、汽车、啤酒、机床、电子、钢铁等等产品制造商之间的竞争。

如同纺织与服装业，中国的钢铁市场也包含两个主要部分：一个是获利颇丰的高端市场，包括供应给汽车、家用电器与其他收入越来越依赖产品质量的使用者；另一个是利润较少的低端部分，主要供给建筑业。市场需求决定产品质量，当市场竞争变得越来越激烈的时候，不仅产品质量提高了，而且生产也从低端转向高端。根据市场需求，中国的钢铁产出组成，从出口贸易发展趋势看，逐渐从盘条与其他一些建筑材料，转向钢板、钢管、钢条；2003—2004 年之后，开始转向平板钢热轧卷、块与棒等成品的大量出口。从进口方面看，以汽车行业为例，随着宝钢、武钢、鞍钢在汽车用钢上产能的扩张以及在分类与质量上的改进，汽车用钢的净进口下降了。随着新设备上马，投入生产，对进口的依赖进一步减弱。

在第二次生产浪潮中，涌现出海尔张瑞敏、联想柳传志等一大批英雄豪杰与市场弄潮者。尤其是，在这次浪潮中，中国民营企业风起云涌，其间有许多猛士豪杰白手起家，带领着一个个企业、一个个品牌，在财富的天空中神奇闪现并留下耀眼的身影。如今，浪花淘尽英雄，他们有的已经雨打风吹去，有的昙花一现，如"全国最为知名的厂长"步鑫生、"承包国有企业第一人"马胜利、"傻子瓜子"年广久，等等。现在，他们很少再被人提起。但鲁冠球似乎是一个特例。他创业几十年，将一个当年不值得一提的"公社农机厂"，发展成为当今中国企业 500 强之一、汽车零部件行业龙头老大的万向集团。可以说，他是中国改革开放与社会主义市场经济的见证者与探索者。

年轻时，鲁冠球在村里创办过小型米面加工厂，在那个特殊的年代，被上面发现，扣了一顶"地下黑工厂"的帽子，不得不关闭了。

后来，浙江省萧山市宁围公社领导找上他，让他接管"宁围人民公社农机修配厂"。

当时，他年仅 24 岁，这个所谓的农机修配厂，仅是一个面积84 平方米的破厂房。但他觉得这是机会，便变卖了自己的全部家当和自己家准备盖房的材料，又借了 4 000 元钱，带领 6 个农民，办起了宁围公社农机厂。

起初，没有地方买原材料，鲁冠球就蹬着自行车走街串巷，收废旧钢材。在那个铁桶般的计划经济年代，生产什么、购买什么、销售什么，统统都是由国家下达指标。指标之外的物品流通，都属于"非法"。好在聪明的鲁冠球有过米面厂的痛苦经历，他吸取经验教训，东躲西藏，好不容易找到了一条能够让农机厂活下来的缝隙——为周边公社的农具提供配件生产，比如饲料机上的榔头、打板，拖拉机上的尾轮叉，柴油机上的油嘴，等等。总之，群众需要什么，他的小厂就做什么。

之后的 10 年间，鲁冠球就是靠着这小作坊式的生产，如犁刀、铁耙、万向节、失蜡铸钢等五花八门的产品，艰难地完成了最初的原始积累。1978 年，农机厂竟已有 300 工人，年产值 300 余万元，厂门口挂上了宁围农机厂、宁围轴承厂、宁围链条厂、宁围失蜡铸钢厂等多块牌子。这一年秋天，鲁冠球将宁围万向节厂正式改名为萧山万向节厂。

除了管理工厂，鲁冠球当时还尝试过多种经营，办起了农场、养鳗场、蛇场。总之，只要是他认为能赚钱又能做得了的营生，他都想尝试一下。

农村开始实施承包责任制后，一直想大干一场的鲁冠球觉得手更"痒"了。

1983 年，鲁冠球将自家自留地里承包后，政府奖励他 44.9 万元，他却把钱全部用在了工厂培养人才和建造乡村小学上。到 1985 年，鲁冠球放弃的奖励达 300 万元之多。他的仗义和善行令他名声大噪，1985 年被评为全国新闻人物，1987 年被评为全国十大农民企业家。

1990 年 10 月，经浙江省人民政府批准，万向集团正式成立，鲁冠球成为万向集团的法人代表。

1994 年 1 月 10 日，这是令鲁冠球终生难忘的日子。万向钱潮股票在深圳股市上市了。7年前，就是因为万向是一家乡镇企业而被有关部门无情地拒绝股票发行。而今鲁冠球的努力终于得到了认可，万向也由此开始了新的发展。

进入21世纪，万向集团在资本市场的动作开始密集起来。继2001年拿到承德露露26%的股权、成为第二大股东之后，万向又一口气相继收购或参股了中色股份、航民股份、兔宝宝等，与其相关的上市公司已达10家左右。

与此同时，万向还进军金融业。先是于2002年出资数亿元组建了浙江省第一家财务公司；2004年，万向花费1.2亿元投资首家以民营资本为主体的保险公司；同年，参股浙江省商业银行，以持股10.34%并列为第一大股东；随后，鲁冠球之子鲁伟鼎又重组了浙江省工商信托；加上之前的万向租赁、万向期货和通联资本，万向拥有了多个金融企业。由此，万向集团所搭建的专业化金融投资平台，陆续形成一个"万向系"，并逐渐成为万向集团在产业经营方面最强有力的助推器。

2007年7月8日，是万向创立38周年。当天，万向集团宣布完成其史上最大一桩海外购并案：出资2 500万美元成为美国AI公司的最大股东。这意味着，鲁冠球一手开创的万向，真正成为了一家跨国公司。

如今，万向已经发展成为一家年营业额数百亿元的"大象"级企业。在鲁冠球看来，企业越大，风险越大。如果看得足够远，风险就小一些。要判断整个社会的趋势，不仅要看到浙江，看到中国，更要看到整个世界的发展趋势，要看到世界范围的竞争。钱不要投入无效益、低效益的地方，一定要投到高效益的地方，不仅看现在，还要看十年、二十年的时间。

过去取得的成就，像万向集团那样，促使人们建立了信心与产能，提升了未来的发展前景。

回顾20世纪90年代中国经济的增长，值得一提的是：当时中国经济增长的动力发生了重大变化，尽管消费对经济的增长，一直具有拉动作用，但当时明显下降；投资，在当时成为经济增长的主要带动因素。投资率由 1979 年到 1990 年间的平均 35.2%，提高到 90 年代以来的平均 38.9%。

进入 21 世纪，中国投资率高达 42.3%。投资对经济增长的贡献，由 20 世纪 90 年代之前的 34.1% 上升到 20 世纪 90 年代的 35.4%，进入 21 世纪进一步上升到 52.6%。消费对经济增长的贡献，则由 1979 年到 1984 年间的平均值 69.4% 下降到 20 世纪 90 年代的 62.2%，2001 年到 2010 年下降到平均 52.9%。

然而，国外有一种观点，认为中国还没有走上市场经济的道路。这是没有根据的。当代中国的现实告诉我们，中国已经不仅走上了市场经济之路，而且自邓小平"南方谈话"发表之后，就将国内市场与国际市场接轨了，没花几年工夫，中国就将自己生产的纺织品、服装、彩电、冰箱、各类电子产品、汽车及各类汽车零配件等推销到世界各地，成为名副其实的世界工厂、制造车间。

并且，随着市场供求关系的变化，投资与出口的攀升，各类产品得到不断更新换代，不断升级，形成消费、投资、出口"三驾马车"并驾齐驱；各种产品、各类行业转型升级的关键力量，这就是当代中国的社会主义市场经济；怎么能说中国还没有走上市场经济道路呢？

二、第二次生产浪潮的代价

（一）"荷兰病"

20 世纪 60 年代，荷兰发现天然气，荷兰政府大力发展天然气，天然气"一枝独秀"，荷兰其他产业中断。10 年后，天然气几近枯竭，荷兰出现收入降低、失业率增加等不良反应。短暂繁荣的代价是长期的后遗症，这就是"荷兰病"。

自邓小平"南方谈话"以来，中国经济腾飞了。

在第二次生产浪潮中，当代中国的一些城市，也得了"荷兰病"。2008 年，国家首批资源枯竭城市，列了 12 个。其中，中部地区典型资源枯竭城市 3 个：焦作、萍乡、大冶。大冶地处湖北"冶金腹地"，号称"铜都"。因为铜、铁等矿产资源丰富而在中国的资源版图上熠熠闪光。20 世纪 80 年代后期，为支持基础工业发展，大冶到了"全民采矿"的程度。从 20 世纪末到 21 世纪初，大冶 500 多家矿山，近 10 万人参与采矿。人们蜂拥而至，矿山不再年轻，只留下矿渣与坑口这些伤疤，大冶成为一块"再也挤不出水的海绵"。浮华过去，留下一地落寞。

2008 年之后，被国家列为资源枯竭城市的就多了。如 2009 年，国务院确定的第二批资源枯竭城市，达 32 个。在山西大同塌陷区，居住地阴暗、狭小、塌陷的煤炭采空区中的几十万人，与现代文明格格不入。在这边远的地方，他们孤寂地绽放着自己的生命。只有这火车的轰鸣、房顶的裂缝与地上的大坑陪伴着这些工作了几十年的矿工与他们的后代。矿工告诉人们："当时塌下去这么一个坑，地下都是空的了。你听，这地下都是空的。"

这些城市，"成也资源，败也资源"。这些城市在经历过资源盛宴狂欢后，感受到了"荷兰病"的切肤之痛。矿工们失业了，失地农民挖不出"金子"了，矿区地质环境被破坏了，诱发了地质灾害，出现地下水枯竭，加上水土资源的污染，环境恶化了。看来，这"荷兰病"病得不轻呀！

竭泽而渔，是中国古代的一个成语，讲的是把湖水排干了捉鱼，以后就再也不会有鱼了，它告诉我们一个意味深长的哲理：如果违反自然界的规律，急功近利，过度索取，看似取之不尽的资源也会用尽。那些资源型城市在很短的时间内，变为资源枯竭型城市，不正是表明了这一道理吗？然而，时至今日，一些地区还在乱砍滥伐，毁灭草地良田、森林；还有些地方，为了 GDP，甚至仍在贱卖我们国土上的金矿、铜矿、稀土等宝贵资源，严重地破坏了我们的家园环境。在美国、日本等西方国家，早对本国开采资源有了非常严格的规定，外国人根本别想染指。美国早在 1920 年就颁布的《矿产租赁法》中规定，除非通过持有某公司的股权，否则禁止外国人享有租赁物所有权。以后的一系列法律，进一步强化了对资源的控制与保护。日本则通过法律与政策、金融支持，鼓励民众到海外购买资源。

2005 年，当中海油竞购美国尤尼科公司（尤尼科公司拥有美国稀土的第一大矿业——芒廷帕斯稀土矿山）时，美方提出的先决条件之一就是，中海油必须把尤尼科公司下属的芒廷帕斯稀土矿山卖给美国公司。美国为何对稀土矿如此重视？原来，稀土有工业"维生素"之称，当今世界最尖端的高科技武器、高科技电子、激光等几乎都离不开稀土。美国芒廷帕斯矿山是美国最重要的稀土资源地，但美国在 2001 年就停止了芒廷帕斯稀土矿的开采。一方面，保护自己的稀土资源；另一方面，与日本、韩国等国联手，压低中国的稀土价格。美国从中国购入的稀土价格，竟然低于其在国内开采稀土的成本。

中国的稀缺资源，以令人吃惊的价格贱卖。中国的稀土，按照企业的利润计算，卖的仅是土的价格。而稀土的开采则破坏了多少山地，污染了多少农田？

难道在这方面，我们就不应该从美国学点什么，借鉴点什么？！

（二）教训

在第二次生产浪潮中，即使没有得"荷兰病"的，或者说，虽没有被列为资源枯竭型城市，但许多地区也付出了很大的代价，如水被污染了，土地被毒化了，空气也被污染了，成年累月地被雾霾笼罩着。就连"上有天堂，下有苏杭"的苏州、杭州也难幸免。苏州附近的无锡，因太湖水被污染，2006 年突发"太湖蓝藻"事件，湖面上，河面上，处处是蓝藻，逼得无锡人不仅连吃的水没了，甚至连洗澡的水也没了。苏州也在劫难逃，河面上，湖面上，都泛起蓝藻，逼得人们不敢下河、下湖了，花费了好大的人力、物力、财力，才对付了蓝藻，但水质始终是个问题。现在，水质尽管好了点，但谁也不敢轻视，毕竟问题还不小呀！

2016 年夏，气候反常，先是连日暴雨，后是赤日炎炎。长江

中下游地区入夏以后，暴雨连续发生，多地几个小时内就狂泻全年
10%的降雨，安徽、湖北、江苏等省接连告急。重庆、贵州等上游
地区的水情也趋紧了。武汉被淹，北京也多处被淹，给市民带来的
烦恼十分多。车被淹了，地铁被淹了，回不了家了……几乎全体工
程人员上路面解决问题，但该堵的还在堵，该淹的还在淹。这中间，
来自中关村的声音最为引人关注。因为，这里是中国的"硅谷"。

百度为它的新邻居新浪在公众号发表了题为《新浪小伙伴：今
天雨中堵在西二旗的我，给不了你中关村的爱》的诗一首：今天暴
雨／堵在后厂村路／生无可恋的出租车窗外／我看见了／地铁口躲雨
的世间百态／和一脸懵逼新浪小伙伴的目瞪口呆。

炎热的日子也不好过，烈日当空，烤得人们不得不躲进空调房
间，包括长江中下游地区与江苏苏南大部分在内的地区都出现高温
天气。中央气象台持续拉响高温橙色预警。上海、湖北、重庆等地，
相继拉响了高温红色预警，受高温波及的人口约7亿人，最高气温
超过40℃。在第二次生产浪潮中，苏南一些城市很有特色的古街古
巷被拆了，改建为现代街道，传说中的鱼米之乡不见了，被铺上了
一块块水泥地、一条条水泥道路与水泥管道，建造了一座座高楼大
厦；即使远离城区几十里的乡间，所剩农田，也寥寥无几。

农业，全国平均水平，在GDP中，还保留10%左右的总产值，
苏州、无锡、常州在GDP中的占比，农业仅残留1.8%—2%左右。

农田是城市的肺，农田没有了，也就意味着城市的肺没有了。
农业不行了，就由工业补，在第二次生产浪潮中，中国的制造业倒
是发展起来了，成了世界工厂、世界制造车间。

这样付出的代价，实在是太大了，是否值得？能否避免？难道
真的要沿着西方人的"先污染，后治理"的道路走下去吗？这样，
不仅有愧于后代，就是当代人，生存也成问题。

为什么会这样？值得反思呀！

在第二次生产浪潮中，当代中国在工业化与城市化的推进过程
中，凸显了环境的承受能力是有限的，超负荷的发展是不可为的，

城市不能没有肺，工业的发展与城市化的推进不能没有限制。

解决环境问题，既要追究历史原因，也要考虑现实条件，尊重客观规律，尊重自然、顺应自然、保护自然。

尊重自然，必须认识到：人类与自然是平等的，人类不是自然的奴隶，也不是自然的上帝，人属于自然，而不是自然属于人；自然界是人类赖以生存和发展的基本条件，人类生活所需要的一切都直接或间接地来自自然界；一切物种都有生命，都有其独特价值，都是自然大家庭中不可或缺的部分。

当今世界，人类面临着许多全球性的生态危机，固然有许多客观原因，但从主观上讲，反自然的"人类中心主义"负有最主要的责任。"人类中心主义"将主观与客观对立起来，造成了人与自然的紧张关系，错误地将人类摆到了自然界之外，凌驾于自然界之上去征服自然，从而导致了人类对地球上各种自然资源的贪婪索取与疯狂掠夺，结果破坏了自然界，也破坏了自己的生存家园。在第二次生产浪潮中，一些地方政府为了推进工业化与城市化，不仅大肆侵吞了农田，切除了城市的肺，而且将一些湖泊的水抽干，建造起高楼大厦，当洪水袭来时，哪有不遭殃的呢？一些地方政府在推进城市化与工业化过程中，将地下水抽干，当干旱袭来时，哪有地不裂缝的呢？至于原先一些资源型城市，将地方资源开采干净之后，留下一个个坑坑洞洞，哪有不塌陷的呢？为了发展重化工，哪有不使土地毒化的呢？为了摊大饼，好大喜功，将城市做大，将工业做大，盲目扩张，哪有不破坏自然环境，大量消耗能源资源、造成严重的环境污染的呢？

"人类中心主义"实在要不得！

主观主义不能不反了！

尊重自然、顺应自然、保护自然，除了必须反对"人类中心主义"，还必须反对"资本霸权逻辑"。

人与自然的关系，从根本上看，是根植于其背后的人与人的紧张关系，人类当前面临的生态困境究其内在原因是与建立在过分强调人的主体性和对自然的征服基础上的资本主义生产方式与生活方式分不开的。要使人与自然的矛盾真正消除，必须破除"资本霸权逻辑"，对迄今为止的生产方式与生活方式实行变革。

尽管资本在社会主义社会与资本主义社会表现不同。在社会主义条件下可以让资本实现文明化，避免野蛮化，使其有利于社会主义社会生产力与生产关系的发展，但必须看到：资本的本性在于追求利润的最大化，"资本霸权逻辑"的基本原则是实现价值增值最大化。在第二次生产浪潮中，中国人看到了：一些地方，为了 GDP 的增长，一些企业为了利润上升，生产一刻不停，规模不断扩大，资本进行不停地周转、循环、积累、扩大，无止境地展开对自然资源的榨取，甚至掠夺，远远地超出了自然界所能承受的程度，深切感受到：如果不从根本上破除"资本霸权逻辑"，就无法实现人与自然的和谐相处。英国工业革命给世人的教训是深刻的，我们自己的教训也是深刻的。

理论界有不少学者认为，改革开放以来 30 几年的中国经济高速增长，是由各级政府推动的。的确，即使已经走上社会主义市场经济之途的当代中国，即使中共十八届三中全会已经提出：由市场在配置资源过程中起决定性作用，但作为执政党、作为从计划经济时代走过来的中国政府，手中仍然掌控着许多资源，其推动力，是资本主义国家的政党与政府无法比拟的。

再说，让市场在配置资源中起决定性作用，是否政府就让市场胡作非为、就让市场失灵而不加管控了呢？绝不是。如果是的话，那么，其危害可就大了。以房地产为例，在历史上曾多次发生过房地产大泡沫，其中一次是在 20 世纪 20 年代中期，美国经济出现了短暂的繁荣，建筑业日益兴盛。在这种背景下，位于美国东南端的佛罗里达州，冬季气候温暖而湿润，在第一次世界大战结束后，由于地理位置优越，这里迅速成为普通老百姓冬日度假的胜地，但地价却远低于美国其他州。因此，该州成为了理想的投资地，许多美国人来到这里，迫不及待地购买房地产。

随着需求的增加，佛罗里达州的地价上升。尤其是 1923—1926 年间，佛罗里达州的地价出现了惊人的升幅。例如，棕榈海滩上的一块地，1923 年值 80 万美元，1924 年达 150 万美元，1925 年达 400 万美元。于是，一股炒卖房地产的狂潮越来越汹涌澎湃。到 1925 年，迈阿密市居然出现了 2 000 多家地产公司，当时该市仅有 7.5 万人口，其中竟有 2.5 万名地产商，平均每 3 位居民就有一位专做地产买卖。当时，地价每上升 10%，炒家的利润几乎就会翻一倍。于是，人们发出了这样的呼声："今天不买，明天就买不到了！" 在这种狂潮的推动下，一向保守冷静的银行界也纷纷加入了炒房的行列。

然而，好景不长。到 1926 年，佛罗里达房地产泡沫迅速破碎，许多破产的企业家、银行家或发疯，或自杀，或沦为乞丐。据说，大名鼎鼎的"麦当劳教父"雷·克洛克，当年也因此一贫如洗，不得不做了 17 年的纸杯推销员。如果当时的美国政府，像后来的罗斯福那样，管控一下，至于这样吗？但当时的美国政府信奉的是经济自由主义，未加管控。结果，没多久，这场泡沫又激化了美国的经济危机，引发了华尔街股市崩溃，最终导致了 20 世纪 30 年代的世界经济大危机。所幸的是，这个残局，后来由罗斯福采取新政，即由政府管控收拾了，才解决了这场危机。

我们常讲，在社会主义条件下，宏观调控比资本主义优越。这是西方主流经济学家们难以理解的。尽管凯恩斯主义者主张国家干预经济，并有过罗斯福新政的成功与第二次世界大战后五六十年代的辉煌成就，但他们还是难以理解：中国共产党与中国政府自改革开放以来，对中国经济的持续高速增长所起的巨大推动作用。对此，我们应有清醒的认识：

一是要正确看待党与政府在我国经济发展过程中所起的推动作用，这种推动作用有正面的，也有负面的。正面的，是党和政府领导全国人民进行了一场社会主义发展史上史无前例的，也是整个人类发展史上史无前例的改革开放，使得当代中国由计划经济转变为市场经济，由贫穷、落后的农业国转变为工业经济中级阶段的工业国，先是在较短的时间内解决了温饱问题，接着是奔小康、全面小康、基本现代化。

尤其是各级地方政府，在地方竞争机制下，对当代中国经济的发展，的确起了巨大的推动作用。这里所讲的地方竞争机制，也是在市场经济的大潮中形成并发挥其独特的作用的。

2016 年 5 月 22 日，华为辟谣，称从未有计划将总部撤离深圳。这究竟是怎么回事？

原来，华为早在十多年前，就开始在中国乃至全球各地设立各类分支机构或研究所，以更好地支撑公司全球化业务的展开，在此过程中，对部分业务所在地进行了调整，属于正常的企业经营行为。

此前，一篇《不要让华为跑了》的文章，刷爆朋友圈；一则关于深圳龙岗区政府提出的"服务华为，马上就办"的口号以及略显焦虑的官员报告，同样广为流传。

据媒体报道，深圳已非华为的唯一选择。华为近年频传在南京、廊坊等地拿地，但深圳最大的竞争对手，则是它的隔壁兄弟东莞。华为在东莞松山湖的基地占地面积已经达到 1 900 亩，而且在此基础上继续追加置地。而华为在深圳占有的土地面积为 2 460 亩。2016 年年初，东莞宣布，在 2015 年东莞企业纳税榜中，华为终端（东莞）有限公司在主营企业收入与纳税上，排名第一。该公司估计营收达千亿元、纳税额达 20 亿元。

事实确凿。一是华为总部不会搬离深圳，但华为这个庞大的跨国公司已经有相当大的一部分在向深圳之外转移，包括人员、厂房及其附加的税收；二是深圳与东莞之间存在着或明或暗的华为争夺战。

深圳龙岗区政府的经济分析报告涉及华为的部分，是这样写的：2016 年 1—2 月，"华为产值占我区规模以上工业总产值的 47% 以上，并且产值的增速将近 40%，比全区水平高出将近 25 个百分点，若剔除华为，我区规模以上工业总产值则下降 14.3%"。

有学者在媒体上发声：如果不担忧华为跑，为何偏偏要加上一句"若剔除华为"？龙岗区政府的焦虑非常明显。这就是华为争夺战中最有意思的地方：地方政府的态度。

地方政府出售土地时的地价相当于固定地租，之后获得的增值税分成相当于分成地租；各县区政府为了使自己收益最大化，展开了激烈的竞争，这种竞争提高了土地利用效率。

华为争夺战的核心的确是土地。在华为看来，决策是相当容易作出的。东莞这边，给你一大片环境优美的土地，地价便宜，土地随时可以增加，基本上要多少给多少，建筑容积率只有1。深圳这边，土地基本上被框死，再给只能几亩几亩地给，建筑容积率在8左右，地价基本上是东莞的N倍。更不用说附着在土地上的一系列要素。

地方政府的竞争，是全方位的。深圳龙岗区内的商业、教育与医疗水平在深圳排不上号。而在东莞，很多港资学校的配套让相当部分华为人解决了孩子教育问题。

这种竞争，有助于政府减少各种繁文缛节，创造对商业友好的政策与制度环境。中国的经济正是各级政府在这种竞争环境中推动的。这一点，我们应加以肯定。

但世界上任何事物都有两面性，这种竞争，虽然推动了经济发展，但也给各地搞地方保护主义留下了口实。一些地方政府，为了争夺内商、外商，使出了各种绝招，甚至不惜牺牲资源环境与当地老百姓的切身利益，让"资本霸权逻辑"横行。这是政府推动经济发展的一个负面影响。

政府推动经济发展的负面影响，还有两个方面，也是很突出的。

一是由于缺乏搞市场经济的经验，加之理论准备不足，在走上社会主义市场经济之途后，既有越位（如在微观上，仍有计划经济时代由政府配置资源之举动），也有缺位（如在公共产品的提供、投资软环境建设方面，做得不够）。

二是尽管在城市化建设上摊了大饼，在工业化推进上速度很快，但是粗放式的。尽管在 20 世纪 90 年代就提出由计划经济转向市场经济、由粗放型转向集约型、质量型；尽管 2007 年召开的中共十七大，又将"经济增长方式转变"改为"经济发展方式转变"，并强调了粗放型经济发展方式转变已走到了尽头，但由于对粗放型经济增长方式的惯性认识不足，因而举措不力，导致经济增长、环境恶化、资源能源消耗难以掌控。第二次生产浪潮虽然很大，GDP 虽然持续高速增长，但代价很大，产能相对过剩问题十分严重、产业结构不合理难以调整。其教训十分深刻。正因为如此，中共十八届三中全会所作出的《关于全面深化改革若干问题的决定》中，才在强调让市场配置资源起决定性作用的同时，强调要更好地发挥政府的作用。

三、迈上新台阶

（一）去产能

中国经济目前处于一个很微妙的状态。一方面，中国生产着世界上最多的工业产品，经济总量位居世界第二；另一方面，中国经济也进入了困难时期。未来该怎么走？人们议论纷纷，意见不一，分歧较大。有人认为，中国的工业化已经完成，未来的发展重点应转移到第三产业上。有人认为，中国的工业化远未完成，有被中断的危险。

国内经济学学者江涌认为，历史上完成工业化的大国，都对世界有杰出贡献。英国贡献了工业革命与现代工厂制度，美国贡献了标准化生产流水线与泰勒制，日本贡献了精益生产法以及年功序列、终身雇佣与企业工会等。若说中国工业化已经完成，那么请告诉我，中国为世界贡献了什么？各个时代的标准是不一样的。工业化首先是重工业化，韩国为什么能完成工业化？当年韩国起步的时候，决定要搞重工业，但没有技术，没有设备，也没有相应的矿藏，有人觉得韩国搞加工业就很好了，但是韩国坚持从重工业开始搞，铁矿从加拿大进口，资金、技术、设备全引进，然后干自己的，结果就干起来了。没有重工业做基础，是绝对不可以叫工业化的。工业化从重工业开始，但还得升级。升级的过程是民族化的过程，不能老是依赖别人。改革开放以来，我国在引进上没有问题，但后面要有个消化吸收，即民族化的过程。我国在低层次上生产，再加上大量引进，必然是产能过剩。面对这种产能过剩，有一部分人说，我国现在有几百个世界第一了，工业化已经完成了，应该转到服务业上去了，转到金融化上了。这种说法是错误的，而且是危险的。我国的工业化还没有完成。① 江涌的这一观点，笔者是赞同的。

中国经济离不开制造业的发展，制造业强则国强。中国目前是一个具有近 14 亿人口的国家，如果离开了制造业的发展，不仅解决不了农业现代化问题，解决不了老百姓的就业问题，也解决不了第三产业的提升问题。尽管如李克强在 2016 年《政府工作报告》中所讲："服务业在国内生产总值中比重上升到 50.5%，首次占据半壁江山。"② 但服务业若要提升，必须以制造业为基础。因为只有制造业发展了，才能解决国民财富的来源问题与老百姓的钱袋子问题。尽管第三产业也能创造国民财富，大量吸纳劳动力，解决老百姓钱袋子问题，但是，第三产业如果离开第二产业，便成无源之水、无根之木；尽管农业也能为第三产业提供财富之源，但我国的农业在GDP 中的占比仅 10% 左右，这是支撑不了第三产业的，是托不起第三产业之底的。看一看国内，凡是第三产业搞得好的地区，其制造业的发展必然是牢靠的；凡是制造业出了问题的地区，如果解决不好，其第三产业规模也是难以做大的。西方工业发达国家更是如此。否则，为什么 2008 年国际金融危机发生后，美、欧普遍发出回归实业、再工业化的强烈呼声？

---

① 摘自《中国工业化远未完成，有被中断的危险》，《大家文摘报》2016 年 3 月 21 日第04 版。

② 李克强：《政府工作报告——2016 年 3 月 5 日在第十二届全国人民代表大会第四次会议上》，《新华日报》2016 年 3 月 18 日第 1 版。

在我国，最懂制造业重要性的，不是那些所谓的经济学专家，而是不懂经济学的农民与奋战在一线的实际工作者。留给笔者很深印象的是，20世纪80年代末90年代初，中国还是农业国，尽管那时文革结束了，并搞了改革开放，农村去除了以"一大二公三纯"与以集体经济为基本单位的生产队为基础的人民公社制，搞起了以家庭联产承包责任制与以村级经济为基础的乡镇制，但农民仍然富不起来，当时的经济学家对此一筹莫展。倒是农民自己解决了这一问题，他们边干边喊出了："农业损失工业补，要致富先修路。"修路也是为了发展乡镇企业。典型的苏南模式与温州模式就是这么干出来的。当时，笔者到苏南各地看时，真有意思，没有厂房，农民就将自己家的房子腾出来做厂房，没有工具，就将家里的坛坛罐罐都搬出来使用了。等到乡镇企业发展起来了，就利用对外开放，与外商搞起了"三资企业"。笔者当时到温州看看，温州人对自己搞的企业很满意。一位农民讲：温州的企业，是咱们老百姓自己的企业。那时，无论是苏南，还是温州；无论是农村，还是城市，处处呈现出一派欣欣向荣、蒸蒸日上的气象。那时，有没有人炒房，没有；但农民住房改变很快：草房变瓦房，瓦房变楼房。农民房子自己盖，自己住没有买卖。城里人住房虽紧，但也无人买卖房屋。可能有人说：你别说了，炒房不是温州炒房团先炒起来的吗？是的。温州炒房团，乃至后来的浙江炒房团，乃至全国的各种不同类型的炒房团，走出了一条不同于工业的致富路。进入21世纪后，他们将城乡房价炒得一路狂飙。这些炒房团也的确在炒作房产过程中赚了不少钱。否则，也不会那么吸引人的眼球，乃至于各行各业的民营企业家纷纷倒戈，不干制造业，而去炒房了。房价眼看着由每平方米几百元，被炒到了几千元、几万元，现在在上海、北京等一线城市，有的每平方米被炒到了几十万元。就这样，房产商还在一个劲地煽风点火，说中国现在的房价还不贵，比某某国家、某某城市价格低多了。殊不知，这样的房价，普通老百姓连看一眼的勇气也没了，只有少数暴发户，在显富，在买房。中国经济呢？则在一片炒房声中下跌了，用现在的话说，叫下行了。温州，随着炒房团的兴起，制造业优势丧失了，虽有一些炒房的赚了不少钱，但整个温州经济却今不如昔了。上海乃至北京，现在也都面临一个很大的压力：经济要发展，必须在制造业上创新，但创新必须引进人才。可是，怎么引进人才？人才，天下有的是。问题在于，你把人家引进来，首先必须解决人家住的问题。可是这住的问题，怎么解决？房价那么高，无法解决呀！这给经济发展造成很大压力，或称沉重负担。笔者所在的苏州大学，现在也面临这一问题，要引进的人才有的是，问题在于哪里来那么多钱买房给那些引进的人才住呀！你不解决人家住的问题，叫人家来了后做房奴，人家不干，不来。

就是在这样的情况下，一些专家还在那里替房产商叫嚷：要推进城市化，就必须稳住房地产，就必须让房价上涨。否则，中国经济会崩盘。果真如此么？这些专家要么心知肚明，要么就是老百姓所讲的伪专家，对中国国情一窍不通；或者说，毫不知情，只会叽叽喳喳地叫嚷：推进城市化，发展房地产。不错，城市化是要推进的，但必须量力而行，必须以工业化推进为根基，以制造业发展为前提。中国制造业发展到哪一步，城市化就推进到哪一步，而不是相反。现在的问题是，一些地方推进城市化，不看条件，不看制造业，于是乎掉进了"鬼城、睡城"的陷阱，乃至于不能自拔。其教训何其深也！

有人认为，中国对制造业够重视的。你看，现在都产能过剩了。笔者认为，重视不重视制造业是一个问题，如何搞好制造业则是另一个问题。

的确，在第二次生产浪潮中，中国虽然出现了严重的产能过剩，但不是制造业发展过了头，而是由产业结构失衡导致的。以钢为例，是低质钢产能过剩，优质钢的生产则不足，有的至今仍需进口。中国工业若要迈上新台阶，获得进一步的发展，夯实为第三产业发展的根基，就必须：第一，去产能化，解决产能过剩问题；第二，有针对性地进行产业结构调整，解决产业结构失衡与转型升级问题。

首先是去产能化，解决产能过剩问题。

何谓产能？何谓产能过剩？中国的产能过剩现状究竟如何？

先说产能。美国学者劳伦·勃兰特、托马斯·罗斯基认为："一个企业的产能可以通过两个步骤被这样定义：

（1）一个企业（显示的）产能和这个企业当前生产的产品的种类范围有关；特别是对每条（狭义定义的）生产线，它是指每单位产品的可变成本，这个成本表示每单位产出所需投入的原材料的数量和劳动投入量；关于'感受到的'品质的一种度量或指标，这个指标通过消费者对企业所生产的每单位产品相对于竞争企业产品的支付意愿加以度量。（这里有一点值得注意，关于'感受到的'品质的指标不仅可以通过研发或者其他手段将产品的物理特征加以改进而得到，还可以通过改善产品的声誉、商标形象等手段来提高。）

（2）在企业显示的产品的背后是企业的'潜在产能'，这包括由组成企业的个人所共同掌握的一系列'实用技术'。这个关于企业产能的更深刻的定义的重要性在于，这些'实用技术'中的一部分会对企业生产当前并非由该企业制造的产品有所帮助，而且当企业所面临的技术和需求的潜在模式改变的时候，会随着时间提升企业利用新机会的能力。

这里所考虑的一系列模型的一个一般属性，是企业间的竞争会导致'最低门槛'程度的产能，而在这个产能之下没有企业能够生存（这里的意思是说在均衡点无法获取任何正的销售利润）。因此，这里就有任何时间产能水平的一个范围，或者说'窗口区间'。这个水平在目前所有企业中所能获得的最高水平和'最低门槛'之间，任何潜在的新进入者必须能使其产能达到这个行业所需产能范围之内。"① 在作出上述界定后，劳伦·勃兰特、托马斯·罗斯基专门作了一个注：

---

① ［美］劳伦·勃兰特、托马斯·罗斯基编：《伟大的中国经济转型》，方颖、赵扬等译，格致出版社、上海人民出版社2009年版，第492页。

"中国改革前体系的特点是竞争较弱、市场分割、工资低、有超额需求，以及产品价格被定在使低效的企业也能弥补其成本的水平，这些特点就意味着对大多数供应商来说，他们面临着很低的产能'最低门槛'和广泛的销售市场。消费者乐意接受的产品很广泛，包括有一些瑕疵商品。"[①]

但是，今天的中国，经过第二次生产浪潮，则出现了产能过剩，并且相当严重，可以说，当代中国的各大生产行业，都存在着不同程度的产能过剩问题。据初步统计，钢铁、煤炭等行业的过剩产能在 30% 以上。严重过剩产能直接导致两个后果：一是 PPI（生产者价格指数）截至 2016 年 5 月份连续 40 多个月负增长；二是工业企业利润自 2014 年下半年以后一年多的负增长。分析表明，煤炭、钢铁、铁矿石、石油、石化五大行业的出厂价负增长幅度达 20% 左右，对全部工业 PPI 负增长的影响达到 80% 左右，对工业利润负增长的影响更为显著。走出这种困局的出路，重点是在上述行业实质性地去产能。只有上述行业产能下来了，供求趋于平衡，PPI 才能恢复正增长，企业才能恢复盈利和再生产能力。

近年来，产能过剩问题最为严重的是钢铁行业，该行业上下游传导，形成了上中下游的产能过剩、恶性竞争的双向循环，出现产业链亏损的局面。

据海关总署公布，2015 年 12 月，中国钢材出口环比增长 11% 至 1066 万吨，创出历史第二高纪录，全年出口量飙升 19.9% 至 1.24 亿吨，刷新历史最高纪录。然而，这个靓丽数据的背后是沉重的代价。

中国钢铁工业协会一位副会长说："我国进出口贸易都在下降，然而钢铁还在增长，主要是无序竞争、相互压价。"目前，钢铁下游行业销售利润率都在 6% 左右。也就是说，价格太低对整个产业链

[①]　［美］劳伦·勃兰特、托马斯·罗斯基编：《伟大的中国经济转型》，方颖、赵扬等译，格致出版社、上海人民出版社 2009 年版，第 492 页。

来讲，并不是好事，难以提升质量。如果整个产业链都供大于求，就没有真正的获益者。

产能过剩已成为整条产业链的"毒瘤"。譬如，造船成本中相当的一部分是钢材，船厂买的钢材便宜，船的价格也低了，航运运价也低了。这又形成恶性循环，航运价格低了，船东不挣钱，造船意愿不足，造船订单就大幅下降了。

在去产能过程中，由于企业都不愿意看到"我减产你不减产，我压缩你不压缩"的现象出现，因此观望情绪很重。当前，由于大量亏损企业、"僵尸企业"存在，恶性循环螺旋式上升。从企业一头看，都怕彻底关停。因为一旦关停，银行来要债，会把所有贷款抽走，企业彻底完蛋。因此，宁可亏损，越亏越生产，越生产越亏。

于是，有不少学者在 2015 年至 2016 年提出：看来，去产能，一是须出重拳，二是需寻求企业退出通道。有专家建议，要让产能过剩的"僵尸企业"、扭亏无望的劣势企业愿意退出市场，建立产能出清企业退出通道，改破坏性退出为有序退出。而让"僵尸企业"愿意退出，关键要解决两个问题：一是企业员工能够得到稳定的去向；二是对于企业的银行债务与非银行债务要有有效处置办法。

可喜的是，国家对此十分重视，并采取了一些强有力的举措，在 2017 年已取得了去产能的初步成效。

（二）结构调整

在第二次生产浪潮中，中国虽然成了世界工厂、制造车间，虽然使许多农民走出乡村，来到城里，改变了原先的日出而作、日落而息的生活，过上了城市生活。如今的中国已是工业经济中级阶段的国家，城市人口超过农村人口。但是，中国人生产的产品，一是大量消耗了能源、资源，生产成本越来越高，不可持续；二是缺乏自己的专利、品牌，技术低下，只能获得低廉的加工费，利润的大头——专利费、品牌是外商的。外商获取的利润，最高的达到 98%。以在苏州的美国罗技公司为例，该公司生产的鼠标利润是这样分配的：一只销售价 40 美元的无线鼠标，其中有 15 美元归于分销商和零销商，13美元给零部件供应商，3美元给中国苏州的装配厂，剩下9美元留给企业自己。靠简单装配所分享的利益是最少的。而反映鼠标核心价值的芯片制造技术，是来自零部件供应商，这部分的价值明显体现了自主创新的价值。核心技术匮乏，我们不但拿不到高利润，即使是我们获得的利润，也要被国外掌握核心技术的企业分一杯羹——专利费。

问题还不止于此。由于改革开放以来，中国企业长期以中低端为主，许多企业又没有自己的专利品牌，因此，不仅在国际市场，而且在国内市场，也只能是国外厂商的淘金乐园。虽然中国制造的产品遍及全球各地，但相当大的比重是外商在中国大陆加工、装配、制造。近几年内，中国经济下行压力很大，除了房地产占比过大，淘空了中国老百姓腰包里的钱，逼得中国老百姓拿不出更多的钱投资制造业。但也不能说，这与中国当前中低端产业占比过大，加之缺乏自己的专利、自己的技术、自己的品牌无关。这一产业结构现在面临严峻的挑战，到了不能不进行调整的时候了。

中国的产业结构必须通过创新进行调整，由中低端转向中高端。

2016年被称作"中国制造最困难的一年"与中国智造元年。这一年，一方面，中国制造业转型如火如荼；另一方面，尽管中国的高铁高歌猛进，但经济整体下行压力很大。

从出口看，一方面，我国已是全球第一货物贸易大国；另一方面，矛盾凸显。

一是亟须进入国际主流市场，走中高端市场路线，但中国制造仍是"一只脚门里，一只脚门外"。

从美国的销售终端看，自有品牌中国制造的中高端产品在美国市场所占寥寥。在美国的经济终端零售渠道中，中国产品也已经不像前几年大行其道，取而代之的是劳动力成本比中国低的东南亚、印度等地的产品。北美市场是世界上经济最发达的地区。这里笃信高端品牌与本土品牌。衡量一个企业国际化实力，有三个硬指标：高端产品、主流市场、核心技术。中国企业国际化的口号喊了多年，也为此奋斗了多年，但中国企业真正国际化的，至今仍不多。一些知名企业靠并购获得了国外市场销售渠道，但其自有品牌至今仍未得到国际市场的真正认可。其因在于，中国企业的品牌建设相对滞后，由世界品牌实验室编制的 2014 年世界品牌 500 强榜单中，中国仅有 29 个品牌入选。这与世界第一制造大国的地位很不相称。这种"制造大国，品牌小国"的现象，凸显了中国企业在跨国市场中的从属地位。

二是从 2016 年美国 CES（电子消费品制造商）展看，中国虽有华为、TCL 等一些企业在 CES 展获得肯定，但从整体情况看，却处于有展位无地位的局面。虽然为提振士气，人们屡屡欢呼"我们的产品在国际市场受到热烈欢迎"，"我们的产品在国际展会上受到参观者及媒体追捧"。但实际情况，从整体上说，诚如家电专家刘步尘所讲："我相信每一个到过 CES 国际消费电子展、柏林电子消费展、德国汉诺威工业展的人都会发现，在国内自信而高调的中国企业，在国际著名展会上其实是不折不扣的配角，中国制造已经被边缘化了。"他认为，"中国制造"这些年的确有很大进步，但与世界主流品牌的差距正在拉大。

从 2016 年 CES 国际消费电子展看，拉大差距的主要原因是对工业互联网的发展趋向还无法驾驭。英特尔、三星、IBM 等企业展示的智造产品让人难忘。这些优秀企业通过创新产品，对工业 4.0 或工业"互联网 +"时代已有进一步阐释。它整合了工业革命出现的机器、设备、机组与工作站，以及网络革命出现的计算机、信息与通讯技术，可以将人、数据与机器全部连接起来。通过数字工厂、智造产品、生产服务化、跨界合作几个步骤，实现虚拟世界与物理世界的融合，最终使机器能够组织生产与自我进化，极大地提高生产力。

由此可见，中国产业不能不从中低端转向中高端，中国企业不能没有自己的专利、自己的技术、自己的品牌了。世界上各个国家的发展大致有三种类型：资源型、制造型、创新型。中东、澳大利亚等国家与地区，靠的是自然资源；美国、日本等发达国家，人力资源丰富，走的是创新型发展之路，以知识创新创造财富，并使国家迈上现代化。中国目前仍是制造型的，今后的发展是创新型。

在20世纪90年代，宏口集团的创办人施振荣，提出了著名的微笑曲线（见图5.1），阐明了产业链上的附加值分布规律。该曲线分为三段：

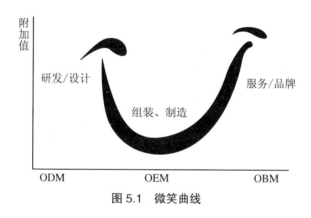

图 5.1　微笑曲线

左段为研发/设计，中段为组装/制造，右段为服务/品牌。从形状上看，该曲线形如一个笑脸符号，左右两段为附加值的区域，发达国家更多地在左右两端占据了优势，研发投入产生出大量领先的成果，很多产品的设计，包括文化产业、创造，都占据着比较领先的位置。同时，在品牌方面，也占领先位置，但它们把中段这个制造、组装转移到其他国家，中国就处在这个位置上，是附加值最低的部分。结构调整、产业升级就意味着，从微笑曲线的中段走向两端：要么向左段转移，展开自主的研发，获得专利、知识产权；要么向右段转移，实行品牌经营，掌握终端用户。

直到八年后的2016年，在《中华人民共和国国民经济和社会发展第十三个五年规划纲要》中，人们看到了所列的100个重大工程及项目名单中，居首的是："突破航空发动机和燃气轮机核心技术，加快发展大型飞机的研制，推进干支线飞机、直升机、通用飞机和无人机产业化，开发先进机械设备及系统，提高民用飞机配套能力，发展新一代和重型运载火箭、新型卫星等空间平台与有效载荷，实现宇航关键元器件核心技术突破应用。"① 这引起国外媒体纷纷关注。其中，美国一家媒体报道，中国未来20年，将斥资300亿美元研发军用和民用航空发动机。中国航空工业已经聘请了外国的工程师和退役空军人士帮助其研制发动机。这意味着中国最终将制造出高效率的国产的航空发动机。

为了增强我国航空工业国际竞争力，航空发动机被列入专项行动，于2016年启动。这一专项行动重点聚焦涡扇、涡喷发动机领域，主要研发大涵道比大型涡扇发动机，中小型涡扇/涡喷发动机、中大功率涡轴发动机等重点产品。

为了快速有效地推进重点产品的研发，专项行动还将安排包括商用航空发动机运营、航空发动机智能化生产线等在内的多个产业示范工程。而先进的大涵道比风扇系统、高级压比高压压气机等关键零部件，以及长寿命涡轮、先进航空复合材料等关键技术，也是专项行动的攻坚重点之一。

由于涉及众多制造业领域，产业链完善，国际市场需求巨大，航空发动机产业在全球制造业中占有举足轻重的地位。未来10年，全球市场对航空发动机产品需求旺盛，其中涡扇、涡喷发动机累计全球需求总量将超7.36万台，总价值超过4000亿美元；涡轴发动机累计需求量超过3.4万台，总价值超190亿美元；涡桨发动机累计需求量超过1.6万台，总价值超150亿美元；活塞发动机需求量超3.3万台，总价值超30亿美元。同期，国内干线客机对大型发动机累计需求将超6000台，总价值超500亿美元。随着低空空域的开放，对通用飞机的航空发动机需求也将随之放量。

目前，世界上只有通用（GE）、普惠（PW）、罗罗（RR）三家公司有能力独立研制航空发动机。为了使航空发动机专项行动顺利

---

① 《中华人民共和国国民经济和社会发展第十三个五年规划纲要》，《新华日报》2016年3月18日第11版。

实施，独立的航空发动机集团加速组建。随着航空发动机专项行动的启动，以及航空发动机集团的组建，我国航空发动机产业将加速发展，并有望在未来打破垄断进入国际市场。

从"十三五"规划看，当代中国为了发展高端产业，注重的不仅是航空航天装备，不仅仅是航空发动机，还有海洋工程装备及高技术船舶、先进轨道交通装备、高档数控机床、机器人装备、现代农机装备、高性能医疗器械、先进化工成套装备，以及生物产业、空间信息智能感知、储能与分布式能源、高端材料、新能源汽车，等等。

为了发展高端产业，科技投入是必不可少的。俄罗斯一家媒体称，中国正在变身科技超级大国。这家媒体讲，许多人依旧只看到中国的一面，即用廉价商品填满世界。然而，中国正迅速跻身世界科技领导者行列。衡量一个国家科技水平的主要指标之一，是在权威期刊上发表论文的数量。在这方面，中国实现了神奇的飞跃。在2001年时，美国人发表论文的数量是中国人的20倍，如今，这一优势缩小为3倍。中国已超越德国和英国，位居世界第二。中国作者的论文被引用次数也增至美国的55%，总体上排在美英德之后，位列世界第四。中国获得的国际发明专利也进入前三，仅次于美日。这种突飞猛进的原因何在？世上并无奇迹，科技经费的激增为此提供了保障。中国科技经费占国内生产总值（GDP）的比重20年来大幅提高。2014年达到2.05%（美国、韩国、德国、日本、以色列的这一数据约为3%—4%，俄罗斯为1.1%）。中国2014年科技经费的总额超过2 000亿美元，仅次于美国。

这样的投入，对于当代中国产业结构调整，从中低端产业迈向中高端产业来讲，是很有必要的。

第二次生产浪潮正滚滚向前，第三次生产浪潮又来临了。这次生产浪潮，是当代中国由中国制造迈向中国智造、由工业2.0跃向工业4.0的浪潮。

当代中国经济发展，已经进入新常态。中国制造见证了中国崛起，也将在工业4.0中面临前所未有的挑战。中国经济发展新常态，需要我们牢固树立创新、协调、绿色、开放、共享五大发展理念。

当代中国顺应当今世界新一轮发展趋势，进入"新的历史起点"。在新的历史起点上，当代中国正在崛起。一方面面临经济下行压力，另一方面恰逢世界新一轮经济发展机遇。

如何在第三次生产浪潮中，逐步缓解经济下行压力，抓住新一轮经济发展的机遇，以创新性思维，开拓历史新局面，无论是从中低端产业迈向中高端产业，还是从不平衡发展转向协调发展，都必须，或者说唯有有效地实施创新驱动，方能在历史转折关头出现转机，从而开拓历史新局面，使当代中国制造迈向中国智造。

当今世界，经济全球化的新一轮发展趋势正在呈现。这一发展趋势，以科技创新为龙头。美国经济学家、新增长理论代表保罗·罗默认为，经济进步的源头是创意，他将技术变革视为经济增长的内生变量。

与发达国家相比，我国较低的现代化实现程度决定了增强自主创新能力、建设创新型国家的必要性。

对于创业者来讲，现在是一个伟大的时代。英国哲学家罗素讲过："你们中国是人口众多的大国，样样都得靠自己，靠别人是靠不住的。要想事业长久，只能自主创新。"当今的中国，充满活力，需要我们每一个人，把握住发展机遇，不断开拓、进取、创新，为使当代中国制造变为中国智造作出贡献。

第六章
当代中国的第三次生产浪潮

一、当代中国经济发展的新阶段

(一)从"制笔困局"与"民间投资增速下滑"说起

先讲"制笔困局"。

2016年1月4日,李克强总理在山西太原主持召开钢铁煤炭行业化解过剩产能、实现脱困发展座谈会,说了这样一段耐人寻味的话:"去年(指2015年),我们在钢铁产量严重过剩的情况下,仍然进口了一些特殊品类的高质量钢材。我们还不具备生产模具钢的能力,包括圆珠笔头上的'圆珠',目前仍需要进口。这都需要调整结构。"

李总理的这一段话,揭示了中国制造业的一大问题:虽大却不强,钢铁产量世界第一,产能严重过剩,但特殊品类的高质量钢材,却需进口。中国制笔企业有3 000多家,20余万从业人员,年产圆珠笔400多亿支,是世界上当之无愧的制笔大国,但却面临核心技术与材料高度依赖进口、劣质假冒产品泛滥的尴尬局面,大量的圆珠笔笔头的"球珠"需要进口。

据中国制笔协会名誉副理事长陈三元说:虽然中国制笔产业很早就形成了,但在2011年中国启动核心材料与装备自主研发项目之前，从易切削钢线材、墨水到加工设备，都只能依靠进口。

笔头与墨水是圆珠笔的关键，其中笔头分为笔尖上的球珠与球座体。目前，碳化钨球珠在国内外应用最为广泛，我国已具有很好的基础，不仅可以满足国内生产需要，还大量出口。但球座体的生产，无论是设备还是原材料，长期以来都掌握在瑞士、日本等国家手中。国外生产设备对原材料的要求相当高，国产不锈钢线材无法适用，必须依靠日本进口易切削不锈钢线材。同时，与之相匹配的墨水也要从德国、日本等国家进口，从而形成了我国当前圆珠笔产量世界第一，但核心材料与设备却大量依靠进口的尴尬局面。

圆珠笔头的生产对加工的精度、材料的选择都有很高的要求。笔头上不仅有小"球珠"，里面还有五条引导墨水的沟槽，加工精度都要达到千分之一毫米的数量级。有关专家表示，每一个小小的偏差都会影响笔头书写的流畅度与使用寿命。笔尖的开口厚度不到 0.1 毫米，还要考虑到书写角度与压力。球珠与笔头、墨水沟槽位必须搭配得天衣无缝，加工误差不能超过 0.003 毫米。中国制笔企业能否攻克这一难关呢？能！

中国能自己造出宇宙飞船、原子弹、氢弹，为什么不能攻克这一难关呢？如说能，为什么至今未攻克呢？为什么至今未能生产一个小小的圆珠笔头的球珠呢？这不是说这个技术有多难，而是没有足够的动力去研究。

为什么没有足够的动力去研究呢？这是由于改革开放以来，在巨大的出口需求带动下，制笔企业如雨后春笋般出现。这些企业，虽然从总体上看，有 3 000 多家，但规模以上的企业只有 245 家，大量的是小作坊式企业。这些小企业以仿冒为主，从东家买笔头，到西家买墨水，有的甚至还用上世纪六七十年代的生产设备，搞的是低价竞争，这既拉低了中国笔业的整体质量水平，影响了消费者对国产品牌的认识，也导致行业成长内力不足，制约了制笔产业技术创新、产业升级的步伐。

加之，我国目前在知识产权保护机制方面还不够健全，从而导致欠缺鼓励创新的环境。一个公司花了很大力气研发的产品，却可能被仿冒打死，导致企业的合理盈利水平无法保障，无法持续提高产品质量。这样的市场环境，造成中国制笔行业从油性笔、中性笔、水性笔到圆珠笔演进了好几代，一直都是技术的追随者，没有一种是中国人自己发明的。

在这种情况下，李克强总理所讲的圆珠笔头上的圆珠，也只能进口啰。

再讲"民间投资下滑"问题。

根据国家统计局统计数据，2016 年 1—5 月份累计民间投资名义同比增长速度仅为 3.9%，比 2015 年同期大幅下降 7.5 个百分点。事实上，从 2012 年开始，民间投资增速一直处于下滑状态：2016 年，下滑势头更加严峻，并显著低于全部固定资产投资增速。

造成民间投资增速下滑的主要原因，是在宏观经济大环境下，实体经济缺乏投资机会、投资回报率下降。不仅是民营企业，国有企业在过去的几年里，增长速度也是持续下滑的。

为什么实体经济缺乏投资机会？究其原因，大致可分为两个方面：

第一，与前述经济发展阶段陷阱有关。如前所述，任何国家在不同的经济发展阶段有不同的陷阱。当代中国经济发展到今天，也出现了新的陷阱。具体点讲，当代中国经济发展新阶段出现的陷阱表现之一，就是去实业化现象蔓延。近 10 几年来，以高速膨胀发展的房地产与金融市场为代表的虚拟经济，严重地冲击了实体经济与制造业的发展，使得近几年我国制造业尤其是一大批中小企业的发展环境恶化，许多原来从事制造业的民营企业，纷纷投资房地产、证券基金等虚拟经济领域，虚拟经济活动成为获取财富的快捷途径。于是，出现了资本大量抽离中国制造的"去实业化"现象，越来越多的企业将投资重点转移到不动产投资、银行理财与信托投资领域，中国制造发展势头放缓、经济下行压力加大，许多中小企业弃实业而不顾，投身股市、楼市，甚至一些成功上市后的企业，也进入股权投资、风险投资领域，楼市投机炒作一浪高过一浪，房地产更是推波助澜，大唱房地产对 GDP 贡献超过 20% 以上，房价一再抬高。殊不知这为中国经济新阶段的发展挖了一个大坑、一个很深的陷阱。这个陷阱不摆脱，实体经济如何能发展，怎么会不缺乏投资机会呢？

中国经济为何会脱实向虚，为何去实业化现象会蔓延？究其原因，就在于中国在推进城市化的进程中，对房地产行业定位失当，造成大量储蓄资源流向房地产市场与金融市场。因为老百姓、民营企业投资房地产，有高额投资回报率、且有政府担保（价格托底）。在这一诱惑下，大家都去炒房子了。有的老百姓买几套、十几套，有的民营企业不是搞房地产的，也挤进房地产业去经营了，形成全民炒房格局。在这种情况下，老百姓、民营企业哪里还有钱、哪里还有心思投资搞其他的？这样的发展，怎么可持续呢？这样的发展，实体经济哪里还有高回报率，哪有不下滑，怎么会不出现去实业化呢？

说到底，房子是给人住的，过高的房价与过度金融化的房地产市场，一是不利于房地产市场本身的健康稳定，二是不利于实体经济的发展，三是不利于整个国民经济的可持续发展与社会稳定。如果买卖房子，然后坐在那里什么也不干，每年就能有百分之十几、百分之二十几甚至更高的收益率，那么谁还愿意辛辛苦苦投资实业、创新开发、开拓市场？

第二，当代中国宏观经济有效需求不足的大环境，使得投资机会缺乏，这背后既有人口结构、收入分配等长期的结构性因素，也有前期投资过度、摊子已经铺得过大、产能过剩等短期的周期性因素，还有一些地方政府至今仍津津乐道于铺摊子、推行粗放型发展方式，这些都是当前中国实体经济缺乏投资机会的原因。

当代中国经济已经发展到由工业经济中级阶段向知识经济迈进的新阶段，可以说，一波未平，一波又起。第二次生产浪潮正滚滚向前，第三次生产浪潮又来临了。这次生产浪潮，是当代中国由中国制造迈向中国智造，由工业 2.0 跃向工业 4.0。在第三次生产浪潮中，迫切需要让实体经济迈上一个新台阶，由中低端产业发展为中高端产业，使制造业由大变强，由中国制造转变为中国创造，没有投入，行吗？肯定不行！

不投资实业，"制笔困局"、"进口依赖困局"，就不可能破解。

不投资实业，创新开发，就是一句空话。

中国经济要迈上一个新台阶，就必须注重实业投资，就必须扭转实业投资下滑的趋势。如果说结构调整是当前中国正在进行的供给侧结构性改革的关键，那么，当前中国经济结构性调整，最迫切的是：必须从注重房地产投资转向注重制造业投资。在工业化与城市化推进过程中，将发展思路转回到：在夯实制造业的根基上推进城市化。

（二）积极引领经济发展新常态

中国经济过去 30 几年的年均增长率接近 10%，创造了世界经济史上的"中国奇迹"。当前，经济发展的内在支撑条件和外部需求环境都已发生了深刻的变化，当代中国经济发展进入新阶段，要求经济增长速度进行"换挡"，要求经济增长目标向合理区间进行"收敛"。习近平总书记于 2014 年提出经济发展新常态，也蕴含着对以下几个方面因素的考量：

第一，从全球看，全球经济格局深刻调整，我国外部需求出现常态萎缩。从出口、投资、消费"三驾马车"看，支撑我国 30 几年经济高速增长的重要因素之一，就是因为走的是不断扩大出口的外向型经济发展道路。但从 2008 年国际金融危机以来，世界经济呈现出"总量需求增长缓慢、经济结构深度调整"的特征，使得我国的外部需求出现常态性萎缩。美欧等经济强国相继提出"再工业化"、"2020 战略"、"重生战略"等措施，意在结合新能源、新材料、新技术发展实体经济，抢占国际经济制高点。发展中国家则都在努力调整发展模式，加快发展具有比较优势的产业，这使得支撑中国经济高速增长的外部环境发生了巨大变化。

以习近平同志为核心的党中央，根据外部环境发生的这一变化，不失时机地在坚持独立自主、合作共赢前提下，致力于世界各国"求同存异、聚同化异、共同构建合作共赢的新型国际关系"，[1]积极推动"一带一路"建设。"一带一路"建设，是习近平2013年底出访中亚和东南亚国家时提出的。"一带"即"丝绸之路经济带"，是在陆地。它有三个走向，由中国出发，一是经中亚、俄罗斯到达欧洲；二是经中亚、西亚至波斯湾、地中海；三是从中国到东南亚、南亚、印度洋。"一路"即"21世纪丝绸之路"，是在海洋。重点方向有两条：一是从中国沿海港口过南海到印度洋，并延伸到欧洲；二是从中国沿海港口过南海到南太平洋。"一带一路"提出以来，截至2017年，已经得到超过100多个国家和国际组织的积极响应与支持。

"一带一路"建设旨在促进经济要素有序自由流动、资源高效配置与市场深度融合，推动沿线各国实现经济政策协调，开展更大范围、更高水平、更深层次的区域合作。共同打造开放、包容、均衡、普惠的区域经济合作构架。

第二，从国内看，依据生产三要素分析，也的确出现了新的情况。

一是从劳动力、土地等自然资源看，我国传统人口红利逐渐减少，土地等自然资源环境约束趋紧。我国的经济增长结构正在发生历史性变化。改革开放之初，数量庞大、年轻且廉价的劳动力队伍是中国开始"制造大国"之旅的起点，也是当时中国最大的比较优势所在。据测算，过去30多年中，人口红利对经济增长的贡献率在25%以上。在巨大的人口红利拉动国民经济快速增长的同时，"中国制造"也迅速崛起。据统计，截至2016年，我国制造业产出占世界比重已超过了20%，连续5年保持世界第一。在500余种主要工业

---

[1] 习近平：《中国发展新起点 全球增长新蓝图——在二十国集团工商分会开幕式上的主旨演讲》，《新华日报》2016年9月4日第2版。

产品中，我国有 220 多种产量位居世界第一。

近些年，我国一次人口红利正在消失。尤其是东部发达地区的劳动力供给短缺情况更加明显，据统计，早在 2012 年，我国劳动力资源总量就首次出现了下降，比上年净减少 345 万人，人口拐点到来的具体表现，就是工资的迅速增加与"用工荒"现象的加速。在这种情况下，尽快挖掘二次人口红利，成为社会普遍关注的问题；提高劳动力队伍素质，以质量取代数量，成为大家的共识。

与此相对应的是，我国过度依靠投资和外需的经济增长模式，已使得能源、土地等自然资源、环境的制约影响越来越明显，石油、天然气等重要矿产资源的对外依存度在不断提高。以石油为例，2016 年我国石油对外依存度已达 65.4%。国土资源也愈来愈趋紧，生态环境压力也正在不断加大，要素的边际供给增量已难以支撑传统的经济高速发展路子，这也在客观上促使中国经济逐步回落到一个新的平稳增长区间。

二是从资本运作看，由于多年的资本运作与投资资本的兴起，因而挤压了制造业盈利空间。其基本载体之一是房地产。此外，还有形形色色的以"概念"到资本市场圈钱，使得制造业无论如何也比不上"钱生钱"，从而造成当今中国的结构性问题，成为实现"中国制造 2025"的障碍之一。现在，到了突破这一障碍，营造制造业发展前景、重整制造业雄风的时候了。

第三，我国正面临跨越"中等收入陷阱"的挑战，改革红利有待强力释放。2013 年，我国人均 GDP 超过 6 000 美元，已进入上中等收入国家行列。2014 年，我国 GDP 达到 63.6 万亿元，比上年增长 7.4%。2015 年达 67.7 万亿元。2016 年达到 74.4 万亿元，增长 6.7%。当前，我国正处于跨越"中等收入陷阱"的关键历史阶段。从国际经验看，处在这个阶段的国家和地区，需要经济结构的优化升级，由此带动社会结构的变革，从而有利于打破利益固化的藩篱，增强社会流动性，使经济社会充满活力。反之，则可能落入"中等收入陷阱"。在经济新常态下，我们必须逐步调整高速增长的经济发展模式，寻求新的增长动力，保障和改善民生，努力实现改革与发展红利的全民共享。

第四，从国际创新驱动看，竞争十分激烈，我国产业结构转型升级滞后，亟待实施新常态中的超常态发展。我国经济进入新常态之后，资本、劳动力、自然资源等传统要素对于经济增长的贡献率正在不断减弱，而科技创新的作用具有长期性，亟待发挥，尤其是，未来30年是"互联网+"发展的30年。马云讲，未来30年是电子商务真正发展的时期。同时，也是工业4.0发展时期。当前，工业4.0即第四次工业革命已迎面走来。主要发达国家纷纷加快发展战略性新兴产业，力图抢占未来科技创新和产业发展的制高点，这些新挑战倒逼着我国的经济发展方式要加快向创新驱动型转换。但长期以来，我国产业发展方式粗放，存在着"跑马占荒"等诸多问题，而科技创新能力不足，科技与产业的融合力度不够，使得很多产业竞争力不强、核心技术受制于他人。因此，政府投资就成了稳定经济增长的关键因素，由此而来的政府对市场的干预，很容易导致市场信号的失灵。为了改变这种被动局面，我们需要有所为、有所不为，需要主动放慢经济增长速度，为创新驱动经济转型、升级腾出空间、留出时间，迎接第三次工业革命与工业4.0挑战。

第三次工业革命这一概念最早是由《纽约时报》畅销书作者里夫金提出，在2007年得到欧盟的官方认同后迅速传播开来。

第一次工业革命：蒸汽机；第二次工业革命：电力与铁路；第三次工业革命：新材料技术、新能源技术、工业机器人技术、互联网技术、3D打印技术。根据欧盟官方文件的描述，第三次工业革命有五大支柱：可再生能源的广泛应用；建筑物成为能源工厂；能源储存技术的新发明；依托互联网技术构筑全球互动的国际电网和运输业的更新换代。

在第三次工业革命中，与可再生能源及其互联网的广泛应用相辅相成的是三维打印（3D Printing）技术的崛起与垄断整个制造业。

由德国人提出的工业4.0，也称第四次工业革命。简而言之，工业 4.0，是在前三次工业革命的基础上完成的，中国没有完成工业化就直接进入了信息化时代，用 20 年的时间走完了西方国家 100 年才走过的历程。而九层之台起于累土，不得不说，中国仍缺乏足够的技能来加快第四次工业革命的进程。对此，除了加强技术自主创新外，中国政府还应主动出击。2014 年 10 月李克强总理与德国签署《中德合作行动纲要》，意味着在工业 4.0 初期阶段进入中德合作新时代，而 2015 年也被称作中德"创新伙伴元年"。

更为现实的问题是，工业 4.0 要求"虚实结合"，即工业与互联网的结合，而前一个黄金 10 年，中国所创造的世界互联网奇迹如阿里巴巴等，却更多是与商业结合。

如果中国的互联网全部都冲着零售消费端，只是为了消费者买便宜货，我们的工业化升级根本就无法实现……在工业 4.0 时代，中国应该用网络的技术便利和各种手段，向生产的深度和广度进军，德意志银行亚太投行部主席蔡洪平提出，要"学习苹果、学习特斯拉"。从互联网发展的维度上说，中国的工业 4.0 是走了弯路的。

社会发展的终极力量是生产力，从以蒸汽机为动力的机械制造，到电力驱动，再到电子和 IT 实现的制造自动化，无一不是对生产力水平跨越式提高。而在前两年的中国，还曾盛行着互联网发展将使实体模式消亡的声音，对于后工业制造大国的我们，制造业依然是根本。因此，在《中国制造业发展纲要（2015—2025）》（简称"中国制造 2025"）中，我们看到这样的规划：未来 10 年中国进入全球制造业第二方阵，未来 30 年中国成为制造业强国。

未来其实已在脚下，看明方向的中国海尔、沈阳机床、长虹等企业已经在奔向工业 4.0 的路上。

走过弯路也好，基础薄弱也罢，中国工业 4.0——"中国制造 2025"是中国制造业必走的一个 U 形转弯，中国能否在竞逐工业 4.0 时实现弯道超越，也给中国和世界留下想象空间。

在 2015 年的全国"两会"上，国务院总理李克强在政府工作报告中提出要实施"中国制造 2025"，推动传统产业的升级改造，目标是用 30 年时间，通过"三步走"的战略，推动中国实现从制造业大国向制造业强国的转变。有人预言，在政府强力推动下，工业 4.0 将催生数万亿元的增量市场，有望带来巨大的投资机会。

未来世界各国发展，要看各国经济发展的潜力。在自然资源、生态潜力方面，中国不占优势。因此，那种铺摊子式的发展已不适合中国。中国的发展潜力不在房地产，而在制造业。

中国的现有工业基础设施、地区发展战略和技术产业政策已催生出一系列"超级产业群"。由国家主导的未来产业发展战略将必然利用其独特的产业互补性，从而为聚合国家层面的科技、产业和军事政策创造战略机遇。

从中国现状看，目前已形成六个"超级产业群"，即东北、华北平原、长三角、西南地区、华中武汉和珠三角。它们都拥有独特的政治经济及各自的产业地理。这些产业群展现出不同的技术及产业体系发展轨迹。这些技术及体系将不但被用于国内经济发展，还将服务于各种战略目标，比如未来的航母。

就产业地理而言，中国六个独特"产业群"具有互补性。东北传统重工业产业群制造先进的硬件设备。哈尔滨的发电和输电体系、长春的电子体系、沈阳的军用航空体系和大连的巨型船舶制造业，将为未来的航母发展进一步提供智能装备制造和大型硬件设备。

西南产业群生产先进的武器和通信系统。广东的核能发电、福建的卫星通信系统、武汉的光电系统及未来的光机电一体，将提供移动动力解决方案和通信硬件系统等。西安、成都和重庆的航空航天产业群，将促进航空引擎、航空电子、火箭、军用飞机、直升机和传统武器的发展。该产业群已成为未来舰载机技术的试验台。

在环渤海地区，大连和天津正集中发展超级大型船舶，而山东正与韩国的船舶公司合资经营。与此同时，沈阳和成都的重要军用飞机工厂、上海的商业航空中心，以及天津和哈尔滨的商业航空工厂，正形成一种在地理上分散但在组织上却已实现有机融合的体系。

但是，"中国制造"这个见证了中国崛起，足以让中国人感到骄傲和自豪的字眼，也将在工业 4.0 中面临前所未有的挑战。

中国之所以成为"世界工厂"，是因为我们拥有大量的高素质但低廉的劳动力。不过，这种局面正发生变化，中国的劳动力成本在逐渐上升。与上个世纪末相比，中国劳动力的成本优势在一点一点地消失。

不仅如此，由于第三次工业革命中，欧美厂商将部分产品的制造迁回国内，中国出口导向型的外包制造业受到严重打击，产业大幅萎缩。

因此，中国的制造业要想立于不败之地，就必须把制造的中心与重点转移到满足国内庞大的消费市场上来，贴近消费者，生产本地化、个性化的产品。只有夯实了国内根基，中国企业才能更好地走出去。中国制造业企业必须利用不断发展的互联网技术和三维打印技术，充分开发、利用新能源，研究本土市场，开发和制造符合本土市场需求的产品。唯有如此，中国的制造业才不会在新工业革命即工业 4.0 推进过程中又一次被欧美抛在后面。

中国作为制造业大国，多项工业产品产量居世界首位。但随着人口红利的消失，劳动力供给减少、人工成本上升和新一代劳动密集型制造业下降，这些都对我国制造业的国际竞争力形成了巨大制约。有数据显示，中国沿海地区劳动力综合成本已经与美国本土部分地区接近。工业 4.0 给工业生产和商品消费带来的最大变化，就是产品小批量、多品种、生产周期缩短、价格下降、对客户定制产品的反应更快、产品实现按订单生产而不是盲目生产再费力推销，资源更优化、能源效率提高、投资回报效率更高。中国别无选择，必须抢先进入工业 4.0 时代，以保持制造业的竞争力。

工业 4.0 的主题离不开"智能"，制造业的永恒生命是精密严谨的"制造"。每个国家都有着自己工业的灵魂和产业竞争的取胜法宝。无论是美国式的创新活力，还是德国式的精密制造，还是日本式的契合人心，在引起人们的崇拜和引发产品抢购的同时，也在引发人们深刻的思考：中国制造的灵魂在哪里？如何获得？

由于中国传统制造业比重较大，且多处于工业 2.0 和工业 3.0 阶段。因此，中国进入工业 4.0 时代，有些产业甚至要一下子跨越两个大台阶，实属不易。

习近平总书记指出："中国经济呈现出新常态，有几个主要特点。一是从高速增长转为中高速增长。二是经济结构不断优化升级，第三产业、消费需求逐步成为主体，城乡区域差距逐步缩小，居民收入占比上升，发展成果惠及更广大民众。三是从要素驱动、投资驱动转向创新驱动。四是经济福祉由非均衡型向包容共享型转换。"①

应当说，经济新常态不是自然而然就能够实现的。它需要我们积极引领，并经过艰苦的努力奋斗，才能实现。

二、新的发展理念

（一）五大发展理念

发展理念是发展行动的先导，是管全局、管根本、管方向、管长远的宏观战略，是发展思想、发展方向、发展着力点的集中体现。中共十八届五中全会通过的《中共中央关于制定国民经济和社会发展第十三个五年规划的建议》提出，实现"十三五"时期发展目标，破解发展难题，厚植发展优势，必须牢固树立并切实贯彻创新、协调、绿色、开放、共享的发展理念。这五大发展理念，是在洞察国内外发展大势基础上形成的，是针对当前中国经济社会发展面临的突出问题提出来的，具有鲜明的针对性，深化了对社会主义建设规律的认识。其中：

第一个理念是创新。创新发展着重解决的是发展动力问题。人类社会进步发展的历史，就是不断创新的历史，创新是社会发展的

① 习近平：《谋求持久发展，共筑亚太梦想——在亚太经济组织工商领导人峰会开幕式上的演讲》，《人民日报》2014 年 11 月 10 日。

永恒动力。尤其是，在以知识创新与智力竞争为标志的现代社会发展中，创新发挥着更为重要的作用。对于一个民族来讲，创新是一个民族的灵魂。对于一个国家来讲，创新是一个国家兴旺发达的不竭动力。

当前，我国经济发展进入了新常态，从表象上看，是经济增长速度的换挡；但从本质上讲，是发展动力的转换。依据经济发展规律，在投资经济增速放缓与效率下降的情况下，需要更多依靠科技进步与创新推动经济发展，实现从要素驱动、投资驱动向创新驱动转变，使经济增长获得新的动力源泉。

第二个理念是绿色。绿色发展着重解决人与自然关系和谐问题。

改革开放以来，我国创造了经济高速增长的奇迹，但支撑这一发展的是粗放型经济增长方式，这种增长方式的特点是：依靠高投入、高消耗、高污染。但经济产出却是低效益与低附加值，即"三高一低"。这种发展模式不仅在国际上缺乏实实在在的产业竞争，而且在国内引发了资源约束趋紧、环境污染严重、生态退化等问题，人与自然关系恶化，导致全社会忧虑。

人类只有一个地球，资源短缺是我国经济发展的瓶颈。中国的资源总量虽相对丰富，但人均绝对不足。今天，世界制造中心移至中国，成为启动中国经济增长的引擎，但高消耗、高污染也转移到了中国。中国的污染，有自己生产带来的，也有他国转移而来的。不管来自哪一方面，受害的是中国老百姓。水被污染了，老百姓就喝不到干净的水；空气被污染了，老百姓就呼吸不到新鲜的空气；农产品被污染了，老百姓就吃不到安全的食物。

因此，随着老百姓环保意识的觉醒、生活水平的提高，对清新空气、干净饮水、安全食品、优美环境的要求日益强烈，生态环境恶化及其对老百姓健康的影响已成为突出的民生问题。

正因为如此，中共十八大将生态文明与政治、经济、社会、文化一起纳入"五位一体"总体发展布局；中共十八届五中全会，将绿色发展与创新、协调、开放、共享一起，列为"五大发展理念"。

第三个理念是开放。开放发展着力解决内外联动问题。开放是一种发展理念，更是一种时代潮流。在经济全球化背景下，任何国家或民族想关起门来搞建设，事实上已不再可能。当前，国际经济合作和竞争局面正发生深刻变化，全球经济治理体系与规则正面临重大调整。引进来、走出去的程度加深，节奏加快，国家之间的经济文化交流日益频繁。

如果说，我国过去的开放注重的是引进来，是接受或融入世界政治经济秩序，在国际舞台上展示自己的形象；那么，随着综合国力的提升，我国现在对外开放，更多的则是关注走出去，主动参与构建世界政治经济新秩序，搭建国际合作与交流平台。"一带一路"倡议与亚洲基础设施投资银行的设立，意味着我国开始从世界政治经济秩序的融入者转变为世界政治经济秩序的塑造者，标志着我国开始进入了新阶段、新水平。

来自商务部的数据显示，2016 年上半年，我国实际使用外资金额 4 417.6 亿元人民币（折合 694.2 亿美元），同比增长 5.1%（未含银行、证券、保险领域数据）。

相比起外商投资的"稳定"增长，对外投资的势头可谓"迅猛"。据统计，我国境内投资者共对全球 155 个国家与地区的 4 797 家境外企业进行了非金融类直接投资，累计实现投资 5 802.8 亿元人民币（折合 888.6 亿美元，同比增长 58.7%）。截至 2016 年 6 月底，我国对外非金融类直接投资累计 6.2 万亿元人民币（折合 9 519 亿美元）。

这一数据表明，我国已经是名副其实的国际投资大国，在国际投资格局中的地位已经从单向引资大国演变为双向投资大国。这种发展变化的背后，是我国整体经济实力的跨越、企业竞争力的提升、技术管理水平的增强，是这些因素共同作用的结果。

第四个理念是协调。协调发展着力解决不平衡问题。我国发展不平衡问题由来已久，有历史、现实、自然、社会、体制与机制、政策与措施等方面的原因。

　　很有意思的一个话题：世界上几大文明古国中国、印度、埃及、巴比伦，在农耕时代，都曾繁荣过，但到了近代却都落后于西方工业发达国家。其因何在？中国、印度则是到了20世纪末21世纪初才崛起，与欧美工业发达国家缩小差距。在一国之内，也有这种现象，在农耕时代，我国的西部地区就比东部地区发达。早期的中华帝国都城，都集中在中国的中部与西部。但到了近代，东部崛起，西部则日渐衰微。有学者认为，这有一些经济地理上的原因。比如，东部交通便利，工业发展排污比较容易。再有就是由于这些地区的发展，形成了产业集群，使得产业之间的协作十分便利。还有就是沿海可通过海运通达世界各地，即有市场之便。这些都是东部沿海地区在近代工业革命以来，逐渐与中西部拉开差距的重要原因。一般老百姓虽不能讲出这些道理，但却知道：要想富，先修路；无工不富。苏州的农民都知道，苏州为什么发达，靠的是天时、地利、人和。

　　不过，在新中国成立后，东中西部，在计划经济时代虽有差距，但不大。只是到了改革开放之后，尤其是邓小平"南方谈话"发表后，东部地区实行沿海开放，"三外"（外经、外贸、外资）齐上，东部沿海地区迅速发展起来，到了今天，与工业发达国家比较，几乎无差别了；而中西部地区则落后了。这不是说，中西部地区在改革开放之后没有发展，而是说，发展得比较慢。这是有各方面原因的。除了以上所讲到的，还有政策、举措、人们的思想观念等方面的原因。

　　中国的发展不平衡，除了地区差距，还有城乡差距、行业差距等。清华大学胡鞍钢教授早在2001年，就按照世界银行收入组分类标准，采用人均GDP指标，将中国的地区发展差距概括为"一个中国，四个世界"。一般而言，我们认为全世界从富到穷分为"三个世界"，但在胡鞍钢看来，中国一个国家内部用"三个世界"来划分都不足，可以把它分为"四个世界"，比如北京、上海以及东部沿海地区可以说是"第一世界"，中部地区和西部的个别城市可以作为"第二世界"，一些中小城市可以作为"第三世界"，而中西部的农村地区由于贫困而被认为是"第四世界"。这一问题，随着近几年西部大开发、中部崛起、东北老工业基地振兴等一系列大战略的实施，虽有所化解，但还未能从根本上得到解决。

这一问题如果拖延下去，不能从根本上得到解决，不仅会妨碍全面建成小康社会目标的实现，而且有悖于社会主义本质，并将影响国际社会对我国全面建成小康社会的认可度。

在经济发展的起步阶段，某些领域、某些方面一段时间内的非均衡发展是难以避免的，但经过一段时期的发展，当代中国在经历了第一次生产浪潮、第二次生产浪潮后，现在迈向第三次生产浪潮——后工业社会后，就必须注意调整关系，补齐短板，让中西部迈向工业社会中级阶段，进而迈向后工业社会，跟上东部沿海地区发展节奏，从而提升我国发展的整体性、协调性。否则，短板效应就会愈加显现，拖累我国经济社会发展的整体速度与水平。

（二）共享发展与协同发展

中共十八届五中全会强调的第五个理念是共享。共享发展，从全球角度看，强调的是人类只有一个地球，各国应该共享一个世界。

随着经济全球化、世界多极化的推进，各国间的利益依存程度空前加深。随着商品、技术、信息、货币、人才等生产要素在国际间的流动更趋频繁，国家间特别是大国间的经济依存度增强，各国在经济交往中，"利益交融、兴衰相伴、安危与共"，形成了你中有我、我中有你的命运共同体。在这个共同体内，那种损人利己、我赢你输已不是相处之道，那种你兴我衰、你得我失的"零和"博弈观念已不合时宜，只有相互合作、互利共赢才是大势所趋。

从国内看，共享发展着力解决的是社会公平正义问题。改革开放以来，我国经济社会的发展，关注效率较多，关注公平不够，从而导致不同地区、不同行业、不同群体收入悬殊，城乡基础设施与公共服务水平差距较大。在共享发展成果上，无论实际状况还是制度设计，都有不够完善的地方，从而影响了公平正义的实现与社会主义制度优越性的彰显。如果这一问题不能有效解决，将影响发展力量的积聚与改革共识的达成，也不利于社会秩序的稳定。

为此，很有必要坚持发展为了人民、发展依靠人民、发展成果由人民共享的理念，并从制度上作出有效的合理安排，缩小收入差距、城乡差距、地区差距，使全体人民在共建共享中有更多的获得感，增进对中国特色社会主义的认同，提升对中国特色社会主义的自信。

与共享发展理念相关的是协同发展。当今的中国，已是世界工厂，是世界上最大的制造车间。它的弱势是，处于制造业中下端，且以组装加工业为主。它的强势是，门类齐全，如果每个城市、地区内部，每个城市、地区之间，形成一张网，进行协同生产，其威力就无穷了。可以说，世界上不管需要什么商品，只要中国发挥协同生产作用，就都能够生产出来。在"互联网＋"时代，中国经济的转型升级，尤其需要在第三次生产浪潮中，有系统地将各个地区、各个城市的企业集群组合起来，进行协同生产。国内有专家认为，协同本身就是创新，而且是创新的核心，这是有道理的。

美国著名经济学和社会学家、美国经济趋势基金会（FOET）创始人兼主席杰里米·里夫金，继推出《第三次工业革命》后，又推出《零成本社会》。在《零成本社会》一书中，杰里米·里夫金论述了协同共有是一种颠覆性的经济革命，是面向未来的经济模式。

协同共有经济模式到底距离中国有多远？里夫金认为，中国尚处于第三次工业革命的起步阶段。但中国具有几种能动力以继续推动第三次工业革命发展。

一是中国新能源产业的迅猛发展和能源互联网的建设。中国不仅投资新能源的研发和利用，还大力投资能源互联网的建设。

二是加速区域内物联网平台的建设。中国可以倡议亚洲各国共同建立泛亚洲物联网平台，欧洲也试图建立大欧洲物联网平台。有鉴于此，中国与欧盟可以将合作建立欧亚物联网平台作为契机，发展中欧新型经济伙伴关系。

三是中国政府将绿色 GDP 增长放到了经济改革首位，这就意味着中国能源向再生能源转型。

此外，中国人的分享理念、中国传统儒家思想中的天人合一等理念、中国民众相信政府和社会在改革进程中发挥着与企业家同等重要的作用等等，都是中国发展协同共有经济模式的基础。

三、历史性的转折与历史性的开拓

（一）历史性的转折

2016 年夏，热浪滔滔，笔者与一位来自新疆的朋友，在一家茶室，聊起当前中国经济下行问题。讲到了当今中国正处于历史转折点。一方面，经济下行压力很大；另一方面，又面临新的挑战，蕴含着巨大的发展潜力。

说经济下行压力很大。究其原因：

一是房地产绑架中国经济问题未能从根本上得到解决。虽然，国内有不少人将房地产视为我国一大支柱产业，并且房地产业对我国经济发展功不可没。就创新而言，由于房地产业的迅猛发展，推动了城市化的发展。而大规模城市化的推进，需要速度更快、程度更深的创新，并且为此提供了途径。美国学者范思杰认为："它之所以需要创新是因为越发拥挤的城市会使基础设施、政治制度和文明规范到达可承受的极点。这需要富有想象力的应对方式。幸而，已有证据表明城市是创新的重要摇篮，而农村人口向城市迁徙的趋势有望引发许多新的创新潮流。"[①] 他举例说："圣菲研究所的杰弗里·韦斯特发现，普通城市居民的创造力产出是农村居民的 3 倍。他还发现城市的创造性产出以非线性方式增长。假设一座城市的面积是其周边某一农村的 50 倍，以创造性产出、科研经费和发明等指

[①] ［美］范思杰著：《创新者的挑战——颠覆性创新如何变革个人、商业以及国家》，王晓鹏译，中信出版社 2013 年版，第 7—8 页。

标衡量，其创新能力平均而言是后者的 130 倍。"[1]

但是，纵观发达国家的发展历程，虽也存在房地产泡沫化，然而，没有哪个发达国家的发展是完全建立在房地产的基础上的。而抑制房地产投资的，倒是有典型例子。如在德国，房地产就不是暴利行业，不是支柱产业。德国的王道是制造业。如何让制造业成为王道？德国土地实行的是私有制，各级政府对土地的使用都有明确限制，商业区与住宅区划分得很明确，房地产价格取决于市场。同时，德国的每笔房屋售卖交易与房屋租赁交易都会有记录在案。以便统计出该区域租住房屋的平均价格，超过这一价格的将受到重罚。

当然，这样讲，并非排挤房地产业、否定房地产业，而是说，即使鉴于房地产业在国民经济中的关联度广泛，可以将它视为一个支柱产业，但如果将国家经济振兴的希望放在房地产业上，那就很危险了。

这不仅仅是不少学者都已论及的，过度依赖房地产会扭曲政府的行为，使政府无法处理好政府与市场的关系，更为主要的是，过度依赖房地产业，会造成企业行为的短期化，抑制老百姓的投资与消费。

二是找不到好项目。由于中国经济被房地产业绑架，不仅老百姓负债，各级地方政府也不同程度地负债。地方政府负债，是为了通过房地产业，推进城市化而导致的。老百姓负债，是在房地产业出现畸形繁荣时，房价的高涨，而放弃了其他投资、消费与发展机会，而负债买房，成为房奴的。于是，除了房地产，政府不知道搞什么项目好了，老百姓也不知道搞什么项目好了，企业行为也短期化了。由于房地产业技术含量低、市场准入标准低、利润高，使得不管什么企业，都想挤入这个行业分一杯羹。

于是，当房地产行业出现泡沫后，党和政府提出了供给侧结构

---

[1] ［美］范思杰著：《创新者的挑战——颠覆性创新如何变革个人、商业以及国家》，王晓鹏译，中信出版社 2013 年版，第 8 页。

性改革，尤其是要进行产业结构调整，要转型升级。老百姓这时不仅发现自己没钱了，而且不知所措，不知搞什么项目好了。

虽然有人说，中国有过亿人的中产阶层，但中国的中产阶层中，大部分人的收入是浮动的，充满不安与焦虑，他们会随着市场的波动而波动。他们不会轻易地将钱投入自己不熟悉的行业、不熟悉的项目。

尽管"十三五"规划中，明确提出了我国高端创新发展工程、战略性新兴产业发展的项目，但一般企业、一般老百姓是难以把握的，他们还是不知道选什么项目好。

于是，即使有些想法、想干些事的企业，到银行贷款就难了。不是银行不给贷，而是贷款者对他们所搞的项目也没有把握，叫银行如何放心贷款呢？！

在这种情况下，经济下行压力大是必然的。

然而，中国的经济发展潜力又的确很大。中国经济发展到新阶段，出现了历史性的转折，突出表现在"两个转变"上。

一是由中低端转向中高端。从沿海各地的发展看，那种摊大饼式的粗放型发展，虽然将城市化、城市群落与工业经济的各大门类都发展起来了，但也持续不下去了，必须由粗放型向集约型、由中下端向中高端发展，现正在转型升级过程中，且发展潜力很大。

二是由不平衡发展转向协同发展。中国经济不仅各大区域，而且城乡之间，发展很不平衡，要实现共享发展，就必须通过协调，由不平衡发展转向协同发展，从而缩小区域之间、城乡之间的差距，这一发展潜力也是很大的。

（二）历史性的开拓与创新驱动

当今世界，正在呈现经济全球化的新一轮发展趋势。这一发展趋势，以科技创新为龙头；习近平《在二十国集团工商峰会开幕式上的主旨演讲》中，将此称为"新的历史起点"。在这一"新的历史起点"上，当代中国，正在崛起。一方面面临经济下行压力，另一方面又恰逢新一轮经济发展机遇，这轮经济发展的战略重心聚焦在经济升级，尤其是制造业的转型升级上。

如何在第三次生产浪潮中，逐步缓解经济下行压力，抓住新一轮经济发展的机遇，以创造性思维，开拓历史性新局面，无论是从中低端产业转向中高端产业，还是从不平衡发展转向协调发展，都必须，或者说唯有有效地实施创新驱动，方能在历史的转折关头，出现转机，从而开拓历史新局面。

为什么这么讲？或者说，为什么必须实施创新驱动？比尔·盖茨认为，世界难题的解决，需要大胆的新途径。他尽己所能，利用盖茨基金会的影响力与资源刺激全球创新的发展。中国难题问题的解决，尤其是当前面临的经济下行压力问题的解决，又何尝不是如此呢。

从理论上讲，创新不仅是人类社会发展的动力，而且是经济发展方式的转变、供给侧结构性改革与现代产业体系构建的重要支撑。

美国经济学家、新增长理论代表保罗·罗默认为，经济进步的源头是创意，他将技术变革视为经济增长的内生变量，他的这一理论也因此而被经济学界称为"内生技术变革理论"。这一理论强调：在投入既定条件下，技术变革能够使产出增加，因而是国民经济增长的关键因素。罗默讲："经典理论认为我们可以通过积累……物质资本来增加财富。这大错特错……任何形式的物质资本所带来的回报最终都会日渐减少。"相反，罗默评论道："知识创造的回报却会与日俱增。"[1]罗默还引用厨房的比喻来解释其理论。他讲："厨师按照菜谱可以将便宜的材料做成一道昂贵的新菜。多数人认为增值的极限取决于厨师所能获得的特定菜谱上的材料数量。但如果别出心裁的新厨师研制出了更好的菜谱，那社会从单位原材料上获得的经济价值便会增多。"[2]

目前，我国已进入全面建成小康社会的决定性阶段。全面提高国内经济发展质量、更好地应对激烈的国际竞争，对科技进步和创

---

[1][2]　［美］范思杰著：《创新者的挑战——颠覆性创新如何改变个人、商业以及国家》，王晓鹏译，中信出版社 2013 年版，第 59 页。

新发展提出了紧迫的需求。

科技进步和创新是提高社会生产力和综合国力的战略支撑，必须摆在国家发展全局的核心位置。创新，是我国经济发展新常态与供给侧结构性改革的主线。

改革开放以来，我国一些产业在技术发展的进程中，由于未能把握住科学技术进步的潮流，经历了痛苦的转型过程。例如，在改革开放后培育起来的彩色显像管电视机产业，曾一度达到年产 1 000 万台，中国成为世界最大的电视机生产国。但对液晶显示技术的出现，我们未能作出准确判断，未能将电视机生产转型到液晶显示技术上来，致使我国在液晶电视机产业领域再次落后于韩日，并且与显像管配套的整个产业链全部陷入困境。

而在另一些抓住了创新机遇的领域，由于企业发挥了后发优势，在强手如林的国际竞争环境中，则一举成为有国际竞争力的企业。华为可以说是一个典型的例子。2012 年华为销售收入 2 202 亿元人民币，而研发费 301 亿元人民币，占销售收入比约 13.7%，远超过一般企业 3% 的水平。正是由于高强度的创新投入，华为脱颖而出。

从历史上看，有很多国家干得不多拿得却不少。为什么？因为这个国际分配体系是他们强力打下的。生产创造财富，但获取财富的多少取决于国家在国际分配体系中的地位。历史表明，只要存在国家间的竞争，国民财富就主要是国际分配而不主要是国民生产的结果。

天下都是"造食"（自主型）的主宰"找食"（依附型）的。英国是世界上最早提出建立国家创新体系，并把它列为政府的首要任务。曾经称霸世界的老牌英帝国，最致命的招数，就是在把本国发展为"造食"的"主人"的同时，又把别的国家变成是"找食"的"动物"。从印度独立时起，英国人就将印度送入了亚洲版的"拉美模式"。印度一个 5 年计划下来，拿大头的是外国资本和国内各式私有者，国家和劳动者所得根本不足以持续完成像中国这样的国民经济体系根本改造的重任。美国人则走了一条"造食"即自主发展的道路，结果是曾让欧洲人最瞧不上眼的美国人，经过三百多年奋斗，竟成了后来欧洲人的"保护神"。

　　道路问题，至关重要。有人说西方是想让中国放弃社会主义，走资本主义道路。其实不完全。西方人实际上是想让中国走拉美式的"找食"即依附型资本主义，而不是欧美式的"造食"即自主型资本主义道路。美国南北战争的实质是美国要走欧美式自主型资本主义道路，与美国当年面对的形势一样，西方人，尤其美国人是不会让中国人轻轻松松地去选择自主道路的。在这方面，俄罗斯就是活生生的例子。反过来看，即使是走社会主义道路，也有自主型的苏联模式和依附型的东欧模式。毛泽东当年拒绝的是东欧模式，并为此与苏联发生了冲突。

　　曾经在1786年与英国签订了《伊甸条约》的法国人，当时认为，如果法国给予英国工业品输入以优惠待遇，以此为条件，法国的葡萄酒与白兰地就能够在英国畅销，法国一下子就能够繁荣。然而，当时法国在与英国的交换链中处于技术下端的弱势，而当时的许多法国人并不了解这样的知识，他们开始用初级产品同英国技术含量高的工业品进行交换，结果吃了大亏，其中，最吃亏的是法国农民。英国资本打入法国，法国小农场主纷纷解体。法国农民根本没办法与英国工业进行竞争。法国农民解体后就进了城，1789年法国大革命就爆发了。大革命给法国带来了巨大动荡。当时真正认识到法国动荡原因的不是经济学家而是拿破仑。拿破仑战争从本质上来说，是第一次抵御资本全球化并在抵御中实现民族国家从农业国家向近代工业国家转型的战争。拿破仑用军事手段将英国资本封锁在欧洲之外，形成一个法国独享的"大欧洲共荣圈"即独家垄断市场，净赚欧洲的钱。拿破仑的法国尽管被打败了，但法国由此形成了自主性的国家生产力，并使法国避免了依附型的"拉美模式"的危险。

　　这些历史经验，对今天的中国人尤为重要。对中国未来最致命的是被诱入"拉美模式"，这在亚洲就是"印度模式"。① 我们必须

---

① 于此指的是原先的"印度模式"，现在印度也在创新，在改变这一模式。

认清：当前国际竞争的焦点不在劳动权，而在包括资源在内的财富分配权。如果财富仅靠诚实和勤奋劳动就可获得的话，那么国家就不需要国防生产了。

与发达国家相比，我国较低的现代化实现程度决定了增强自主创新能力、建设创新型国家的必要性。

对于创业者来说，现在是一个伟大的时代。加拿大的一位学者在一份地方报纸上发表了这样的看法：可以说今天我们真的处在一个非常好的时候，往前看30年，往后看30年，真的没有人比我们今天更为幸运，机会更大。为什么？因为大家发现最近我们几乎所有的东西都在加速发展。今天，一年的变化赶得上过去10年的变化。今天，一年的技术进步比过去10年的技术进步都要快。我们最早1998年上互联网的时候，144的猫拨号上网，都觉得很快了，几千字的邮件很快收到了，觉得简直难以置信，但是现在每个家庭都需要宽带上网了。

所有人类的需求在几乎毫无节制地、进一步贪婪地、快速地增加，这就给我们创业者提供了巨大的机会，消费者有需求，只要你解决问题，满足消费者需求，你就能获得成功。在这个满足需求的过程中产生了很多新的问题，比如环境问题、污染问题、医疗问题、教育问题，这就给很多创业者提供了新的机会。所以，身处我们这个时代，如果大家不去做点事情的话，真的是会让你一生感到后悔。后人终究将记录我们这一代人。这是一个伟大的时代，是值得我们每个人记录、奋斗的时代，是一个需要我们每个人发挥自己的聪明才智，开拓、进取、创新的时代。

英国哲学家罗素曾经在北大演讲时讲过："你们中国是人口众多的大国，样样都得靠自己，靠别人是靠不住的。要想事业长久，只能自主创新。"当今的中国是一个充满活力的发展中国家。中国的发展需要我们每一个人，在当今这样一个时代，把握住发展机遇，有所作为，不断开拓、进取、创新，为使当代中国制造变为中国智造作出贡献。

在第三次生产浪潮中，创新与产品质量，对于中国制造业来讲，是不可忽视的。中国制造迈向中国智造，离开了创新，便是一句空话。对于当代中国来讲，在跃向工业4.0进程中，构建创新型国家，尤为必要。目前，世界上比较认可的创新型国家有20多个，中国正迈向创新型国家。

创新型国家的建设，关键是产业经济的持续发展与创新型企业的不断涌现。推进供给侧结构性改革，需要利用先进科技改造提升传统制造业，培育发展战略性新兴产业，推进新动力，发展新经济，大力提高科技创新能力，实施创新驱动发展战略。

创新主体是以市场为导向的企业。实施创新驱动发展战略要求企业树立强烈的自主创新意识，把创新置于企业战略的最重要位置。对总体实力偏弱的中国企业而言，不走创新之路，就难以在日趋激烈的国内外市场竞争中生存下去，更谈不上发展了。

创新有科技创新、制度创新、理论创新等等。从生产领域的创新来讲，突出的是科学发现与技术创新，夯实科学技术的根基，深化对科学、技术、知识的认知。

创新，不是少数人的事，而是全民的事。"大众创业，万众创新"（简称"双创"），倡导的是全民创业、全民创新。世界上，没有哪一个国家规定，普通老百姓不能创新。"双创"有助于推动我国经济结构调整，打造发展引擎，增强发展新动力，走创新发展道路。一花独放不是春，百花齐放春满园。"双创"中有挑战更有机遇，既会滴下辛勤的汗水，也有望迎来丰收的场景。

如同过河需要船或桥一样，"双创"要创出辉煌灿烂的业绩，也必须解决船或桥的问题。这里所讲的船或桥，即方式、方法。开放式创新，虽不是中国人发明的，但中国可借鉴过来，用之于"双创"。这种方法是相对于传统的封闭式创新而言的。为了以改革打造"双创"的引擎，不妨将开放式创新与封闭式创新结合起来使用。让这两种方式在双创中各自扬长避短，将各自的长处充分发挥出来。

创新，说到底就是对我们习以为常的东西，或者一般认为是正确的东西的否定或突破。对于企业而言，很有必要考虑：如何营造创新与探索的文化氛围？如何建立创新与探索的企业文化？大学也是如此。

文化是软的，制度是硬的。营造良好的创新氛围，根本之一是要着力通过制度机制的完善，保证各种创新活动的开展，特别是要加强知识产权制度建设，大力提高知识产权创造、管理、保护、运用的能力。

人是需要一点精神的，既要营造创新氛围，构建创新企业集群，也需要弘扬创新精神，倡导政府、企业、个人都要迈出创新的步伐，为我国构建创新型国家作出应有的贡献。

第七章
创新型国家的构建与开放式创新

一、创新型国家的构建与供给侧结构性改革的推进

（一）创新型国家体系的类型与我国国家创新体系的构建

在第三次生产浪潮中，中国制造迈向中国智造，必须创新，必须构建创新型国家。目前，世界上比较认可的创新型国家有 20 多个：美洲的美国、加拿大，欧洲的德国、英国、法国、瑞士、瑞典、芬兰、荷兰、丹麦、比利时、挪威、奥地利、意大利、爱尔兰、西班牙，亚洲的日本、新加坡、以色列、韩国，大洋洲的新西兰、澳大利亚。[①]

2016 年，在瑞士日内瓦发布的全球创新指数排名中，中国排名第 25 位。

全球创新指数自 2007 年起每年发布一次，由世界知识产权组织、美国康奈尔大学、英国国际商学院联合发布，对大约 130 个经济体进行从专利申请量到教育支出等数十种指标的调查评估。2017年，中国跃居第 22 位。

2017 年全球创新指数排名显示，瑞士、瑞典、荷兰是世界上最

---

① 每年排名是有变动的。

具创新力的三个国家。其中，瑞士连续 7 年高居全球创新指数排行榜榜首。在瑞士、瑞典、荷兰之后，位列排名前 10 名的依次还有美国、英国、丹麦、新加坡、芬兰、德国、爱尔兰。在 2017 年排行榜前 25 名中，除排名第 22 位的中国之外，其余 24 个都是高收入经济体。世界知识产权组织专家萨哈·温施证实："中国去年进入前 25 名。其他最靠近的发展中国家排名也在第 40、50、60 或 70 位左右。这意味着中国实现了巨大突破。而今年的中国再次从第 25 位跃居第 22 位。"①

从创新型国家的创新体系看，大致可分为两类：

第一类是企业主导型。以美国为代表。美国作为科技领先型国家，其国家创新体系最突出的特点是：政府创造一个健康的鼓励竞争的商业环境，千方百计让企业成为科技创新和产业化的主体，企业在国家创新体系中处于核心位置，与高校、科研机构、政府与中介机构之间保持着良好的沟通互动。政府主要是维护基本的社会体制，并在基础性研究方面起关键性作用。

第二类是政府主导型，以日本为代表。在长期的追赶过程中，尽管日本的企业一直是科技创新的主体，但日本政府对国内创新活动的积极引导和重点扶持等强干预措施发挥着主导作用。例如，日本通产省通过不断地与产业界的研究人员、大学中的科学家和学术专家进行技术对话的方式预测新技术的发展趋势，用以指导企业的技术创新方向与重点，日本政府还鼓励尽可能大力引进世界上最先进的科技，并加以改造。

国家创新体系是一个国家在决策中枢的协调组织下，由企业及其研究开发机构、研究型大学与普通教育机构、独立研究开发机构、政府实验室、中介机构、投资机构，以及与科技创新相关的其他政府机构等组成的相互联系的系统网络，其功能是为了创造、扩散与使用新的知识与技术，务求推动政治、经济、文化、社会的发展与生态文明建设。

① 《瑞士摘全球创新指数七连冠》，《参考消息》2017 年 6 月 17 日

我国在改革开放前，由于受到计划经济的支配，创新活动由政府组织、创新资源由政府配置，各创新要素按政府计划与要求行事，科研机构只管知识的生产，高校只管知识的生产与传播，企业只管知识的使用，相关中介机构则无生存与发展空间。这一体系，不仅导致各创新要素的创新动力低下，而且造成各创新要素之间功能侵害。改革开放以来，尤其是随着社会主义市场经济体制的建立与完善，打破了这一体系，虽然政府仍然是创新的发起者、组织者，但由于政府职能发生了转变，企业、科研院所与高校在创新中积极性、主动性大大提高，相关中介服务机构也蓬勃发展起来，使得国家创新体系发生了根本性变化，各创新要素的创新活力不断增强，创新效率不断提高，形成政府、企业、科研院所与高校、相关中介机构"四角相倚"的国家创新体系。

如何让市场在配置创新资源中起决定性作用，以提高企业的科技创新能力，进一步完善我国改革开放以来形成的国家创新体系，以创新驱动经济新常态发展，这是需要深入探讨的。

（二）推进供给侧结构性改革，改造提升传统产业、培育发展战略性新兴产业

建设创新型国家的关键是产业经济的持续发展与创新型企业的不断涌现。产业创新能力的强弱是衡量综合国力与区域经济发展水平差异的决定性因素。例如，美国的信息、航天航空等高端装备产业，德国的汽车、精密机械制造产业，日本的汽车、电器、通信产业等等，就是本国创新的重要标志与持续动力。

中国政府对产业创新历来十分重视，从制度设计、政策倾向到资金安排与落实，无一不体现出对产业创新能力提升的迫切需要与殷切希望。但是，产业结构不合理与科技创新能力不强这两大问题，始终是困扰我国经济社会发展的难题。

于此，首先探讨如何调整产业结构、营造良好的产业发展环境问题。

改革开放以来，我国的产业结构主要位于全球价值链的中低端，

比较利益较低。这有其历史原因。这是因为，我国原先是农业国，改革开放之后，为了将农业国迅速地转变为工业国，实施了粗放型发展，在20世纪90年代，通过改革开放，引进"三资"企业，发展民营企业，迅速地由农业国发展成为世界加工厂、制造车间，城市、工业的摊子越铺越大。到21世纪，成为典型的工业国。但由于是粗放型发展，摊子是铺大了，GDP也位居世界第二，但资源消耗极大，环境受损了，人力资源成本也上升了，第二产业、第三产业都期待调整、转型升级。2015年12月召开的中央经济工作会议，针对我国长期积累的一些结构性、体制性、素质性突出矛盾与问题，尤其是经济增速下降、工业品价格下降、实体企业盈利下降、财政收入增幅下降、经济风险发生概率上升，即"四降一升"问题，针对如何转变经济发展方式、调整产业结构，提出了进行供给侧结构性改革，从顶层设计、政策措施直至重点任务，都作出了全链条部署。

在理论界，有一种观点认为，推进供给侧结构性改革，就是实行需求紧缩。这是错误的。供给与需求不是非此即彼的关系，两者互为条件，相互转化，两手都得抓，但主次要分明。

当前，我国经济正从粗放型向集约型、从简单分工向复杂分工的高级形态演进，再按过去那种铺摊子式的粗放型发展方式来搞，不仅国内条件不支持，而且国际条件也不支持，是不可持续的。

从目前我国相当多的产能看，是在世界经济增长黄金期向外需以及国内高速增长阶段形成的，在应对2008年国际金融危机冲击中，一些产能又有所扩大，在国际市场增长放缓的情况下，仅仅依靠刺激国内需求难以解决产能过剩问题。这个问题不仅我国遇到了，其他国家也遇到了。

认识供给侧结构性改革，就是要看到当前全球经济与国内经济形势下，国民经济不可能通过短期刺激实现V形反弹，可能会经历一个L形增长阶段。

将供给侧结构性改革定义为：供给侧＋结构性＋改革。这三个方面，当前最为紧迫的就是结构调整，这是关键。然而，结构调整却是一个老问题，至少从 20 世纪 60 年代初就开始了，到了 80 年代还在调整。当时的说法是"重工业太重，轻工业太轻"，后来又是"调整一二三产业比重"，再后来是"两个转变"、"关停并转"……可以说，几十年来，结构调整就一直没有停过，但粗放型增长依旧，"三高一低"（即高投入、高消耗、高污染、低产出）没有根本性改观，环境问题随之也越来越严重，以至于到了今天，我们还在回过头来解决"去产能、去库存"这些经济发展中非常初级的问题，甚至为"僵尸企业"的出路而犯难。

那么，我们有没有想过，多年的结构调整为什么始终不奏效呢？原因在哪里呢？原因就在于政府主导经济的负面作用，靠投资拉动，靠上项目，靠权力配置资源。那些真正市场化的企业不需要向它们讲"产能"、"库存"、"成本"等等问题，即使出现重复投资和过剩产能，市场也会自行矫正，不需要别人担心。恰恰是政府一时的产业政策和投资政策为日后的结构失衡埋下了伏笔。看看 2008 年出台的十大产业振兴项目，有几个不是过剩的？看看那些地方长官们曾在国家发改委里亲自批文的项目，今天的效益怎么样？

其实，分析宏观经济的框架有多种，供需关系和供需框架是最基本的，还可以是古典经济学的生产、交换、流通、分配的四要素框架，也可以是土地、资金、人力、技术、制度的全要素生产率框架。我们这些年之所以一直喜欢凯恩斯"三驾马车"（投资、出口、消费）的宏观分析框架，原因有三、结果有三：一是注重短期因素，而忽视中长期发展，但短期政绩冲动毒害经济长期发展的动力系统，也丢掉了衡量宏观经济的多重视角；二是凯恩斯的抑制有效需求不足因而扩大投资的理论，很对政府官员的胃口，为政府干预微观经济和权力配置资源打开了缺口；三是这些年来因为廉价土地和廉价农村劳动力而造就了房地产和出口加工业的快速发展，"三驾马车"的数字也因而很好看。但这如同是吹大的泡沫，当土地和劳动力价格归位之后，泡沫就破了。

现在，我们不再迷信有效需求理论，也不再只是紧盯着"三驾马车"，追求短期目标了。现在需要把视野回到供需两要素框架，回到生产、交换、流通、分配四要素框架，回到土地、资金、人力、技术、制度全要素框架，踏踏实实塑造中长期发展的动力系统。

供给侧的问题严重不严重？肯定严重。结构调整难不难？的确难。但供给侧结构性改革怎么改？说简单也很简单。一句话：跟着需求走就行了。

如何跟着需求走，推进供给侧结构性改革？

第一，让市场在资源配置中起决定性作用。市场是一所好大学，需求是一个好导师，那些跟着需求走的企业，一定是市场这所大学里的优等生。这些年中国出了很多优秀的企业和企业家，他们绝大多数就是摸着市场的需求一步步走出来的。他们极少是发明家或技术狂人，但他们大多是懂得市场需求和善于适应市场变化的高手。大道至简，全世界的商业规则是相通的：供需均衡，仅此而已。

只要理顺要素价格，市场自然会按照效率原则配置资源，达至供需均衡。去看看那些"僵尸企业"，大多都是要素价格紊乱的情况下，资源错配的结果。政府在资源配置上伸了不该伸的手，而在制定规则、维护秩序方面，该伸手的时候却不伸手。据统计，2015年"海淘"增长500%。那么多人，为什么不在国内消费？消费环境太差，市场秩序太乱，食品安全、产品质量无保障。而出现这种情况是政府的监管出了问题，政府缺位。去产能、去库存、去杠杆、降成本、补短板，前提就是政府与企业各归其位、各司其职。政府尤其不应借供给侧结构性改革之名，干预企业具体经营，如设定库存、成本指标。

这些年，我们有一条基本经验，每当经济发展遇到困难，就让市场释放活力。市场化改革，往往难以推进，但结果却常常喜人。经济"新常态"下的"供给侧结构性改革"，应当有一条红线贯穿始终，这就是中共十八届三中全会决议强调的"让市场在资源配置中起决定性作用"。

中央强调，适应和引领经济发展新常态，推进供给侧结构性改革，要努力实现十个方面工作重点的转变。这就是：推动经济发展，要更加注重提高发展质量和效益；稳定经济增长，要更加注重供给侧结构性改革；实施宏观调控，要更加注重引导市场行为和社会心理预期；调整产业结构，要更加注重加减乘除并举；推进城镇化，要更加注重以人为核心；促进区域发展，要更加注重人口、经济和资源环境空间均衡；保护生态环境，要更加注重促进形成绿色生产方式和消费方式；保障改善民生，要更加注重对特定人群特殊困难的精准帮扶；进行资源配置，要更加注重使市场在资源配置中起决定性作用；扩大对外开放，要更加注重推进高水平双向开放。

中央强调的这"十个更加注重"是标尺，各地区、各部门、各级政府，都要对照这"十个更加注重"，对不上的事不能再干，对得上的事要加把劲干。比如，放水漫灌强刺激、盲目扩建新城区以及强化行政对资源配置的干预等事情不能再干了，投资没回报、产品没市场、环境没改善等项目不能再上了。相反，有利于引导社会心理、化解产能过剩、提升技术水平、加快人口城镇化、促进要素自由流动、提高扶贫精准度等事情要使劲地干，创造性地干，拙劲加巧劲地干，努力化大震为小震，积小胜为大胜。

第二，注重抓"产业价值链"。香港中文大学郎咸平教授将产业价值链概括为"6+1"。他说："任何行业的产业链，除了加工制造，还有6大环节：产品设计、原料采购、物流运输、订单处理、批发经营、终端零售。"[1] "1"是制造，如前所述，中国的制造业不能中断，现在虽在迈向工业4.0，但毕竟仍处于工业经济中级阶段，还未迈进后工业社会，或者说，正在迈向后工业社会。这就是说，中国的工业化远未完成，不仅要继续抓制造业，而且要转型升级，延伸制造业价值链。如何延伸制造业价值链？一是从中低端转向中高端，发展高端制造业；二是从传统产业转向新兴产业、现代产业，从中国制造转向中国创造、中国智造；三是从"1"发展到"6+1"，即中

---

[1] 郎咸平等著：《产业链阴谋 I》，东方出版社2008年版，第002页。

国制造业，从总体上看，目前仍处于中低端的组装、加工、制造链上，若仍采取"高投资"、铺摊子，解决不了老百姓不知投资什么的问题，且本身价值链既低又短，没有多少利润空间。若要为老百姓指明投资方向，延伸价值链，必须从"1"发展到"6+1"，即除了继续发展制造业，还必须以此为根基，发展产品设计、物流运输、批发经营、终端零售，管控好原料采购、订单处理。

第三，运用先进科技改造提升传统制造业，培育发展战略性新兴产业，推进新动力，发展新经济。传统产业是以采用传统技术、运用传统方法进行生产或以劳动密集型与资本密集型组织生产经营的各类产业。我国传统产业产值占国内生产总值的90%以上，急需利用先进科技、工艺技术进行技术改造，淘汰落后工艺技术与设备，提升传统制造产业。

与此同时，瞄准发展瓶颈，培育发展节能环保产业、信息技术产业、人工智能产业、高端装备制造产业、生物产业、新能源产业、新材料产业、新能源汽车产业等战略性新兴产业。

目前，中国经济由高速增长转至中速增长，背后则是经济结构、增长动力和体制政策体系的系统转换，从大的增长过程看是增长阶段的转换。可将此称为新一轮经济发展。国内有专家将此称为"转型再平衡"，也就是由高速增长时的平衡转向中速增长的平衡，并认为：这一平衡的实现，将取决于三个条件。

一是高投资触底。从需求角度看，以往的高增长主要依托于高投资，消费总体上是稳定的，净出口对GDP增长的直接贡献则是一个较小且不稳定的量。在过去较长一个时期，高投资主要由基础设施、房地产和制造业投资构成，这三项可以解释85%左右的投资变动。而制造业投资又直接依赖于基础设施、房地产和出口。高投资触底，通俗地说，即主要取决于基础设施、房地产、出口三只"靴子"落地。基础设施投资占全部投资比重的高点出现在2000年左右。作为政府稳增长的主要抓手，这一指标波动较大，但总体上处在回落状态。出口已由以往20%以上的高增长到2015年出现负增长，可以认为大体触底。房地产投资在经历了较长时间的高速增长后，2014 年触到历史需求峰值后开始快速回落，2015 年下半年出现月度同比负增长，2016 年 9 月底 10 月初开始对楼市进行大规模调控。一大批城市出台调控措施，涵盖限购、限价、信贷、土地供应、保障房等多个方面。受此影响，2016 年四季度楼市出现明显降温。

进入 2017 年，部分城市陆续出台修补性的调控措施，但市场升温的迹象已经出现，不仅包括热点城市周边的三四线城市，此前已经明显降温的一、二线热点城市，也再度出现回暖势头。在中国指数研究院监测的 30 个城市中，2017 年 1 月，有 6 个城市的商品住宅成交面积出现环比上涨，到 2 月，环比上涨的城市已经增加到 12 个，但多为中小城市。3 月首周（2 月 27 日到 3 月 5 日）杭州、重庆、东莞等热点城市的成交量大幅上升，第二周（3 月 6 日到 3 月 12 日），北京、武汉、扬州又"接力"上涨。正是在这一背景下，北京的调控升级，各地的调控措施推向新高潮。也正是在这一背景下，一些城市又出现降温。问题在于，对于房地产市场，无论是政界，还是理论界，目前争议仍很大，各利益方博弈十分激烈。

二是去产能到位。随着需求侧的高投资增速回落，供给侧开始相应调整，但部分行业调整较慢，于是出现了严重的产能过剩。如果这一问题解决不到位，"转型再平衡"就难以实现。

三是形成新动力、新经济。通常意义上讲的新动力，是指那些新成长起来的增长领域，也称"新经济"，大致可分为三类：第一类新成长产业，主要是生产性服务业，如信息服务、物流、研发、金融等；与居民消费水平升级相关的服务业，如医疗、文化、体育等产业；制造业中的新技术产业，如大飞机制造等。第二类产业转型升级，如机器替代人工、绿色发展等。第三类由创新而产生的新增长点，如网购等"互联网+"所带动的相关行业。

这些新经济的一个重要特点是替代性增长。由于新的增长空间挤压了原有的增长空间，因此，这种替代性增长，一方面可为新一轮经济发展带来新的增长点；另一方面也会给新一轮经济发展带来冲突与挑战。

首先，新动力、新经济具有重分蛋糕的性质，难以避免会引起利益关系的冲突与重组。譬如，网购快速发展的同时，传统商业放缓了，有的甚至衰落，有的知名品牌商场因在销售成本上无法与网购竞争，不得不关闭了。打车软件与传统出租车也发生冲突。机器人上岗，导致工人下岗，等等。如果"新动力"、"新经济"拥有并有效地运用了新技术、新机制、"新模式"，提高了效率，终究是不可阻挡的。但是，同时必须重视并妥善应对由它所带来的利益冲突及引发的挑战。

其次，我们要寻找新动力、新经济，但现在对其期望不能过高。旧动力、旧经济，如房地产、钢铁、汽车等，有其规模效应，即使要去其产能，也要把握适度原则，因为新经济、新动力，现在还很难扩张到这些旧动力、旧经济这么大的规模。对于中国经济来讲，这些旧动力、旧经济规模，在一定程度上还是要保留。否则，中国经济是难以维稳的。新动力、新经济替代旧动力、旧经济，成为新的增长点，也要有一个过程，不可操之过急，过急了，也会出现新的产能过剩。2015 年，战略性新兴产业，占工业的比重虽不足10%，但已出现严重产能过剩问题，如光伏发电行业。从目前看，虽然新兴产业正蓬勃兴起，传统产业正加快转型升级，但其发展需要经历一个相当长的过程。目前，新动力、新经济的替代性增长呈现的是：降成本、提效率，对 GDP 增长贡献仍不是很大。这表明，新动力、新经济虽然能够提升经济增长水平，但现在还不足以抵消原有动力的下降。对此，我们不可忽视。

第四，大力发展、运用"云计算"，顺应改造提升传统产业与培育发展战略性新兴产业的要求。

对于中国这样一个制造业大国，要改造提升传统产业、培育发展战略性新兴产业，大力发展、运用"云计算"尤为重要。云计算源于美国。2007 年，谷歌与 IBM 开始在美国大学校园推广基于云计算的大数据服务，此后雅虎、惠普、苹果、微软等相继加入云计算开发行列。云计算概念由谷歌提出，目前 IT 业内普遍认可的定义，是由美国国家标准与技术协会提出的：云计算模式允许用户通过网络接入到一个可动态配置的共享计算资源地（其中包括网络设备、服务器、存储、应用软件等），并且以最小的管理代价即可实现这些可配置计算资源的快速发放与发布。

云计算这个概念是如何形成的呢？云是由很多小水滴组成的，把每一个计算机想象成小水滴，联合起来就形成了云。云还有一个特点，就是它并不封闭，下雨的话大家都可以看到，云计算也一样，大家是可以共享的。云计算是把多台电脑服务器整合起来，把这些东西放在云端，用统一的系统来进行计算、存储以及管理。

日本在云计算应用环境和技术方面排名靠前。2009 年日本公布的 i-Japan 战略明确提出在全国范围内大规模建设云计算基础设施，建立大规模云计算中心，以及基于云计算的电子政府。日本政府想利用云计算，建设一个"国民个人电子文件箱"，使得全体国民通过互联网，可以管理自己的所有身份信息，并进行缴税、工资支付、行政申请等。

德国政府为了支持云计算和大数据技术研发，资助新兴企业，制定了《云计算行动计划》，用以加强德国互联网基础设施建设，建立覆盖全国并与其他欧盟成员国统一标准与协议的高速网络，为云计算提供支撑。同时，推动云计算在中小企业及公共部门的广泛应用。

多国密集出台云计算战略，主要原因之一是其降低了创新的门槛和创新成本，运营商可以提供一个互联网业务开发平台，中小企业或个人开发者可以在这个云计算平台上研发各种互联网业务，从而促进中小企业的发展。同时，云计算本身也大幅降低了 IT 基础设施成本，让信息化从企业到个人的渗透程度在继续加深。

必须指出的是，IT 业内对云计算的定义和老百姓经常听到的云计算有所不同。实际上，老百姓接触到的"云计算"相当于"互联网"。狭义来说，人们在日常生活中主要接触的是云计算的"服务"

特性，例如网盘、桌面云（通过云计算实现桌面的统一，国内还未普及）、手机APP等。

事实上，所有互联网应用都是云计算平台上运作的。国家电网很多系统是运行在云计算平台上的。电信营业员的办公终端，很多也是桌面云。换个角度说，老百姓受到云计算间接影响是比较大的，因为云计算支撑下的互联网业务，具有超低成本，人们可以获得大量免费服务。

现在的云计算发展非常丰富。譬如苹果手机运用云技术可以使手机的短信、图片、电话号码都存储到云端。日本企业一些成功的云计算服务项目包括，NEC推出的"酒店管理云计算项目"，为酒店业提供信息和业务订单"一键式服务"；富士通公司推出"高龄者管理云计算"，将高龄者信息输入系统并进行综合性管理分析，推动家庭医疗和护理服务。

现在网上热议的"大数据"，其能否实现的关键也在于云计算的应用和普及。云计算和大数据催生了一系列"移动数据库"，如带有存储芯片的第二代银行卡、信用卡，带有芯片读取功能的新型护照、驾驶证、社保卡、图书证等。

发展、运用云计算，必须与实体经济紧密结合。国内有学者认为，现在虚拟经济对中国社会的冲击应引起重视。例如，过分强调互联网经济，导致对实体经济形成过度冲击。其实，问题不在于强调不强调互联网经济，而在于怎么强调。如果强调发展实体经济必须与时俱进，与互联网结合起来；或者说，采取"互联网"＋实体经济，即将互联网与实体经济紧密结合起来，有什么不可以，有什么过度不过度的呢？

二、创新主体的认知与夯实科技创新的认知

（一）创新主体的认知

中共十八大与十八届三中全会强调，我国必须大力提高科技创

新能力、实施创新驱动发展战略，并强调：实施创新驱动发展战略，必须进一步提高自主创新能力。

问题在于：如何进一步提高自主创新能力？首先，必须围绕产业发展需求部署创新链，完善科技有效支撑引领产业发展的机制。着力突破重大技术瓶颈，充分发挥国家、示范应用工程等的引领带动作用，充分发挥高新技术产业开发区等的核心载体作用，实现从研究开发到产业化的有机衔接。运用现代科技加强和创新社会管理，大力发展关系国计民生的科学技术。

其次，以市场为导向，企业为创新主体，扶持与鼓励企业自主创新。以市场为导向就是要寻找市场缺口，即市场缺什么就做什么创新。说到自主创新，当然是全社会各方面的责任，政府、科研院所、高等院校、企业等等，"一个都不能少"。其中，企业作为市场经济的主体，更应该是自主创新的主体。企业是创新型国家的主体，这是近年来在大力提倡自主创新背景下国家明确的一大国策。其原因在于：第一，企业是创新源头。没有企业创新，经济发展就成了无源之水，无本之木。企业科技创新与其他各类机构的科技创新共同构成了国家整体创新体系。第二，创新成果的产业化、规模化要靠企业来实现。因此，党中央、国务院强调：要建立以企业为主体、市场为导向、产学研相结合的技术创新体系。在发达国家，自主创新唱主角的都是企业。100多年的世界产业发展史表明，真正起巨大推动作用的技术几乎都来自企业。例如，汽车领域中的福特，发明了生产流水线；航空领域中的波音，将金属疲劳知识应用于新飞机的开发，使喷气式飞机投入商业化运营；化工领域中的杜邦，发明了尼龙；计算机领域中的微软，发明了视窗操作系统……这些公司都是技术创新中的"领头羊"。近些年，我国企业在自主创新中已经发挥着越来越重要的作用，形成了以华为、海尔为代表的一批拥有自主知名品牌的优秀企业，促进了一批高新技术产业群的迅速崛起。比如，在深圳，90%以上的研发机构在企业，90%以上的研发人员集中在企业，90%以上的研发资金来源于企业，90%以上的职务发明专利出于企业。但总的来看，我国企业创新能力还不强，要真正成为自主创新的主体，还有很长的路要走。在我国，拥有自主知识产权核心技术的企业仅为万分之三，75%的企业没有专职人员从事研发活动。这种状况若不改变，很难在日趋激烈的国际竞争舞台上立足。企业要在自主创新中唱主角，既要靠企业自身的努力，也需要政府以及社会各方面的支持。

从企业来说，要树立强烈的自主创新意识，把创新置于企业战略的最重要位置。对总体实力偏弱的我国企业而言，不走创新之路，就难以在日趋激烈的国内外市场竞争中生存下去。要通过加快建设现代企业制度，形成完善有效的创新激励机制，增强企业自主创新的内在动力。同时，要舍得投入，把企业各方面的资源集中到创新上来，建立完善的研发机构，加大在新技术、新产品研发上的投入。

再次，必须进一步深化科技体制改革。加快建立企业主导产业技术研发创新的体制机制，使企业成为技术创新决策、研发投入、科研组织和成果应用的主体，完善市场导向的创新格局。增强科研院所、高等院校创新和服务能力。加强基础研究、应用研究、技术创新和应用推广的有机衔接，促进科技资源开放共享，加强统筹协调和协同创新，提高国家创新体系整体效能。

最后是做好企业，进一步优化创新环境。具体来说：一是积极研究制定与深化科技体制改革、加快国家创新体系建设有关政策措施，完善科技创新评价标准、激励机制、转化机制，不断形成激励创新的正确导向，不断健全创新法治环境，大力推进科技和金融结合，健全多元化科技创新投入体系。二是发挥企业在创新中的独特作用。据统计，美国的企业创新产品中，82%来自中小企业。要通过创业投资、政策支持等方式，支持中小企业的技术创新活动，发挥中小企业在自主创新中的独特作用。

要发挥企业在创新中的独特作用，就必须下功夫做好企业，尤其是要做好中小企业。如果企业没做好，那就别怪产业。

如何做好企业？需要研究的问题很多，其中一条是要专业化。

企业自身有没有坚持专业化经营之路，与企业能否做好有很大关系。从一些案例来看，国内一些企业前几年都在忙着转产、多元化发展。由于一段时间内一些学者、媒体不断唱衰劳动密集型产业，致使许多地方的产业政策也出现转向，很多企业家也开始看不起自己的产业，谋划转产、多元化，放弃了企业历经二三十年才积累起来的经验教训、人才资源等核心竞争力。由于这些企业总在试图进入不熟悉的产业，企业家的注意力开始分散，资金配置也随之变化，无法在原先的领域内继续专注、升级，结果市场一有风吹草动，企业自然苦不堪言。这是中小企业在这些年的一大教训。

经济学鼻祖亚当·斯密在《国富论》开篇就阐述了分工原理，一根针一个人来做效率很低，但十个人进行专业分工合作，每人做一道工序，效率就得到迅速提高。可见，市场经济最根本的规律就是专业化竞争。发达国家的中小企业之所以会不断创新，是因为他们一个家庭几代人都专注同一行业，比如日本有的企业几代人坚持做同样一个产品，追求把产品的质量做到极致，这些企业追求的是极致。苏州也有这样的企业。虽然这些企业规模并不大，却是在业内享有盛名的优秀企业。通过积淀和专注于技术、品牌升级，它们生产的往往是业内具有高精尖水平的产品。一些中国企业的皮鞋袜子只能廉价销售，而意大利企业生产的皮鞋袜子则被视为时尚代表，就是因为他们几代人兢兢业业把现有的产业做专做精，走到行业前沿后无人可以替代，从而得以引领潮流。因此，不走到行业前沿，不坚持专业化的积累，就很难实现创新。马云讲："选择了做什么后，就必须思考如何做。尤其是小企业，你必须做出特色来，做出与众不同来。"①中国有些中小企业，是1992年之后，通过打拼，才逐步走过来的，还没有做出特色，还没有到前沿，就要放弃转产，真是可惜且可悲。

---

① 《马云致创业者：用心用脑用体力做生意》，加拿大《伦敦大众时报》2015年7月10日第5版。

问题还在于，一些中小企业并不需要转产，因为制造业还有很大的发展前途。中国是一个发展中国家，几乎每个行业都有庞大的市场需求和增长点等待发掘。发达国家确实有夕阳产业，但我们不能完全套用它们的概念来打量中国的各种产业。目前来看，除了国家和社会一致要限制发展的高能耗、重污染行业以外，其他的行业仍有很大的增长点，并非只有高新技术产业才能让企业迅速发展。如果轻视自身产业、急于转产，会有多大发展？更何况，互联网时代经济资讯传播极快，一个行业被政府鼓励或者被市场分析师看好，都会带来大量企业和投资涌入，诱发新的产能过剩，产品只能低价竞销，被西方国家打上倾销标签，这方面的新案例近几年并不少。因此，我国国内著名经济学家樊纲针对上述情况曾经在《环球时报》上发文指出，就我国现阶段的发展而言，没有不好的产业，只有做不好的企业。市场竞争并非要比较哪个产业好，而是企业间的较量，三心二意的企业一定是做不好的企业。

总之，只有专业才能出品牌、质量、技术，才能获得创新的能力，中国大量的中小企业只要再专注发展二三十年，成为世界不可替代的中小企业，中国经济就会有更大的发展前途。应该说，中国在这方面是有发展潜力的。

（二）夯实科技创新的认知

理论界有人认为，创新有科技创新、制度创新、理论创新等等。但从生产领域的创新来讲，应该突出科学发现与技术创新，夯实科学技术的根基，深化对科学、技术、知识的认知。

世界在变，当今世界的变化，是随着当代科学、技术的发展而发展的。

牛顿时代是个体研究时代，爱迪生时代是集体研究时代，第二次世界大战后至20世纪六七十年代是国家规模研究时代，20世纪六七十年代以来人类的科学研究进入了国际合作研究时代。随着经济全球化的发展，科学技术既影响全球化，同时也受全球化影响，如今已经进入了科技全球化时代。

科技全球化始于 20 世纪 70 年代，科学、技术、知识日渐成为各国经济发展的决定性因素。知识就是力量，科学技术是第一生产力，已经在全球经济发展的实践中得到反复印证，知识经济已经成为当代世界经济与经济发展方式的主要推动力，知识经济的大潮汹涌澎湃，正强有力地推动世界各国包括当代中国经济发展方式的转变。

科学技术在已经到来的知识经济时代，已经成为世界各国政治、经济、文化、社会发展强有力的杠杆；在当代世界经济与经济发展方式转变过程中，正在显示与发挥出日益强大的作用。

何谓科学，何谓技术，何谓科学技术？尽管对于这一问题，由于人们的看法并不统一，因此，要给科学、技术、科学技术界定一个不变的、为世人所公认的概念，是难以做到的。但对于科学概念的下述内涵，人们是普遍接受的。

一是科学是一种知识体系，是人们对客观世界的认识，是反映客观事实与客观规律的知识体系。

二是科学是获得知识的认识活动，是一个由不知到知、由知之甚少到知之较多的动态过程。

对科学要相信，但不能搞科学迷信。国内学者刘仰在《环球时报》上发表的一篇文章中讲道：

> 民主与科学是近代中国两个重要概念。一百多年来，伴随实践和了解，人们开始意识到民主的两面性、局限性，对民主的盲目崇拜和迷信已受到反思。但对科学，这种反思是不够的。
>
> 很多人把科学笼统地当成绝对真理，崇拜科学导致对科学的迷信屡屡出现负面效应，但我们对科学崇拜的负面影响还没有足够意识。讨论科学崇拜产生的迷信，部分是出于当今中国争论不断的转基因问题。有些人拿着科学大棒，将所有质疑转基因技术的言论定为"科盲"、"脑残"。
>
> 科学是探求真相的活动，人们因此将其置于崇高地位，科学家因而也受到尊重。但追求真相的只是少数科学家，大多数

公众只是被动接受科学教育或使用科技成果，科学家与公众的这种分离使科学崇拜有了产生土壤。科学崇拜，就是把一切科学成果或打着科学旗号的事物当成绝对真理而深信不疑，从而心甘情愿将决定权完全交给科学专家。这种状态会造成危害，有几方面原因。

第一，发现科学真相与使用科学技术不能完全等同。科学真相有很大一类产生于实验室，那是个相对简单的环境，往往需排除很多干扰才能发现不同现象间的紧密关系。当基于科学真相的科技运用到现实中，环境条件不同，会对后果产生不同于实验室的影响。

第二，科学对真相的认识往往不是一步到位，而是阶段性的。后阶段的科学认识否定前阶段的结论，在科学史上也并不罕见。例如输血可挽救生命，这是正确的。但早期采用动物血，显然是错误的。后来发展到只用人的血液，现在则还要区分血型。

第三，科学在现代受重视，一个重要原因就是它能带来财富，科学家也因此能名利双收。当科学真相的阶段性认识只在实验室里，其危害性较小。但在商业化驱动下，往往会为某种目的竭力推广，从而使其危害性被放大。利用大众对科学盲目崇拜而大肆商业推广，造成各种预料之外伤害的现象，在科技史上不胜枚举。如果仅仅是认识不足还可原谅，但从目前来看，不能排除有意识制造科学假象、欺骗公众的情况。

第四，由于公众缺乏验证科学技术的手段和条件，一些别有用心的人就利用科学崇拜心理欺骗公众，以科学的名义践踏民主，其典型就是纳粹的种族主义。它不是真正的科学真相，却打着科学旗号涂炭生灵。它能肆虐社会，原因在于公众对科学的盲目崇拜和迷信，包括科学家对自己成果的迷信，和将并不确定的科学成果大肆推广的社会活动家对此的迷信。

盲目相信科学，本身就不科学。真正的科学态度，不论对于民众还是科学家、科技工作者、宣传者都应是随时保持质疑。以科学的大棒压制一切反对、质疑的声音，绝不是科学态度，很可能会造成危害他人和社会的悲剧。[1]

对于刘仰的上述看法，笔者是赞同的。

至于技术，有人认为技术即技能，也有人认为技术即工艺，还有人认为技术是手段、方法。概言之，大致上可以将技术理解为，技术是为了满足人们生产活动的需要，所掌握运用的各种技能、工艺、活动方式、手段与方法。它既表现为软件部分，又表现为硬件部分（如生产工具及其设备）。还有人认为，这是讲的狭义的技术，即生产技术。其实，技术既表现为物质形态，又表现为知识形态，广义的技术既包括生产技术又包括非生产技术。我们所讲的技术，一般指的是狭义的技术。

科学与技术是辩证统一的。在科学中有技术，在技术中有科学，二者是相互关联的整体。因此，人们常常将科学技术并列使用。邓小平讲：科学技术是第一生产力。科学技术在现代生产力系统中起第一位的变革作用，现代生产力 =（劳动者 + 劳动资料 + 劳动对象）× 科学技术 × 管理 × 教育。在当代，科学与技术的联系日益紧密，其表现是科学的技术化与技术的科学化。一方面，科学对技术的发展不仅具有基础性和前提性，而且是技术发展的先导，当代技术上的重大突破在很大程度上取决于当代自然科学的应用与发展水平。另一方面，当代自然科学的发展也需要技术的支撑与推动。现代科学研究必须借助各种先进的技术手段与仪器设备才能进行、才能获得突破。如进行基本粒子研究，就离不开回旋加速器。

在 19 世纪，马克思就看到科学技术是生产力。20 世纪下半叶以来，科学技术与社会化大生产的互动融合推动了生产的发展。尤其是在当代，科学技术具有明显的超前性，当代科学不仅走在技术与生产前面，而且为技术和生产开辟了各种可能的途径，如前所述，

---

① 刘仰：《科学崇拜也是一种迷信》，《环球时报》2014 年 3 月 28 日第 15 版。

从瓦特开始，就逐渐形成了科学——技术——生产的发展顺序。到了当代，这一顺序则成为当代生产发展的一大特色。例如，核工业，先是研究原子核，有了核物理，运用相对论及原子核裂变原理形成和发展了核技术，促进了原子能在军事、动力、医疗等领域的广泛应用。出现这一变化，主要是现代科学技术可以在实验室里被证明与创造出来，可以先于生产实践而产生。

随着人类认识领域的延伸与人们实践活动的复杂化，生产、研发越来越受科学技术的指导。特别是技术及其产业化成为当代经济的火车头。如生物制药产业、航天产业、环保产业、信息产业等已经成为未来经济发展的主流，并开始影响与决定国家经济发展的命脉。

科学技术将成为未来社会历史发展的第一动力。未来科技将引起社会生产方式、生活方式与社会产业结构的巨变。在知识经济时代，呈现在人类面前的是知识的生产、知识的管理、知识的消费与知识的创新。

当今全球进入"互联网+"与知识经济时代，知识在经济运行中发挥着举足轻重的作用。那么，什么是知识？什么是知识经济呢？知识，是人们通过学习、发现及感悟到的对世界认识的总和，是人类认识的结晶。从本质上讲，知识经济是一种信息经济，是以知识为基础的经济，它有别于传统工业经济下的物质经济。物质经济是建立在生产工具为特征的生产力基础上的社会经济，信息经济、以知识为基础的经济则是建立在以知识为特征的生产力基础上的经济。

创办于1987年的华为的掌门人任正非，是一个复合型的科技人才，他以2万元起家，创办华为，根据自身经历、发自内心地尊重知识与人才，先后提出了"劳动、知识、企业家、资本创造了公司的价值"，"尊重知识，尊重个性"等，集聚了众多的科技人才，使华为迈上了高科技发展的轨道，使这家当初仅是6个人的小作坊发展为今天拥有15万名员工的跨国公司。2010年7月，美国《财富》

杂志公布：华为以218亿美元的营收，成功闯入2009年度世界500强，排名第397位，也是世界500强中唯一一家没有上市的公司。

在"互联网+"时代，科学、技术、知识力量凸显，科学技术现代化，是现代化关键。为了拼抢制高点，西方工业发达国家，不仅投入了巨额资金，而且纷纷进行了新一轮科研政策的调整，各自突出科研重点，精准发力。

那么，西方工业发达国家，究竟各自在哪些科研领域发力，拼抢制高点呢？这是我们不能不关注的。

以欧盟为例。2013年，欧盟第七个科研框架计划完成时正值欧债危机关键时刻。欧盟顶住财政压力，提出非常明确的工作思路：利用科技创新促进增长，增加就业，战胜危机。在此背景下，欧盟正式启动投资总额达770亿欧元的"地平线2020"科研规划，也就是第八个科研框架计划。

被命名为"地平线2020"，是因为这一规划囊括了欧盟各层次重大科研项目，时间上到2020年结束。规划分为三部分：基础研究、应用技术和应对人类面临的共同挑战。其中最后一部分预算最高，约318亿欧元，涉及应对气候变化、绿色交通、可再生能源、食品安全、老龄化等领域的研发，用于建设"包容的、创新的、安全的社会"等。

负责科研和创新事务的欧盟委员卡洛斯·莫埃达斯说："科研与创新是欧洲进步的'引擎'，对解决当下出现的难民、气候变化、清洁能源等新挑战来说至关重要。"

再以日本为例，日本国家科研计划每五年更新一次。2016年1月22日，日本内阁会议通过第五个科学技术基本计划。这项科研计划实施周期为2016年至2021年，最核心点是提出建设全球领先的"超智能社会"。

这一目标是根据日本当前国情提出的。日本内阁负责制定科技政策的参事官水野正人在接受新华社记者一次采访时说，日本正面临人口减少和老龄化问题，社会保障费用正在提高，而税收却增长乏力，因此，需要通过科技创新提高生产率，以实现经济增长和创造就业。

水野正人介绍，"超智能社会"旨在通过最大限度利用信息通信技术，将网络空间与现实空间融合，使每个人最大程度享受高质量服务和便捷生活。它是继狩猎社会、农耕社会、工业社会、信息社会之后，一个由科技创新引领的全新社会，因此也被称为"第五社会"。

在这样的社会中，信息通信与人工智能技术结合在一起，根据用户多种多样的需求提供订制化的商品或服务，而且每个人都有可能成为服务提供方。

为建成"超智能社会"，日本政府和民间的研发投资总额要占到GDP 的 4% 以上，其中政府投入将占 GDP 的 1%。按照这一计划，在 2016 至 2021 年，按日本 GDP 增长率为 3.3% 估算，政府研发投资总额将达到 26 万亿日元（约合 2 288 亿美元）。

再以英国为例，为了复兴制造业，英国注重科技投入，推出了十大新政。2017 年 1 月下旬，英国首相特雷莎·梅公布了"现代工业战略"绿皮书，期待依托"现代工业战略"，扭转当前高度依赖服务业的失衡状态，提高劳动生产率，奠定多个工业部门在全球领先地位。这项计划包括十大要点，包括加大对科学、研发与创新领域的投资，提升科学技术领域的关键技能，升级能源、交通等基础设施，支持初创企业，加大政府采购，鼓励贸易和吸引外资，发展清洁能源，培育世界领先的经济部门，推动全国性增长，创建能够聚合部门和地方的有力机构。

英国商务、能源与产业战略大臣克拉克表示这是建立现代化、有活力的工业战略的重要一步，将提高民众生活水平和推动全国经济增长。现代英国工业战略必须建立在英国优势与未来发展的基础上，确保英国在建立和发展业务方面是世界上最具竞争力市场之一。

据英国财政大臣菲利普·哈蒙德 2016 年 11 月宣布，为了支持科技创新，英国投入逾 100 亿英镑。

对于科学技术，我国自 1949 年新中国成立以来，一直非常重视。在毛泽东时代，就建立了独立的科技发展体系。从 1949 年到 1995 年期间，尽管我国没有明确提出国家创新战略，但有"科技发展规划"，不仅其中渗透了科技发展的战略构思，而且呈现出我国国家创新战略的基石。例如，国家先后编制了《1956—1967 年科学技术发展远景计划》、《1978—1985 年全国科技发展规划纲要》、《1986—2000 年科技发展规划》等。特别是从 1982 年开始，国家通过专项拨款方式实施科技攻关计划。1986 年实施瞄准世界高新技术前沿的"863 计划"，1988 年实施以高新技术商品化、产业化、国际化为宗旨的"火炬计划"。这些科技发展规划虽然没有上升到国家创新战略的高度，但其实施推动了我国一系列新兴工业与国防技术初步走上了现代化道路，并为我国制定与实施国家创新战略奠定了良好基础。

1995 年 5 月，中共中央、国务院颁布了《关于加速科学技术进步的决定》，首次在全国实施科教兴国战略。1997 年提出国家重点基础研究发展计划（973 计划）。2002 年，中共中央、国务院制定下发了《2002—2005 年全国人才队伍建设规划纲要》，首次提出人才强国战略。科教兴国战略与人才强国战略，体现了"科学技术是第一生产力"，人才资源是第一资源的思想。这两大战略，构成了我国国家创新战略的支柱。

2005 年末，中共中央十六届五中全会提出："必须提高自主创新能力。把增强自主创新能力作为科学技术发展的战略基点与调整产业结构、转变增长方式的自主创新提升到国家战略高度。"在自主创新这面旗帜指引下，2006 年 2 月，国务院发布《国家中长期科学技术发展规划纲要（2006—2020 年）》，提出到 2020 年自主创新能力显著增强，科技促进经济社会发展与保障国家安全的能力显著增强，基础科学与前沿技术研究综合实力显著增强，为我国在 21 世纪成为世界科技强国奠定基础。

2015 年 3 月 13 日，中共中央、国务院提出了《关于深化体制机制改革加快实施创新驱动发展战略的若干意见》，强调"建立技术创新市场导向机制"；在"十三五"规划中，中国明确提出了深化科技管理体制改革、完善科技成果转化与收益分配机制，构建普惠性创新支持政策体系，规划了航空航天装备、高档数控机床、机器人装备等高端装备创新发展工程与生物产业倍增、高端材料、空间信息智能感知等战略性新兴产业发展行动。

在向当代科技进军途中，中国取得的成绩斐然。例如，歼20就是我国自主研发的隐形战斗机。"蛟龙号"载人深潜器是我国首台自主设计、自主集成研制的作业型深海载人潜水器，设计最大下潜深度为7 000米级。2017年4月26日，我国第一艘自行设计建造的国产航母001A下水。2005年，神舟五号载人飞船发射成功；2016年10月17日，神舟十一号载人飞船发射成功。在超级计算机方面，中国是第一个以发展中国家的身份制造了超级计算机，2011年中国拥有世界最快的500个超级计算机中的74个。2014年，"天河二号"以比第二名美国"泰坦"快近一倍的速度连续第四次获得冠军。2015年11月"天宫二号"超级计算机连续第六度称雄。2016年11月14日，在美国盐湖城公布的新一期TOP500榜单中，"神威·太湖之光"以较大的运算速度优势轻松蝉联冠军。

长期以来，半导体一直是最为全球化的产业，设计和生产分布于数十个国家。如今，中国是全球最大芯片市场。2015年全球3 540亿美元半导体销量中，中国占58.5%。但据估计，中国所用的1 900亿美元芯片中近90%是进口或由外资公司在华生产的。目前中国正在增强自主创新与生产能力，引起美国担忧。美国把中国视为日本之后最强的半导体行业挑战者。另一个令人关注的是航空发动机。

"航空发动机是一个技术精深得使新手难以进入的领域，它需要国家充分开发、保护并充分利用该领域的成果，需要长期的数据和经验积累以及国家大量的投入。"美国国家关键技术计划说明书中这样写道。

作为"现代工业皇冠上的明珠"的航空发动机，是衡量一个国家综合科技水平、科技工业基础实力和综合国力的重要标志。为了做强做优航空发动机，2016 年中国成立了中国航空发动机集团有限公司，注册资本人民币 500 亿元，拥有职工 9.6 万人。

航空发动机的研发有多复杂？中国航发的专家说，这是当今世界上最复杂的、多学科集成的工程机械系统之一，涉及气动热力学、燃烧学、传热学、结构力学、控制理论等众多领域，需要在高温、高压、高转速和高载荷的严酷条件下工作，并满足推力／功率大、重量轻、可靠性高、安全性好、寿命长、油耗低、噪声小、排污少等众多十分苛刻而又互相矛盾的要求。

全新研制一型跨代航空发动机，一般需要 20 几年，比全新研制同一代飞机时间长一倍。之所以研制周期长，资金投入大，是因为航空发动机不仅是设计和制造出来的，也是试验和试飞出来的。即使是技术最先进的国家，其当前技术水平也不足以完全通过设计分析预测结果。只有经过设计—制造—试验—修改设计—再制造—再试验的反复摸索和迭代过程，才可能完全达到技术指标的要求。

航空发动机是保证国家安全、彰显强国地位的航空武器装备的"心脏"。近代飞行能力的每一次突破，都与推进技术的发展直接相关。例如垂直起落飞机的成功，仰仗于可旋转喷管发动机的成功研制；巨型宽体客机的问世，少不了大涵道比大推力涡扇发动机的应用；先进战机的超声速巡航和超机动性主要依靠发动机高推重比和矢量喷管。

2016 年 12 月，中国科技巨头华为手机出售量超过了苹果，中国不仅在电子产品方面奋起直追，并且已经在移动支付以及物联网等许多方面取得领先。多年来，中国一直被西方认为是仿造西方市场各种产品的"技术山寨大国"。但是，这样的情况正在发生变化。国内学者胡鞍钢认为，中国技术创新正在经历局部赶超到全面赶超的过程。

在第三次生产浪潮中，当代中国以科学技术为第一生产力，强调要不断增强对科学、技术、知识作用的认知，紧紧把握当代科学技术发展的前沿，自觉将科教兴国、创新驱动视为我国的基本国策，将创新视为"推动一个国家和民族向前发展的重要力量"，视为"推动整个人类社会向前发展的重要力量"。这在国内从上到下、从下到上已形成共识，且正由这一共识，推动着整个国家在第三次生产浪潮中，大踏步地向科技强国与创新型国家迈进。

三、创新方式的选择与创新氛围的营造

（一）"双创"与开放式创新方式的选择

我们这个时代，是一个世界性的颠覆性创新时代。"互联网+"遍及全球，创新是全球竞争的关键所在。美国学者范思杰认为："知识——创意经济的代名词——如今已经成为至高无上的因素。如果我们每一个人不更好更快地学会创新，美国和发达世界的其他国家将难以同提供低成本产品和服务的对手竞争。但如果我们真的这样做，我们便有充足的理由相信世界已经步入后工业革命时代，这场革命将为世界经济的未来构建可持续程度更高的基础。"[1]

中国呢？还没有步入后工业化时代，仍然处于工业经济中级阶段，仍然是发展中国家，仍然是新兴经济体，但与发达国家一样，在迈向工业4.0，在掀起第三次生产浪潮中，更要有一种紧迫感，更要注重创新。

为此，党中央、国务院将创新视为我国的基本国策，在2006年就提出了构建创新型国家，在"十三五"规划中，专辟一篇，作出了"实施创新驱动发展战略"规划，强调"发挥科技创新在全面创新中的引领作用，加强基础研究，强化原始创新、集成创新和引进消化吸收再创新，着力增强自主创新能力，为经济社会发展提供持久动力"。"把大众创业万众创新融入发展各领域各环节，鼓励各类

---

① ［美］范思杰著：《创新者的挑战——颠覆性创新如何变革个人、商业以及国家》，王晓鹏译，中信出版社2013年版，第Ⅸ页。

主体开发新技术、新产品、新业态、新模式，打造发展新引擎。"①

　　倡导"大众创业，万众创新"（简称"双创"），即倡导全民创业、全民创新。在理论上有一个问题，学术界有人认为，创新是少数人的事，是专业人士的事，是专家的事，不是全民的事。然而，专家也好，专业人士也好，都不是天生的，而是在市场历练中培养成长起来的。世界上，没有哪一个国家规定，普通老百姓不能创新。近几年内，中央电视台所设的"大国工匠"专栏报道的基本上都是来自工厂、车间的工人，如何在车间、工地、工场操作中创新的。美国学者范思杰在他撰写的《创新者的挑战——颠覆性创新如何变革个人、商业以及国家》一书引言中所称道的澳大利亚修理匠特雷弗·罗斯，大学都没有毕业，到企业去，老板总是不拿他当回事。然而，他却是互联网时代一位"天生的创新人才"。

　　美国创新中心公司采取悬赏的方式，推出了一个网络平台，供遭遇棘手技术难题的机构将这些问题作为挑战发布在其网站上。由于该公司不设置文凭和职称门槛，对所有人都来者不拒，故网站吸引了来自世界各地的几百万创新人才。为特定的挑战提出最佳解决方案的人可以赢得奖金，数额从几千美元到几百万美元不等。特雷弗·罗斯某日上网时发现了这一网站。他偶然发现一家私人慈善基金发布的一项挑战，内容是寻找在发展中国家开展银行业务的更好途径。他看到后，准备在这一项目上一试身手。结果，他成功了，他将来自世界各地的许多人，其中不乏发展问题与金融领域的专家击败了。他的获奖作品"是一种可以批量处理预算并将这些预算同交易的实际开支进行同步的手机应用程序"，即他研究出了如何在手机银行上利用简单的软件将人们的预期开支同最终的实际开支进行匹配。

　　在这次挑战中，特雷弗·罗斯获胜后，不仅捧回了奖金，更为

① 《中华人民共和国国民经济和社会发展第十三个五年计划纲要》，《新华日报》2016年3月18日第10版。

重要的是，伴随奖金而来的，还有认可。

"双创"需要采用这种行之有效的激励方式。这一方面可以促使众人的奇思妙想变为现实，涌现出更多各方面的"专业人士"，让人力资源转化为人力资本，更好地发挥我国人力资源雄厚的优势。另一方面，这样做，是允许和鼓励全社会勇于创造，能够大力解放和发展生产力。

当前，大众创业、万众创新的理念正日益深入人心。随着各地各部门认真贯彻落实，业界学界纷纷响应，各种新产业、新模式、新业态不断涌现，有效激发了社会活力，释放出巨大创造力，成为经济发展的一大亮点。

以上讲的那种认为创新是少数专业人士的事，不宜在全社会广泛号召动员的观点，在理论上是经不起推敲的，在实践中也已被证明是错误的。

"双创"有助于推动我国经济结构调整、打造发展新引擎、增强发展新动力、走创新驱动发展道路。要使经济实现健康持续发展，离不开大量的市场参与者、灵活高效的调节机制和竞争有序的市场格局。无论是大众创业，还是万众创新，都少不了一个"众"字。对于中国这样一个庞大经济体而言，如果只有少数市场主体参与，显然难以满足全国统一市场的需要。许多地方经过发展认识到，"活力增长财力，人气带来财气"。推进"双创"，既可以在最大范围内推动人财物等各种市场要素自由流动，更可以倒逼不合理的体制机制实现改革突破，最终提升整个经济的运行效率。

市场如果死气沉沉终究难以为继，因此，必须根据经济规律不断培育经济发展的新动力，让经济"活起来、动起来"。鲶鱼效应也好，蝴蝶效应也罢，都是通过关键环节的突破，最终带动面上的变革。我国地域辽阔、人口众多，回旋余地大，经济基础较好。"专业人士"也不是天生的，而是在市场历练中培养成长的，"双创"可以促使众人的奇思妙想变为现实，涌现出更多各方面的"专业人士"，让人力资源转化为人力资本，更好地发挥我国人力资源雄厚的优势。

一花独放不是春，百花齐放春满园。"双创"中有挑战更有机遇，既会滴下辛勤的汗水，也有望迎来丰收的场景。人们如今所熟知的阿里巴巴等世界级互联网企业，也都是数年前从草根起家，不断坚持创新创业成功的。

更为难得的是，各种新兴技术尤其是"互联网＋"的快速发展，已经让普通人有了更多的创新创业机会。近几年来，宽带网络速度大幅提升、移动通信终端广泛普及、生产管理的自动化程度提高，众筹等新的商业形态有助于形成风险共担、利益分享机制，这让有梦想、有意愿、有能力的人有了广阔的平台施展拳脚。

然而须指出，倡导"双创"，决不是提倡创业、创新搞群众运动。如果搞群众运动，则会适得其反。20世纪50年代末"大炼钢铁"的群众运动，人们记忆犹新、教训极为深刻。没有条件，就创造条件，土法上马，结果炼出的是大量废铁。创业、创新也是这样，要看条件是否具备，如果条件不具备，就不能盲目蛮干。群众中是蕴藏着极大的积极性的，且其智慧难以估量，应让其发挥出来。但群众创业、创新是受条件制约的，客观条件必须重视，客观规律必须遵循，不可违背。违背了，后果不堪设想。

如同过河需要船或桥一样，"双创"要创出辉煌灿烂的业绩，也必须解决"船"或"桥"的问题。不过，这里讲的"船"或"桥"指的是方法、方式。为什么在同样条件下，有的企业，有的个人，能够不断开拓创新，有的却举步维艰？这里，很重要的一个原因，就在于是否选择了恰当的方法、方式。方法、方式选对了，加上勤奋，就能开窍，就能运用各种有利条件攻坚克难。

开放式创新，虽不是中国人发明的，但中国可借鉴过来，用之于"双创"。这种方法是相对于传统的封闭式创新而言的。其功效，我们可从下述三个案例，窥见一斑。

案例1：

对于开放式创新之父来说，伯克利似乎是功成身退的绝佳之地。毕竟，这座加州城市是20世纪60年代反传统运动的中心，培养了众多激进的思想家。不久前，在一个阳光明媚的日子，加州大学伯克利分校哈斯商学院的教授亨利·切萨布鲁夫微笑着评论道："今年是爱之夏的 40 周年。"

切萨布鲁夫的三部著作——《开放式创新》（*Open Innovation*）、《开放商业模式》（*Open Business Models*）和《开放服务创新》（*Open Services Innovation*）——将从机构外部寻找奇思妙想的观点推而广之。企业利用几种不同途径逐渐实现了这一构想。企业乃至政府使用的一种方式是悬赏奖励解决特定挑战的人。另一种方式则是使用众包模式，这使得企业得以在某一群体内——如公司常客或广大民众，以广撒网的方式搜寻好的创意。

有的企业更进一步，完全抛弃了闭门造车、自上而下式的创新模式。

随着开放式创新的概念逐渐流行起来，公司研发实验室的重要性日渐降低。研究表明，造就成功产品与服务的不少创意并非来自实验室。诸位若想知道原因，可以来俄亥俄州辛辛那提市一探究竟——其与伯克利可以算得上是美国文化差距最大的两座城市。这座保守的中西部城市是宝洁公司的总部所在地。该公司是美国历史上最重要的传统企业之一。几十年来，宝洁公司为世界贡献了象牙肥皂、佳洁士牙膏和汰渍洗衣粉等产品，其一度采用的是以秘密研发机构为中心的封闭创新模式。

但情况已今非昔比。宝洁公司已经彻底改革了新创意与新产品的研究模式。该公司如今欢迎各大学府、供应商和外部创新者的参与，并与其携手合作。参与者则能从公司收益中分得一杯羹。在不到 10 年的时间里，宝洁公司已经将来自公司外部的新产品创意比例从五分之一提高至一半左右。声誉卓著的前任总裁雷富礼称，这推动了公司的创新发展，是宝洁公司之所以能够提升长期增长率、提高利润和促使一度低迷的股价上涨的主要原因。

宝洁公司在历史上一直采用的是中央集权化的管理并且取得了很大成就，然而为何要兵行险招、向开放式创新转变呢？简而言之，雷富礼看到了不祥之兆。公司缜密僵化的全球创新实验室网络无法随机应变，做不到与时俱进。宝洁公司这样的跨国企业规模庞大，因而必须持续创造大量的有机增长才能跟上时代，这为本来就疲于追赶的内部创新实验室又增加了额外的压力。至 2000 年，雷富礼已经明白内部研究的生产率一直处于停滞状态，而由于新科技层出不穷，创新的成本却在猛增。雪上加霜的是，全球化意味着市场竞争会比以往更加激烈。

公司认定，唯一的发展之道就是采纳名为"联系与发展"的由外向内的策略。宝洁公司时任创新主管拉里·休斯顿和纳比勒·萨卡卜在 2006 年发表的一篇重要文章中这样解释道：据他们计算，创新民主化意味着公司外部的研究人员数量将是公司内部的 200 倍，且能力不比内部研究人员差。他们还发现中小企业甚至个人企业家贡献的重要发明越来越多，而大型研究实验室的成果却日渐减少。

因此，宝洁公司决定冒险一试。公司张开双臂欢迎外部创新人才，反对研究实验室里常见的"非我发明"（not invented here）①态度。宝洁公司邀请来自洛斯阿拉莫斯国家实验室和德国制药公司巴斯夫集团等企业的研究人员前来参加其研究顾问团队的会议，而这些会议在过去是保密的。公司投资了不少开放式创新的新平台，如 Yet2.corn（用于知识产权交易）和 YourEncore 网站（由退休专家组成的网站），并在"创新中心"（InnCentive）网站上发布了几十项挑战。创新中心是组织有奖竞赛的先锋网络平台，供来自世界各地的公司发布其所遭遇的技术难题以及大量富于智慧的"解决问题者"发挥才能。

虽然过程并非一帆风顺，但结果却非常引人注目。在起用这一策略后的一年中，研发能力大幅提高。公司的创新成功率——以新产品的市场成功来衡量——翻了一番，而创新成本却下降了。公司

---

① "非我发明"，是一种文化，在该文化中的公司或组织，对自我创新的能力颇为自负，有意无意地避免采用或购买其他人或公司已有的研发技术，只因这些成果不是自己作出的。

在全球范围内搜索"相近产品"并利用分布于公司供应商网络的众多人才（例如，仅仅最大的 15 家供应商就雇用了约 5 万名研究人员），创造了几款极为成功的产品。风靡一时的"清洁先生"神奇海绵擦是从巴斯夫集团取得的专利，而另一款极为成功的清洁产品"速易洁"除尘掸子则改良自日本尤妮佳株式会社发明的一款产品。

百尺竿头的宝洁公司如今再次将投入增加了一倍。公司已经设立了一所颠覆性创新大学，并拓展了与非竞争对手企业的人员交流。例如，2008 年，宝洁公司和谷歌公司进行了为期几周、涉及几十名员工的员工互换项目。前者作为一家清洁用品公司需要增加网络经验，而后者作为一家网络搜索公司需要学习如何树立品牌。公司还拓展了"联系与发展"活动，其如今的目标是将该方案对创新发展的贡献提高两倍（这意味着外部人员将为公司贡献 30 亿美元的年销售增长额）。这一切的结果是，在其创新投入中，有 50% 达到了赢利和收入目标。而在 2000 年，这一数字仅为 15%。从计划看，2014 年和 2015 年该公司收入相比 2011 年增加将近一倍。最引人注目的是，宝洁公司已经将创新成功率提高了两倍。如果这种势头能够继续保持下去，宝洁也许能够证明休斯顿和萨卡卜的观点，即开放式创新将成为本世纪的主导创新模式——而对多数公司来说，另一种自主发明模式所能取得的收益必将逐渐减少。

案例 2：

IBM 公司是另一家加入开放式创新大军的知名企业。公司曾一度采用保密策略，但随后却进行了彻底改革，采纳了开源软件语言 Linux。如今，IBM 自称是开放式创新群体中的一部分，将数百项软件专利都归功于具有创造力的普通人，而并未将其注册在公司名下。然而，IBM 同时也在继续以空前的速度转让其他领域的专利，每年从中获得约 10 亿美元的专利费。

由于全世界的程序员都在进行 Linux 的研发工作，而且其成本几乎为零，于是，如今的 IBM 公司拥有了极为廉价与健全的操作系统。公司通过为客户提供支持 Linux 运营的服务并收取服务费来赢利。据公司前任研究主任保罗·霍恩称，开源软件的使用帮助 IBM 公司每年节省高达 4 亿美元的成本。公司的开放程度非常高，如今甚至偶尔会组织网上即兴讨论。在讨论过程中，数千名员工进行大规模的集体研讨，交流意见。其中最大的一次讨论是 2006 年的创新即兴大讨论，来自 100 个国家和 67 家公司的 15 万人都参与其中，直接促成了 10 家新企业的成立，最终的总投资额为 1 亿美元。这一切的结果是，IBM 公司如今在创新、外向的服务中所获的赢利额超过了传统业务类型的赢利额。

切萨布鲁夫对此自然十分赞同。他认为，"IBM 公司和宝洁公司向高度开放型商业模式转变的时机非常合适"，其竞争对手若不紧随其后，便会陷入困难。实际上，从家居用品企业高乐氏到工业燃气公司"空气化工产品"等数十家企业如今都在向开放式创新转变。出售纸制产品的金佰利公司利用开放式创新将其新产品的上市周期缩短了将近三分之一。在外部合作者的帮助下，该公司在 6 个月后将发布"太阳信号"产品——一款用于警惕使用者何时出现晒伤及需要重新涂抹防晒霜的可穿着产品。

案例 3：

位于帕洛阿尔托的施乐帕洛阿尔托研究中心，长久以来一直是纵向整合研究模式的典范，但施乐公司现在则转变了策略，在印度金奈成立了一家开放式创新中心。企业开设海外研究实验室时，通常会投入大量资金购买先进设备、雇用数百名研究人员，这些人最终会成为其秘密全球网络的一部分，只负责向公司总部汇报情况。相反，施乐公司所做的却是在印度雇用了几位"线人"，他们可以调查当地情况，寻找合作伙伴。公司的技术主管索菲·范德布洛伊克解释道：我们所雇的每一个人都会和至少 50 个人合作。①

以上，从范思杰《创新者的挑战——颠覆性创新如何变革个人、

---

① 这三个案例摘自〔美〕范思杰：《创新者的挑战——颠覆性创新如何变革个人、商业以及国家》，中信出版社 2013 年版，第 80—84 页。

商业以及国家》一书中摘录了三个案例，引用他的论述表明：开放式创新的确是行之有效的，尤其是在"互联网＋"时代，对于中国的万众创新来讲，可以借鉴"他山之石"的思维，将这一方式拿来，为我所用。

当然，任何方式方法，都有其局限性，不是万能的。诚如范思杰所讲："明智的创新人才固然应该满怀激情地接纳开放式创新，但同时也应警惕潜在的陷阱。"① 即使 IBM 公司在使用这一方式时，也是很谨慎的。该公司仅是在软件一类的市场上采用了开放式创新，而在硬件市场，该公司仍然采取传统的封闭式创新。

封闭式创新，是传统的，即在公司内部组建创新团队或机构，如研究所、研究中心、产品开发部等等。它的优点是，对于维护本公司专利、品牌或专有技术的保密，是行之有效的。但对于"互联网＋"时代来讲，全球市场流动性很强、商品上市速度惊人、旧有的专利保护难以适应，封闭式创新则不及开放式创新了。

当然，企业的老板们，为了在竞争中占据先机，宁愿花费大的成本，采取保密措施，运用封闭式创新，暗中研究下一代创新商品。

毕竟，无论是采取众包、外包，还是悬赏等开放式创新方式，都有其局限性，甚至有其必须防范的"陷阱"。比如：

从技术需求方讲，无论采取悬赏、众包，还是外包，你想得到人家的开发技术，就一定能得到吗？不一定。人家可给你，也可给他人，或留作自己用。如同在第二次生产浪潮中，我国试图用市场换人家的技术，结果如何呢？虽然得到了一些技术，能够生产原先我们不能生产的一些商品，但关键技术，无论你使什么招，给人家多大的市场份额，人家就是不给你；你花再多的钱，人家也不卖给你。如 2002 年 8 月，日本通产省着手制定限制本国企业向海外特别是中国地区输出先进科技的相关政策。《日本经济新闻》发表社论称：

---

① ［美］范思杰：《创新者的挑战——颠覆性创新如何变革个人、商业以及国家》，中信出版社 2013 年版，第 80 页。

"鉴于中国的成本优势，日本企业的生产向中国转移势不可当。在新品研究开发方面的转移也会蔚然成风，但前端的研发应放在日本，商品化的应用开发可放在中国。日本政府专门做过一个对华汽车技术输出的报告，要求各汽车厂家必须让中国的汽车技术落后于日本20年以上"。其他西方发达国家，至今对转让到中国的科技，尤其是前沿科技，如计算机、微电子、核能科技等都有许多限制。中国怎么办？只有自主创新！当然，能够采取低成本的，尽可能采取低成本，但对于一些关键科技，如发动机、一些关键零部件，还有一些新兴产业开发急需的成套设备等等，只能自己开发了。即使成本高些，也必须做。否则，人家把你"卡死"，你发展不了，只能落后了。一部近代史告诉我们，落后是要挨打的。挨打的滋味是不好受的。对此，我们的国人感受过，很清楚。

从技术开发与供应方讲，需要防范"陷阱"，至少有以下两个方面：

一是被他人采取非法手段剽窃。你开发了一款产品，或一项技术，在竞标过程中，被他人窃取，你怎么办？打官司，有的不一定赢得了。人家讲，他的思路与你的思路雷同，没剽窃。你傻了，只好自吞苦果。

二是你所花费的技术开发成本，高于人家给你的悬赏。你怎么办？我看过国内学者张兵写的《与厂长经理谈微观经济学》一书。该书讲了这么一个故事：

某沿海城市经考古发现确定了一条沉船的所在位置，该船具有一定的历史意义与考古价值，因此政府悬赏 100 万元，任何企业打捞起这条沉船交给政府，就能得到这笔钱。某公司跃跃欲试，开会讨论打捞方案。A 经理建议制作一只大型的机械手臂，伸入海底将船一把抓起，他拿出了机械设计图纸，并算出相应的成本为 50 万元。B 经理建议制作 70 只气袋，由潜水员将气袋捆绑在沉船各处，然后充气，利用浮力使船浮起，每只气袋的各项费用为 1 万元，70只气袋的总成本为 70 万元。面对这样 A、B 两个方案，总经理 X 先生应该如何决策？

A方案能带来50万元利润，B方案只有30万利润，按照利润最大原则来决策，X先生当然选择A方案。有人建议说为了稳妥起见，应该同时采用两个方案。用气袋让船浮起后再用机械手来抓或拉，但X先生反问说那样就算捞起来岂不也亏了？用120万元的成本去获取100万元的悬赏，简直成了傻瓜，况且机械手与气袋事后再无其他用途，只能作废铁废橡胶处理，价格低得可以忽略不计。X先生当即拍板采纳A方案，并授权A经理负责具体实施。

50万元费用支出之后，机械手臂造好了。只见它伸入海底，准确无误地抓住沉船，然后一把抓出水面，正当大家欢声雷动之时，只听咔嚓一声，机械手臂不幸断裂，沉船飘飘悠悠重归海底。现在如果你说要查找原因追究责任一类的话当然很有道理，但请你立刻回答的一个问题是：还要不要采纳气袋方案继续打捞？

仔细分析一下现在的处境，发现不论是否继续打捞，公司都注定要亏损了。之所以出现这样难堪的局面，完全是由于前面采纳A方案的错误决策所造成的。A经理自称是设计时考虑不周，疏忽了抓出水面后浮力消失的情况。检验残存机械手臂的钢材，发现强度明显不足，存在质量问题，有人因此怀疑A经理在制造或采购之时拿了"回扣"，这才导致"豆腐渣工程"的出现。结果A经理被停职检查，总经理X先生也因决策失误遭到董事会的记过处分。X先生下一步的决策难题是还要不要继续打捞，他初步匡算不捞将亏损50万元，而采纳B方案继续打捞只亏损20万元，所以即使亏损也还是应该继续打捞的。

不管采取何种方案，即使采取B方案，将沉船成功打捞上来，结果也是亏本。这是很尴尬的。

如果你接受了某项悬赏，或某项承包，开发一项产品，成功了。但开发成本大于悬赏奖金，或大于所承包的金额，如同以上所讲的打捞沉船故事结局一样，你怎么办？恐怕也只能自食其果了。

然而，不管怎么讲，世上没有风险的事是不多的。投资商讲，风险与投资回报率同在，投资回报率越高，风险也越高。这是他们的切身感受：有道理！

为了以改革思维打造大众创业万众创新的新引擎，不妨采取开放式创新，并像 IBM 一样，将开放式创新与封闭式创新结合起来施用，让这两种方式在"双创"中各自扬长避短，将各自的长处充分发挥出来。

（二）创新氛围的营造

创新，说到底就是对我们习以为常的东西，或者一般认为是正确的东西的否定或突破。比如，两千多年前，毕达哥拉斯首先提出了地球是圆形的而不是方形的理论。数百年前，哥白尼指出太阳系的中心是太阳而不是地球，从而颠覆了传统认知。这样的创新需要人们打破常规，对自己进行否定，对权威的意见提出质疑。在这个意义上说，任何创新都不是轻而易举的，都需要巨大勇气和魄力。因此，有没有一个鼓励创新的良好文化氛围，至关重要。

对于企业而言，很有必要考虑：如何营造创新与探索的文化氛围？如何建立创新与探索的企业文化？大学也是如此，必须考虑：如何建立创新与探索的大学文化而不是墨守成规？

就创新而言，有些是独立存在的，有些则必须建立在已有的创新基础上。但不管是什么样的创新，都需要有勇气构思一个疯狂的新想法，然后全身地投入其中。对一个企业而言，为了成功地实现创新，必须营造出创新与探索的文化氛围来鼓励实验、试验。

为了成功必须尝试。当然，尝试不一定能成功，但如果不尝试一定不会成功。为了成功必须进行尝试。

如前所述，要创新，必须做好企业。而要做好企业，则需要搞专利。在加拿大，有一家公司生产汽车零件中的刹车片。采取自主研发与生产的方式，根据不同地区客户的要求，为不同地区的中高端客户研发定制刹车片，不仅打开了加拿大市场，而且打开了美国、中美洲、南美洲等等的市场。该公司研发出 1 700 多种刹车片。公司总裁张颖是从中国移民到加拿大的，他与妻子原来都是搞汽车行业的，到加拿大后靠自己白手起家，专心做精致企业、搞专业化。张颖曾经举了个简单的例子说：你看现在街上跑的汽车，比谁的油耗少，比谁的里程数多，这种层面的竞争不叫竞争。什么是真正的竞争？是比未来5到10年一个行业的产品发展趋势，只有研究专利，才能知道。比如汽车行业，现在的产品水平要追溯到10年前的技术专利，因为从专利到产品一般要8—10年的测试和市场化过程。研究现有的技术专利，就可以对未来的市场发展趋势有一个清晰的认识。在国内，专利大多都是大学里的东西，不少停留在学术层面，市场化不够。而在西方的企业里，专利已经被广泛应用于企业竞争策略中，并因这种经营理念，知名企业都拥有很多专利，成为带动市场未来发展的关键。中国现在提倡产学研相结合，即大学要面向企业，与企业结合，企业要用大学研究所的头脑，将生产与大学研究所的科研结合起来，搞出自己的专利。

改革开放以来我国主要走了引进、消化吸收、再创新的技术发展之路，应该说这条发展之路符合中国国情，是正确的，取得了很大成绩。我国装备制造业的进步是中国工业发展的缩影，中国工业技术水平与国际水平差距在缩小，有些领域还达到了国际先进水平。但我们还要冷静地看到原创技术、自主创新技术虽然也有，但不占主流。一些影响社会进步的科学技术，如计算机、移动通讯、互联网等都不是中国创造发明的。我国整体创新氛围和美国等发达国家还有不小的差距。

现在，我国已进入一个新的发展阶段，单靠投入要素拉动经济发展的方式难以为继。然而，创新是一个系统工程，与教育体系、科研体系、社会价值观都很有关系。我们传统的教育观是培养听话的孩子，缺少容忍和鼓励自由思考的氛围。在教育和科研体系中评职称、升职更注重论文数，甚至是在外国杂志上发表的论文数，而对实际的创造发明承认其价值不够，如院士评审制度在社会上遭到很多诟病。中国是个有悠久历史的文明古国，这是优点也是包袱。曾经是文明古国的希腊、埃及为什么在现代科学技术上都不占优势，而历史很短的美国却创新不断，这一有趣的现象值得社会学家研究。现代影响世界的计算机、互联网、无线通讯都未出自中国，因为我们的思维受到很多传统文化框框的束缚。

我们的人文环境也影响到了科学技术领域。我看到一则报道，讲的是一个在美国成功的中国留学生，他原在美国东部留学，毕业后在大学任教，有份不错的工作，但他感到美国西部硅谷创新氛围要优于东部，毅然放弃工作到硅谷创业，现已拥有两家亿元以上的公司。他总结认为是西部宽松的氛围和金融支持成就了他，这包括社会容忍失败、良好的雇佣环境和金融信贷系统。这说明创新需要社会环境，万马齐喑的氛围是不容易创新的。

回顾我们的发展历程，前人的不懈努力，创造了辉煌成就，给我们留下丰厚的基业，也凝结了宝贵的经验。

从中华民族文化传统看，尽管有重视创新的一面。比如我国古代的指南针、火药、活字印刷、造纸术这四大发明，曾在世界科学发展史上留下光辉的一页。但也要看到，由于我国长期处在封建社会，封建思想的禁锢对人们思想的影响是很深的，不是一下子就能消除的。俗话说的"枪打出头鸟"，就是其反映。在现实生活中，人们常常把敢于冒尖者视为"冒失"，把打破常规者看作"异类"，把富有个性当成"不成熟"。我们的一些科研机构，硬件设施都是世界一流的，科研人员素质很优秀，待遇也相当高，但科研成果却不尽如人意，这与不利于创新的氛围有很大关系。

怎样改变这种状况？当前最重要的，一是要在全社会大力倡导敢为天下先的精神，形成尊重劳动、尊重知识、尊重人才、尊重创造的风尚，努力营造生动、活跃、民主的创新氛围。要引导人们破除那种只防出错、不求出新，只求保险、不担风险的思维定势，克服那种唯书唯上、崇洋崇古、照搬照套的行为惯性。要鼓励冒尖、宽容失败、提倡竞争、倡导合作，敢于独立思考、勇于冲破陈规。二是要充分发挥群众的智慧，形成万众创新氛围，倡导如前所讲的大众创业、万众创新。

　　推进大众创业、万众创新，是中国发展的动力之源，也是富民之道、强国之策，广阔前景值得期待。在全社会提高知识产权意识，让保护知识产权成为全社会的共同行动。这一点，对于创新而言，尤为重要。可以说，没有知识产权和专利的保护，就不可能有创新。道理很简单，我辛辛苦苦搞了一项专利，被他人剽窃了，得不到保护，白忙了一场，我甘心吗？当然不甘心。只有我付出了，专利属于我的，知识产权属于我的，我才有劲头去干。即使是集体搞的，我参与了，就要有我的份。没有我的份，我为什么要干？

　　当然，创新，尤其是集体创新，还须有"领头羊"。

　　在企业研究方面，有学者曾经提出这样一个很有意思的问题：中国制造业发展日新月异，但是为什么中国就出不了"乔布斯"？

　　中国与美国从文化、历史到体制和社会结构等都有差异，其中的一些差异阻碍了我国企业的发展，导致中国"创造"不够，少有"颠覆性"产品出现。

　　美国一直都是冒险家的乐园，一直在制造着冒险宠儿。而苹果作为一家 IT 公司也是从冒险走向成功的。Iphone 的问世引起了全世界的瞩目，它标志着电话不再仅仅是通话功能，更被赋予了时尚的功能，一切都焕然一新。

　　而中国企业家缺乏冒险精神，不敢创新，更不敢创造，一直尾随着国外企业的创新路径扮演着追随者角色。这样不仅不能快速拿到市场，同类产品也缺乏话语权。

　　中国企业喜欢赚安稳钱，当积累一定资本后希望避开实业的不确定危机，将财富投机到较稳健的房地产投资上，房地产的暴利让微利的工业制造企业无心恋战。

　　若要改善这种状况，需要政府和企业多方面努力，建立适合孵化出"乔布斯"的环境和机制。

　　首先，需要"去山寨化"①，政府扶持和鼓励企业创新，并建立

---

① "山寨"一词用于形容仿制的便宜货。本世纪初，"山寨"一词首先出自深圳。

一套行之有效的奖励制度。如为破解一些科技难题，采取立项、悬赏奖励、外包等，切实地让创新人才脱颖而出，让创新为我所用。

其次，遏制房地产等投机经济的利润空间，防止企业抱有仅仅依靠资本即可获利的投机性心理。

最后，就是建立严密的知识产权保护制度，打击抄袭、剽窃的企业行为，创造良好的竞争环境。文化是"软"的，制度是"硬"的。营造良好的创新氛围，根本之一就是要着力通过制度机制的完善，保证各种创新活动的开展。特别是要加强知识产权制度建设，大力提高知识产权创造、管理、保护、运用的能力。有一家报社记者于2015年上半年在对江苏90多家各类型企业采访调研时了解到，企业家们普遍认为，全面深化改革有利于宏观经济和企业个体更好发展，但他们也希望，在货币、税收等"硬政策"之外，应进一步加强知识产权保护，构建公平竞争环境，完善"软环境"建设。

新产品还没规模化生产，"李鬼"已经开卖——多位企业家告诉记者，希望国家层面强化知识产权保护等措施，解决我国目前知识产权保护不尽如人意的问题，让"耐得住寂寞"的企业得到应有的回报。

从很多国家的发展经验看，"山寨"是必经之路，如日本是通过专利法后才真正转型、走上原创之路的。

对于各级政府来讲，应加强知识产权保护，完善知识产权法律法规体系，依法严厉打击和有效遏制侵犯知识产权的违法犯罪行为，为鼓励自主创新和维护权利人合法权益提供有力的法制保障。

近年来，中国稳步推进自身的知识产权体系建设，专利事业取得长足进展，知识产权保护环境也明显得到改善。2015年，中国公司与创新者的专利申请数量超过百万件，占全球申请专利总量愈1/3，约为美国创新者专利申请数量的两倍。

对于企业来讲，为了营造创新与探索的文化氛围，必须遵循三条原则：

一是打破思维定势，用新的方式做事。思维定势有两重性，一方面它可以帮助人们集中注意力，有助于人们对日常工作中常规性问题的有效解决；另一方面，它也容易使人变得死板，灵活性不够。如果不能经常挑战思维定势，它就会逐渐变成创新的阻碍。许多企业由于存在思维定势，因此很多时候在还没有意识到市场机会时，就已经错过了市场上潜在的效益。对此，必须明确的是：你是否故意限制你自己与你的企业？

当思维定势影响到你的创新时，你必须打破思维定势。须知，开拓性创新，不是简单地在已有概念之间添加联系，而是要从头开始，用新的方式做事。

二是形成连锁反应，加快创新步伐。如果不能如上所讲冲破思维定势去追求创新，那么，连锁反应就不可能形成。真正的创新想法常常会引起之前无法预见的其他方面的突破，这些突破所产生的影响比最初的创新还要大。对创新的未来潜在影响是不可忽视的。如果不重视今天的创新，不仅会失去当前立即可见的机会，而且会失去不可胜数的后续的未知机会。从长远来看，过早地否定新想法或者不重视创新所带来的损失可能比想象中要大很多。

创新可以引发一系列未知的其他创新，这些创新会产生比最初创新更大的影响。从电话到互联网到社交媒体就表明这一点。

电话的发明，彻底改变了人们的通信方式，对社会也产生了巨大影响，遍布全球的电话线，使两个人不管在世界上哪个国家，都可以拿起话筒来，进行交谈。然而，最终有人发现，同样的这些线，还可以传输数据。最初传送的是类似传真的简单数据，而最终调制调解器的使用开始变得广泛。这些老式的电话线使人们能够访问早期互联网，如果没有巨大的访问流量，互联网也许根本就不会存在，至少不会发展得这么快。巨大的访问流量导致互联网产生了扩张需求。所有这一切都是从那些简单的、技术含量低的电话线开始的。互联网是连锁反应的一个实例，它是电话连锁反应的产物。刚开始布电话线的时候，没有人能够想到那些线以后会发展出什么新用途，但它们的新用途最终使用得相当广泛。这就是连锁反应。

电话是通信的革新，电话线其后在互联网的兴起中扮演了非常重要的角色。互联网又进一步派生出了社交媒体，后者再次革新了我们的通信方式。

对社交媒体评论的分析，是互联网孕育出来的。互联网使用户获益良多，它所生成的数据，对分析的研究方式与过程的建立有着巨大的影响。100多年前，开始布电话网时，没有人能够想到可以社交媒体网站的评论进行文本分析。今天人们将此变为现实，使得人们进入了互联网时代。

由这个案例可见，连锁反应对于创新是十分重要的。现在的问题是：我们怎样才能形成自己的连锁反应，加快创新步伐？由于不同企业各自的情况不同，得出的思路、结论是不同的。因此，这个问题，有待大家各自思考。

三是统一行动目标，设立共同的愿景。对于企业而言，为了促使企业打破思维定势，并有效地形成连锁反应，企业管理层有必要统一全体工作人员的行动目标。没有统一的目标，企业将无法取得成功。没有目标，不仅无法取得成功，而且没有未来。

为了统一行动目标，必须遵循以下步骤：

步骤1：必须设立共同的愿景，在企业或团体内部共享一个共同的愿景，并告知努力的方向。

步骤2：必须制定明确的优先目标，让全体成员非常清楚，为了达成该愿景，哪些目标需要优先。

步骤3：必须采取合理的激励举措。让全体成员都理解实现目标后自己所能获得的回报（如发放奖金、排名、企业工作人员的升迁等）。一句话，要让人们根据激励做事。

确定正确的目标不容易。在企业内部推广愿景也并非易事，而让企业确定一个新的优先目标并为之而奋斗则更不容易。改变团队或个人的思维与行为方式，不是一朝一夕能做到的，有很多必须克服的困难，营造出创新与探索的文化氛围，并让人们为此而付出努力与艰辛的劳作。

对于各级政府来讲，不仅如前所述，要发挥企业自主创新主体作用，而且要为企业自主创新营造良好的氛围。如中国现在很重视战略性新兴产业的发展，构建创新型产业集群，不仅是培育新兴产业的重要载体，而且对于创新来讲，一家企业创新，孤掌难鸣，单打独斗难以形成气候。众多企业创新，形成集群，可以营造良好的创新氛围。但这需要政府出面，组织协调，仅靠企业是难以集群的。

人是需要一点精神的，要营造创新氛围，构建创新企业集群，也需要埋入"创新精神"的种子，弘扬创新精神，倡导政府、企业、个人都要迈开创新的步伐，为我国构建创新型国家作出应有的贡献。

当代中国如果将创新与产品质量搞上去了，中国智造与中国经济转型升级也就能实现了，世界也当对中国刮目相看。

值得中国效仿的德国制造的产品，小到钟表，大到汽车、火车、轮船、桥梁，基本上都具备这样五个特征：耐用、务实、可靠、安全、精密。德国制造占领市场靠的不是产品廉价，而是品质。

时下的中国，对于各种假冒伪劣商品，政府虽采取了各种打击举措，甚至有时重拳出击，但至今仍未从根本上解决问题，形势依然严峻。中国国内有许多老百姓，对中国产品说"不"，用脚投票，到境外"海淘"。中国企业应在产品生产质量上下功夫，中国商场应采取"下游经营模式"，以货真价实的商品，将国内消费者从境外"海淘"市场上拉回来，在国内购买自己生产的产品。

破解当代中国制造业困境，在观念上，必须让全民警醒；在制度上，必须严把质量关；在经营方式上，必须回归"下游经营模式"，让质劣价高商品在国内无市场；在产业门类上，必须补齐生产性服务业的短板，营造出当代中国制造业产品质量命运共同体。

质量创新是基于相对成熟的技术、管理模式，为了让产品与服务更好满足消费者需要而进行的创新，即使代工企业，在质量创新上，也是大有作为的。如何通过质量创新，提升质量竞争力？第一，在观念上，确立质量至上理念，弘扬张瑞敏当年砸冰箱之道；第二，在管理方式上，按照运作标准操作，实施精益化管理。

培育与发展品牌，是企业锐意创新的重要体现。

构建产品质量命运共同体，是一个值得认真研究的课题。从可供我们选择的构建产品质量命运共同体方式方法与途径讲：第一，构建产业集群，谋求集群效应；第二，推进循环发展，注重经济发展与生态保护的和谐共进；第三，扼制炒房，依靠实业尤其是制造业发展占据业界竞争的优势地位。

未来中国制造业的发展，在整个世界新的产业发展阶段，将呈现五大趋势。第一大趋势是"智",即从中国制造走向中国智造。第二大趋势是"新",即从加工制造走向创新智造。第三大势是"质",即质量。质量关乎中国企业未来的命运,关乎中国经济未来的命运。第四大趋势是"融",走"融合"与包容发展之路。第五大趋势是"绿",即坚持走绿色发展之路。绿色生产、低碳生产,应该成为未来中国智造的主流。

第八章
当代中国制造业的困境与当代中国制造业产品质量命运共同体的营造

一、破解当代中国制造业困境、营造当代中国制造业产品质量命运共同体

（一）德国、日本的历史问题与当代中国制造业的困境

2008 年国际金融危机发生之后，陷入欧债危机的欧盟各国经济哀鸿遍野，唯有德国风景这边独好。究其原因，最根本的就在于强大的制造业是其抵御危机的铜墙铁壁。德国的制造产品，小到钟表，大到汽车、火车、轮船、桥梁，基本上都具备了这样五个特征：耐用、务实、可靠、安全、精密。

然而，"德国制造"的光环并非与生俱来。在近代史上，"德国制造"也经历了"灰姑娘"式的蜕变。在 19 世纪 30 年代才在德国开始的工业革命，较法国晚了 30 年。当时，英国工业革命已接近尾声，世界市场已几乎被列强瓜分完毕，追求强国梦的德国人在列强挤压下，以剽窃设计、复制产品、伪造商标等手法，不断学习和仿造英、法、美等国产品，以廉价销售冲击市场，由此遭到了工业强国的唾弃。在 1876 年的费城世博会上，"德国制造"被评为"价廉

质低"的代表。1887年，英国议会通过新《商标法》条款，要求所有进口商品都必须标明原产地，以此将劣质的德国货与优质的英国货区分开来。从那时起，德国人开始警醒：占领市场靠的不是产品廉价，而是品质。

于是，德国人紧紧抓住国家的统一与第二次工业革命、第二次生产浪潮的机遇，改革创新，与当时的美国几乎同时锐意进取，通过对传统产业的技术改造与对产品质量的严格把关，建立了高质量的制造体系，催生了西门子、克虏伯、大众等一大批全球知名企业，推动德国跃居世界工业强国前列。

无独有偶，"日本制造"也曾经历过这样的历史问题：经济高增长、财富泡沫、"国货"不兴……约翰·内森曾在《索尼秘史》一书中描述了索尼创始人盛田昭夫当时初访欧美时的尴尬遭遇。

当年，盛田昭夫参观了大众汽车、奔驰汽车和西门子等公司，感受到了战后德国经济的强劲，这使他十分灰心。在杜塞尔多夫的一家餐馆里，服务生给他端来了一盘冰激凌，旁边用极其微小的太阳伞做装饰。服务生殷勤地告诉他，这个纸质的小玩意儿产自日本，当时的懊丧之情令他终身难忘。因为他意识到，全世界的消费者都把"日本制造"与小饰品和廉价的仿制品联系在了一起。盛田昭夫这次德国之行所受到的刺激，成为他发誓做好"日本制造"的动力与契机，而他的不懈努力也让其成为日本社会公认的根本改善"日本制造"形象的第一功臣。

当年的"德国制造"与"日本制造"的历史问题，如今却悄然变成了中国的现实问题与困境。首先，1978年以来，中国经过30几年的改革开放，虽然获得30几年的高速增长，与西方工业发达国家缩小了差距，但由于是粗放型发展方式，实施的是人力资源与自然资源的低成本发展战略，追求的是价廉物美、比较成本发展优势，这虽然有自身的历史阶段合理性（既解决了就业、温饱问题，也奔向了小康），但却是不可持续的，生产的物品必然价廉、质劣。

其次，在商业模式上，引进了西方的"上游盈利模式"，这种模式尽管已被西方人淘汰，但由于它与我国"小农思维"观念有着一种天然的亲和力，所以国内各商家不仅能够很快接受、模仿，而且还让其遍地开花、发扬光大。现在，西方发达国家零售商业普遍采用"下游盈利模式"，而不是"上游盈利模式"。

所谓"下游盈利模式，就是商品买进卖出后，通过中间差价来盈利的模式。由于商品卖出去自己承担损失，因此商家必须非常认真地为顾客挑选"生活必需的、高质低价的、买后放心的"商品，这也是亘古不变的商业本质。

所谓"上游盈利模式"，即商家主要盈利手段不再靠卖老百姓"生活必需的、质高价低的、售后放心的"商品，而是从上游生产供应商处收取商品进场费。这种模式的最坏结果，是导致老百姓必须购买"质低价高"商品。商场的商品过期了卖不掉，就退还生产供应商，可生产供应商的处理方式只有两种：一是报废；二是篡改包装上的生产日期，重新供给商家。不管哪种处理方式，最终都是顾客买单。这是因为，报废成本折算到商品的零售价格中，而过期商品必然成为食品安全隐患。长此以往，必然形成质低价高、逼优为劣的恶性循环。在这样的经营环境下，生产供应商很少注重质量。

再次，由于政策的过度激励，让房地产商绑架了中国经济，扰乱了投资与投机的关系，使得投资者纷纷投钱房地产。这虽然推进了当代中国的城市化，但却一再炒高了房价，使得当今中国的房价脱离了现实的经济状况。与此同时，也拉高了制造业成本，使得制造业再也无法实施低成本战略，且利润空间越来越低，以至于投资者纷纷放弃实业，转搞房地产，致使中国的产业转型升级乏力。于是，产业界不少人士发出这样的哀叹："中国的当下环境不适合做实业，太累，且不赚钱。"

在这样的环境下，中国的制造业产品质量，不能说没有提高，但确实步履维艰，且常常冒出各种假冒伪劣商品，政府虽采取了各种打击举措，甚至有时重拳出击，但却未能从根本上解决问题，形势依然严峻。

　　还有，一些地方政府割裂二产与三产关系，片面强调服务业超过制造业，忽视服务业结构与短板，导致服务业水平停留于低水平，尤其是过于注重生活型服务业，对生产型服务业却忽视了，除了金融服务十分火热、物流搞了一些现代配套设备与机构外，其他生产型服务业门类奇缺，造成与美国、日本、欧盟（尤其是德国）形成很大差距，至今仍无人问津。可以讲，三产的经基本被念歪了；不少地方政府一讲三产，就讲房地产，似乎除了房地产、金融服务、饭店、商场、宾馆、旅游，三产就没什么了。这方面的陷阱也是很深的，要摆脱这一陷阱，必须对各级地方政府党政干部、公务员，进行必要的三产业务培训，让他们知道：什么是三产？什么是服务业？三产、服务业（尤其是生产性服务业）究竟有多少门类，与美国、日本、欧盟相比较，我们的差距在哪里？在生活型服务业与生产型服务业上，我国目前各自究竟存在哪些问题？这个课，今天到了非补不可的地步了。否则，三产水平上不去，生产型服务业这条短板补不了，就很难实现一、二、三产业的协调发展。加之，一些地方政府仍在实施粗放型发展模式，继续铺摊子，搞土地财政，这就不能不给制造业产品生产质量带来恶劣影响。

　　上述存在的问题，是当代中国期待解决的。可以这么说，当代中国新一轮经济的发展，应是塑造中国产品质量的发展，中国经济能否上一个新台阶，就看中国的产品质量能否上一个新台阶，就看我们的国人今后是否还在"海淘"。中国经济未来的希望就在中国生产的产品质量上。

（二）破解当代中国制造业困境的举措

　　面对当代中国制造业存在的上述问题与困难，如何破解？

　　第一，在观念上，必须让全民警醒。人类文明的每次飞跃发展，各国经济的每次重大突破，都离不开思想观念的转变。当代中国制造业困境的突破，需要国人转变观念，确立制造业兴则国运兴、制造业衰则国运衰的观念，抑制房地产投机炒作，确立质量关乎当代中国经济命运的理念，明确质量上不去，当代中国经济就不可能实现转型升级，"两个一百年"的奋斗目标一个也实现不了，"中国梦"也就不可能梦想成真。粗制滥造、假冒伪劣已将当代中国制造业逼到了十分尴尬的地步，"国货"要翻身，要摆脱困境，国民就必须学德国、学日本，在"中国制造"上，弘扬严谨、细腻、精密的专业主义精神；无论是代工企业，还是研发企业，都必须追求卓越制造。

第二，在制度上，必须严把质量关。首先是依法治质，严打假冒伪劣商品。其次是在管理方式上，制订严格的规章制度，确保生产环节的健康、环保、安全与运作标准。

第三，在经营模式上，必须回归"下游经营模式"，取消"上游经营模式"，即让商品卖出去由商场赢利的同时也由商场自己承担损失，促使商家认真地为顾客挑选"生活必需的、高质低价的、买后放心的"商品，让质劣价高商品无市场。

第四，在产业门类上，必须补齐生产性服务业的短板，为提升制造业产品质量，做好系统性的配套服务。

（三）营造当代中国制造业产品质量命运共同体

共同，《辞海》释为："一样。"[①] 体，即体系。共同体，指的是一样的体系。如此说来，是否要在当代中国营造制造业产品质量命运共同体，即在全国营造一个制造业产品质量一样、命运一样的体系呢？是的。然而必须指出：一方面命运共同体具有"一荣俱荣、一损俱损"的连带效应；另一方面于此强调一样的体系，并非强调一样的方式与做法，具体的方式与做法，则须视各地区、各行各业、各个不同企业的具体情况，不可一概而论。但就某一行业而言，在标准、目标上的总体要求则是一样的。

"德国制造"之所以能够长盛不衰，并在全球化时代始终保持领先地位，主要得益于德国"三位一体"的体系保障。

一是科技创新体系。德国历届政府十分重视制造业的科研创新与成果转化。德国企业对研发投入毫不吝啬，研发经费占国民生产

[①] 《辞海》，上海辞书出版社 1980 年版，第 1238 页。

总值3%，位居世界前列。

二是双轨制职业教育体系。在培养技术工人的过程中，德国注重推行双轨制职业教育，即由学校与企业联合展开职业教育。学校负责传授理论知识，企业为学生提供到一线实习与培训的机会。

三是标准化与质量认证体系。德国长期以来实行严谨的工业标准与质量认证体系，这为德国制造业确立在世界上的领先地位作出了重要贡献。

德国的这一经验是值得我们借鉴的。尽管我国各地区、各行业、各企业，由于各自的具体情况不同，可选择不同的方式、不同的做法，但都从属于一个共同的体系。当今互联网大潮正以排山倒海之势席卷全球，冲击着不同的传统行业、不同的地区；不仅在一国之内，而且在世界各地区、各行业，都正在跨界融合，且正融出一个全新的世界。当代中国是世界上最大的制造业国家，却因质量问题与结构问题大而不强。当代中国的制造业，要由大变强，就必须顺应互联网跨界融合的大趋势，营造当今世界最大的制造业产品质量命运共同体，在全国构建各行各业产品质量标准和目标统一的命运共同体，并通过产业结构的调整，优化升级。必须强调的是，这并非否定不同地区、不同行业、不同类型企业，由于各自面临的具体情况不同，必须搞"一刀切"，而是既要有统一的目标、标准，也要求同存异。比如，对于代工企业来讲，尤其是外包代工企业，未来就并非必须走品牌化之路，而是要看竞争优势在哪里？如果你的竞争优势与生产领域很容易被人复制，你当然要考虑品牌，找出新的优势。如果在制造领域你本身就有一个优势，比如你的工业化程度很高，别人无法复制，这样的话，只要保持你的优势就可以了。有的生产模式虽可复制，但其管理模式，没有人能够复制。代工模式是永远存在的，因为永远会有一些品牌商会将制造这块业务外包出去。从一个企业内部来讲，制造无非是一个代工模式，用自己的生产车间给自己生产，如果好处不及外包，自然就找外面的企业做，即外包；如果好处超过外包，就自己生产。有些企业在市场营销方面或产品研发方面特别有优势，但在制造业上却处于劣势；有些企业在制造业上具备优势，但在营销与研发上不具备优势。怎么办？如果两者求同存异，相互合作，营造命运共同体，发挥各自优势，就会形成互补、相得益彰，实现共赢。至于不同地区，如东部沿海地区与西部地区，情况迥然不同，更应求同存异，寻求共同利益，相互渗透、相互合作，营造出发挥各自优势的命运共同体。

二、质量创新与品牌战略

（一）质量至上理念的确立与精益管理、质量创新的关键

创新的方式有多种表现形式，既包括科技创新、管理创新、商业模式创新等，还包括质量创新。科技创新对于经济的发展作用，已如前述，确实很大；但其人力、物力、财力的投入也大，且其周期长，风险也高，并不是每一个企业都能够做到的。质量创新是基于相对成熟的技术、管理模式，为了让产品与服务更好满足消费者需要而进行的创新。即使代工企业，在质量创新上，也是大有作为的。

目前，中国的制造业产量占世界总产量约 25%，超过美国成为世界制造业产出最大的国家，但按可比价格计算，我国人均 GDP 仅排世界 100 名左右。其根本原因在于，我国制造业产品质量水平不高，导致市场竞争力不强，从而使得产品的利润率较低，处于价值链的低端。因此，我国制造业要从低端向高端提升，关键在于质量。如果中国制造业产品质量能够往高端提升，那么，我国的制造业价值链也会随之提升。国内有学者认为：质量竞争力，对于一国来讲，"很大程度上决定了一国的国际竞争力，进而决定其人均国民收入的高低"[1]。问题在于：如何通过质量创新，提升质量竞争力？笔者

---

[1]　吴晓波、朱克力等著，新经济导刊编著：《读懂中国制造 2025》，中信出版社 2015 年版，第 23 页。

认为：

第一，在观念上，确立质量至上理念，弘扬张瑞敏当年砸冰箱之道。

对于企业来讲，质量是企业的生命，企业生产产品应坚持质量第一、质量至上的理念。

当年，即 1985 年的一天，一位用户来信投诉，说家里买的冰箱有很多毛病。张瑞敏随后把仓库里的 400 多台冰箱开箱检查，发现有 76 台冰箱存在各种不同的毛病，就让大家讨论这些冰箱该怎么办。当时有两种意见，第一个处理办法是给职工，那个时候一台冰箱的价钱相当于一个工人不吃不喝两年挣的工资；另一个办法就是作为"公关武器"，送给相关的政府部门。

张瑞敏说不可以，因为如果今天能够给这 76 台不合格冰箱出路，明天就会有 760 台，后天就会有 7 600 台。所以，这些冰箱一定要砸毁。怎么砸？是谁干坏的，谁负主要责任，就由谁亲手砸掉。拿锤子砸毁亲手生产的产品，很多人都流泪了，这对每个人的心灵都是一个巨大的冲击。

张瑞敏和总工程师杨绵绵也承担了责任，扣了自己的工资。从此在家电行业，张瑞敏以"挥大锤的企业家"著称。[1] 张瑞敏也因此而成就了海尔的卓越制造。

据张瑞敏讲："其实外人可能都不太清楚，实际上砸冰箱这件事完了之后，有人把我告了，检察院马上找到我，说你有什么权力把这些东西砸了？把这些东西价值一算，按照当时 400 元就可以抓进去，定你一个罪名是没问题的。就为这件事纠缠了好长时间。"[2]

"检察院说按照规定这是国家资产，你没有权力砸掉，不好可以修，修完可以再卖，不能砸掉。后来我跟市北区的一个副检察长谈了好长时间，最后他被我说的那个道理给说服了。他说这个

① 胡泳、郝亚洲著：《海尔创新史话1984—2014》，机械工业出版社2015年版，第40页。
② 同上书，第41页。

事儿我明白了，只要上面不再急着催我就不那个，要是催我就按照这种道理也说一下。毕竟那时候已改革开放，有一些东西可以作为改革开放的新事物另外对待。从这个来说，当时要干一点事儿真的很难。"①

张瑞敏所讲的"那个道理"，其实就是："砸冰箱主要是解决一种观念的问题，当时中国的企业都在学习日本企业，学习日本的全面质量管理。我那时比较熟悉的就是戴明，还有提出质量环的朱兰，完全照他们说的做。但是很多效果并不是很好，很重要的原因就是没有改变观念。不是说把全面质量管理的工具来用上就可以了，主要是要树立对全面质量管理的观念，就是怎么使每个人都对质量是真正负责的，每个人都认为质量是和我联系在一起的。为了解决这个问题、这个观念，最后就采取了这样一种比较过激的做法。它对每个人都有很强烈的视觉冲击，冲击什么？就是告诉他干坏的这个产品他是要负责的，因为当他自己拿起铁锤来，砸他自己干的冰箱的时候，对他的心理冲击是非常大的：这是自己干的产品，现在由我亲手来把它砸坏，亲手销毁它。对他来讲，今后从我手里就不应该生产不好的产品。"②

正是这个道理，以质量为主牌，坚持质量至上，让海尔成为当时急功近利的家电产业的"异类"；张瑞敏砸冰箱的第二年，国内电冰箱市场进入了普及期前的爆炸性增长阶段，质量过硬的海尔产品在全国一举打响，热销各大城市。张瑞敏为海尔制定的奋斗目标是：在消费者心目中树立良好的形象。1988年12月，海尔拿下同行业全国质量评比金牌，从此奠定了海尔在中国电冰箱行业的领军地位，一发而不可收，实现了超常规发展。

现在，国内外有不少学者提出，中国制造业要实现卓越制造、向上游进军、克服复杂的供应链，就必须弘扬张瑞敏当年砸冰箱之

①②　胡泳、郝亚洲著：《海尔创新史话1984—2014》，机械工业出版社2015年版，第41页。

道，确立质量至上的理念，并通过质量创新与质量治理改革获取改革红利与中国制造的效益。

第二，在管理方式上，按照运作标准操作，实施精益化管理。波士顿咨询公司（BCG）资深合伙人范史华认为："过去30年，得益于巨大的国内市场、明显的成本优势、快速提升的基础设施以及生产了大量迎合新兴市场的产品，中国制造在全球诸多品类中都占据了较大的市场份额，取得了长足的发展。然而，近年来，市场和竞争格局的变化对中国制造提出了严峻的挑战，迫使中国制造的重心向中高端产品和市场转移。"[1] 即前述从低端到高端的提升。"当前，中国制造业转型升级已经到了非常关键的时刻。依靠硬件投资的转型升级能够产生立竿见影的效果，但并不具备可持续性。只有依靠管理方面的软实力提升，中国制造业才能真正实现差异化、可持续的转型升级。"[2]

对于企业来讲，这个软实力，就是通过运用精益化管理方法提升其制造竞争力。

首先是实施标准化生产。企业产品及其生产过程的标准化，是实现规模经济的最基本条件。所谓标准，就是对重复性事物与概念所作的统一规定。生产标准化是指在产品制造的各个环节中推行统一标准的活动，包括产品设计、生产工艺、生产流程与产品质量检验方法的标准化，以及产品的包装、维护、储运规范化等内容，务求为顾客、为消费者生产出放心产品。

推行生产标准化的作用在于：一是降低设计费用，缩短建设时间。当一个企业决定建立一个新工厂时，由于生产系采用标准化设计，所以只需按原有的图纸与工厂模式进行重建，定购与以前相同的设备，根据以往经验制定建设计划。二是加强生产的专门化，促进生产资源的合理配置。采用标准产品与零部件，可以使生产过

---

[1][2]　范史华：《用精益方法提升中国制造竞争力》，载吴晓波、朱克力等著，新经济导刊编著：《读懂中国制造2015》，中信出版社2015年版，第57页。

程高度专门化。每个子公司只生产有限的几种零部件，从而可以通过大批量生产获得规模经济效益。三是降低技术复杂性，从而减少技术培训的需求，方便技术的调整与更新。由于实行标准化生产，生产过程的自动化程度大大提高，对工人技术的需求会降低，减少了相应的技术培训费用。四是便于公司总部的统一控制与协调。由于所有工厂按同一标准生产产品，按同一标准质量控制，出现偏离质量标准的行为可以得到及时纠正。由于标准化生产建立在专业化分工的基础上，这就促进了各子公司之间的联系，为总公司协调各子公司之间的生产提供了方便。五是通过生产标准化达到产品标准化，稳定市场占有率。

对于实行多国战略为主的企业，强调的是各国的差异性与对各国当地市场的适应能力，要求推行生产当地化，降低产品的标准程度；对于适应个性化市场的产品，强调的是产品个性化，而非标准化。这些看似都与标准化是有矛盾的，其实不然。无论是跨国生产，还是顺应个性化市场的个性化生产，不仅不可忽视标准，而是应更强调标准。只不过一个是强调要将生产标准化与生产当地化结合起来，以便更好地适应当地消费者的需求；一个强调的是要将生产标准化与个性化结合起来，以适应万千变化的个性化市场的需要，以满足各不相同的个性消费者的需求罢了。

每年的 10 月 14 日，是国际标准化组织（ISO）的成立纪念日。设立"世界标准日"的目的，是提高公众对国际标准化在世界经济活动中重要性的认识，促进国际标准化工作以适应世界范围内商业、工业生产、政府与消费者的需要。我国制造业当前面临的质量问题与困难警示我们：不仅要把标准问题摆到十分重要的位置，要尽快与国际接轨，将各类标准让大众知晓，而且要在参与国际间的竞争过程中，创造条件参与制定标准，并严格按标准办事。俗话说："一类企业定标准，二类企业做技术，三类企业搞组装。"当今，经济已全球化，互联网＋生产要求我国在参与国际竞争的过程中，必须重视标准创制问题，力争参与并争得发言权。

其次是追求质高价低。瑞典宜家创始人英格瓦·坎普拉德两手空空创建了庞大的宜家王国，让宜家从一个作坊式的小家具生产商变成了全球瞩目的"家具大王"。其成功之道，虽然可从多方面加以总结，但其中最为重要的一条，不得不讲是宜家家具所追求的质高价低。

坎普拉德将有形的"家具"上升为无形的"家居"概念，为消费者创造了一个新的消费时代，这无疑是宜家不同于一般家具生产商的敏锐之处。但更重要的还是坎普拉德让宜家以低价格销售高质量的商品。这才是宜家征服市场的武器。与竞争对手相比，宜家销售的家具价格平均要低 30% 至 50%。同时，它还在不断降价，与此相反的是，不少家具零售公司的价格却往往随着时间上涨。

宜家倡导的经营理念是："有价值的低价格。"坎普拉德在价格与质量之间做着微妙的平衡，他的目标是保持产品的价格不至于太高，但又不让顾客觉得宜家的商品是便宜货。

高质高价，很容易做到，只要顾客肯付钱，就可以享受到优质的服务。而要做到高质低价，却是非常不容易的。要达到这一目标，唯一的办法就是降低成本。为降低成本，宜家采取了一系列的措施，从产品构思、设计、生产到运输和营销的整个过程，英格瓦·拉普拉德无时不想着成本二字。

在设计阶段，设计师首先被告知这种产品的最终零售价格，而这个价格通常都低于竞争对手的价格。设计师只有在这个前提下，去发挥自己的创意。

在采购阶段，采购人员在全球众多的供应商中招商，而他们的主要责任是：调查该类产品供应商中哪一个正处于淡季，并以此得到极低的供货价格。

对于供应商，宜家要求他们在提供商品的同时，还要提供相应的组装说明，以便不懂家具生产的顾客能按照图纸成功组装自己选中的商品。最终，宜家把这些产品集中到宜家的转运中心，统一配送到各个商场。

在运输阶段，宜家出现了平板包装，并由此得出"可拆装家具生产得越多，运输途中的破损现象就越少，运费成本就越低"的结论。正因为宜家走上可拆装家具之路，这为它日后成为全球巨头消除了一个巨大的障碍。

正是严格遵守每一个环节的成本控制，才使宜家成为第一个把家具卖到世界各地的企业。为此，坎普拉德曾经说过："资源的浪费，在宜家是一种致命的过失。一个没有成本核算的目标计划是决不能被接受的。"这一切的结果，都是为了实践坎普拉德的理念，为了最大限度地用低廉的价格出售商品。

宜家庞大机器的运转同样是由其每一环节的精密零件运转带动的，任何一个齿轮没咬住都会停止运转。组成这个庞大机器的零件就是宜家系统规范的管理，高瞻远瞩、永不间歇的战略规划。

再次是质量创新，用精益化方法提升中国制造竞争力。效率与精益本身是一个战略性问题。中国企业要通过质量与效率的提升做高端企业，就必须实施精益化管理，在生产过程中精耕细作。如何做到质量创新、精益化管理呢？关键在于：一是要发挥一线中层管理人员的能动性。中层管理人员处于生产一线，最清楚如何进行精益化管理，最清楚如何关注人的因素、管理因素，而不仅是生产、设备等方面的因素。二是要发挥生产一线操作工的能动性，一家企业能否生产出高质量的产品，须看该企业一线操作工的素质以及他们的主观能动性是否发挥出来，在生产线上精耕细作，提升该企业生产竞争力。

（二）品牌战略

培育与发展品牌，是企业锐意创新的重要体现。前述坎普拉德创建的宜家家具之所以获得成功，除了注重质高价低，还有一个很重要的秘诀，即宜家创设的"一体化品牌"模式。这一模式，实现了制造商品牌和零售商品牌的完美融合。宜家的品牌和专利产品能够通过其产品渠道最终覆盖全球。它是世界唯一一家既进行渠道经营又进行产品经营并且能取得成功的机构。宜家的"一体化品牌"

战略在很大程度上是顺利整合产业链的关键。

宜家走了一条比其他零售商更加聪明的路。它一直坚持由自己亲自设计所有产品并拥有其专利。每年100多名设计师在夜以继日地工作，以保证"全部的产品、全部的专利"，以实现所有产品均由"宜家制造"的目标。甚至，宜家家居市场一般都是自己买地建造。这与沃尔玛不同。沃尔玛本身不生产产品，只能赚取销售利润，而宜家自己制造产品，就保证了产品利润与销售利润等统统都归自己所有，所有的肥水均"不流外人田"。

21世纪是战略制胜时代与品牌经济时代。制造业企业除了生产的产品与服务之外，品牌成为其重要的竞争因素，甚至是主导因素。品牌角逐正在全球展开。一些处于品牌劣势的企业，不要说在国外，就是在国内，也将被无情的市场淘汰。不少国内制造业企业之所以寿命很短，不能不说与其没有自己的品牌有关。

当代中国经济，当代中国企业，面对的一个共同命题是：必须积极应对与主动融入品牌经济，像海尔、华为、联想那样创立自己的品牌，确立自己的品牌战略。这些企业都是以质取胜，以质量驱动自己的品牌创设、培育与发展。可以说，都是它们注重质量的结果。

"为提高质量，海尔仿效GE，实行'六个西格玛'管理。'西格玛'是统计学里一个单位，表示与平均值的标准偏差，它可以用来衡量一个流程的完美程度，具体看每100万次操作中发生多少次失误。'六个西格玛'管理方法通过确定、消除引起残疵的流程来提高产品品质，降低生产中和商业流程中的变化程度。达到'六个西格玛'，意味着在生产的产品中，有99.999 66%的产品是没有品质问题的（即每100万中有3.4个存在缺陷）。海尔实行'六个西格玛'管理，目的就是使全公司员工在生产中形成一种共识：产品的返修率哪怕只有千分之一，对一个用户来说就是百分之百。海尔力图达到如下目标：与用户接触的每一道工序、每一件产品和每一次服务都有接近完美的质量。"①

这就是海尔之所以能够创设、培育与发展海尔品牌的成功之道。

"创世界名牌是海尔的目标，而要实现创世界名牌的目标，就必须打造可以创世界名牌的人。创世界名牌的本质就是提高人的素质，建立一支具有国际化素质的员工队伍。为此，海尔确立了'先造人才，再造名牌'的人才理念，在干部管理上实行'在位要受控，升迁靠竞争，届满要轮岗，末位要淘汰'的制度。通过公开、公平、公正的竞争，为每个员工提供了公平均等的竞争环境和舞台，促使优秀人才脱颖而出，并为其施展才华创造机遇。"②

三、组织创新产品质量命运共同体方式的选择与未来中国制造业的展望

（一）可供组织创新选择的产品质量命运共同体的构建方式

人类社会的各种活动，如经济活动、政治活动、社会活动、科技活动等等，无不以组织的形式进行。我国古代思想家荀况曾讲："人力不如牛，走不如马，而牛马为用，何也？曰：人能群，彼不能群也。""人能群"指具有合群性特征的人类能够组织起来，以群体的方式有目的地从事各项活动。组织这一概念，一是作为名词，意指某种有组织的实体；另一作为动词，意指组织工作或活动。企业就是一种实体，如何通过这一实体的组织创新，构建提升其产品质量命运共同体，是一个值得认真研究的课题，其可供选择的方式方法与途径有：

第一，构建产业集群，谋求集群效应。产业集群，是通过企业集群来实现的。企业集群有各种不同类型，不同类型的企业集群反映了企业间连接方式的差异，其主要受专用性关系资源，特别是企

---

① 胡泳、郝亚洲著：《海尔创新史话1984—2014》，机械工业出版社2015年版，第48页。

② 同上，第50页。

业家的体制资本、政治资本与社会资本的影响；也反映了企业主对降低交易成本、回避市场风险的努力以及领袖主宰欲的满足。

如果从国家的性质与类型方面看，对于中小企业集群来讲，还可分为发达国家的中小企业集群与发展中国家的中小企业集群。

从经济原理上讲，蓬勃发展的全球化与贸易自由化正在逐步削弱地区间成本上的优势，企业所处的区域位置从本质上已不能作为竞争优势的主要来源。然而当前，无论是在发达国家，还是在发展中国家，具有竞争优势的产业，往往有着明显的产业集群现象——同一产业以及相关产业中一定数量的企业在地域范围内的集中。集群对企业及其产品竞争所产生的优势，不再是传统的自然禀赋等外在因素，而是集群内部由于集聚、竞争、合作、创新、"干中学"等动态因素所产生的优越于其他区域的内在因素，这些内在因素为本地区产业参与国际竞争带来了相对于其他地区的竞争优势。

从发展中国家的集群看，大多数出现在拉丁美洲（如墨西哥 Leon 制鞋集群、巴西 Santa Catarina 瓷砖集群等）和南亚（如印度班加罗尔高技术工业区、巴基斯坦锡亚尔科特外科手术器械集群等）。在少数非洲国家也有部分集群的出现，如加纳中南部库马西车辆修理集群以及尼日利亚 Nnewi 汽车零部件集群。

集群的类型有许多，每种类型都有其自身独特的发展轨迹、组织原理以及特殊问题。1998 年，联合国贸易与发展会议根据集群内企业技术的总体水平、集群变化的广泛性以及集群内企业间相互协作与网络化程度三个标准，将集群分为非正式集群、有组织集群、创新集群、科技园区和孵化器以及出口加工区 5 种类型。在此，重点分析前三类集群。

一是非正式集群。非正式集群是发展中国家，尤其是不发达国家企业的主要集聚形式，多数出现在非洲国家，如布基纳法索首都瓦加杜古的机动车、电器修理集群，乌干达卡推（Katwe）金属食品加工集群。

非正式集群企业的技术水平远远落后于产业前沿，大多生产淘汰产品，工人技能水平低，几乎没有用来支持技术升级的连续性知识。企业间缺乏信任，没有共享信息的传播，集群内竞争残酷，企业间协调与网络特性不明显。落后的基础设施、薄弱的前后向联系加剧了集群的"营养不良"。

非正式集群要想逐步发展，一定要拥有核心制造技术。20 世纪80 年代末，由于国际货币基金组织在结构上的调整，发展中国家相继扩大了进口，致使许多发展中国家集群开始疲软。然而加纳的库马西车辆修理以及备件制造集群，由于政府不断地为企业提供技术服务、培训和贷款，使许多企业向制造企业转型，从而保持了集群的良好发展势头。

二是有组织集群。发展中国家的有组织集群大多集中在拉丁美洲和南亚，其主要特征是企业间相互交流所需要解决的共同难题，尤其是在基础设施和公共服务机构方面，采取集体建设的方法。尽管与非正式集群相同，集群内以小企业居多，许多企业通过培训和"学徒制"来提高员工的技能水平，使企业的科技能力不断提高。

有组织集群与非正式集群的区别在于集群企业间的相互协作与网络联系。企业充分意识到，在自由化的经济中决不能孤立自己，只有与其他企业精诚合作，才能赢得竞争优势。在发展中国家，有的集群发展势头迅猛，即使是处于国内、国际经济衰退的阶段也保持着发展的势头；而另一部分则在创新与竞争能力上停滞不前。下面重点对组织集群中的典型实例作一对比。

例 1：巴西西诺斯谷（Sinos Valley）和墨西哥莱昂（Leon）制鞋集群

巴西是世界第三大皮鞋出口国，其中最突出的制鞋集群是被称为"超级集群"的西诺斯谷，集群内拥有 1 800 家企业（包括临时企业），15 万名工人，其产品的 70% 用于出口并主要出口美国。

西诺斯谷成功的重要原因在于集群内部发达的后向联系。大量的供应商为成鞋制造企业提供最终产品所需的各种投入要素，上游企业对制鞋工艺中哪怕是微不足道的环节都进行柔性专业化生产，从鞋帮、鞋底、鞋垫，直至鞋钉、鞋孔、染色等需要不同专业技术的步骤，上游企业都会做得极为认真细致。集群内还有许多专门为企业提供原材料、新旧机器、运输服务以及企业管理、金融技术和信息服务的供应商，这些供应商无论规模大小都与成鞋企业互通信息、共同进步，集群发展极具活力。

同是制鞋产业的墨西哥莱昂，尽管集群制鞋历史悠久，具备一定的规模并有着邻近美国的出口优势，但无论是制造技术，还是柔性生产，都无法与巴西西诺斯谷相比。企业专业化程度低，制造时间长（约为国际平均数的两倍），缺乏实质的、深层次的后向联系，导致集群缺乏动态性，发展缓慢，集群内配套生产和服务的可用性极低，多数企业都是从国外或在莱昂之外购买生产所需要的各种原材料与部件，而且集群内没有专业的机器制造商，生产机器的80%需要进口。不仅如此，制造商与上游企业的关系十分紧张，前者抱怨供应商提供的部件、原材料既缺少流行元素、质量又差，供应商则指责后者过于关心价格、忽视质量。

两个集群的差别主要在后向联系。莱昂企业关注的焦点是价格，质量与设计不是企业竞争的决定性因素，供应商缺少技术创新的动力，产品技术含量低；而西诺斯谷开放市场，制造企业对细节任务采用专业的供应商柔性生产，企业反应灵敏、适应性强，集群虽有劳动力价格优势，但面临来自更廉价劳动力国家的竞争时，企业与供应商互助协作，共同促进集群技术升级，为集群赢得了巨大的效益。

例2：墨西哥莱昂制鞋集群和印度蒂鲁巴（Triuppur）针织集群

墨西哥莱昂制鞋集群不仅后向联系建设差，前向联系同样薄弱，集群市场运营与商业化程度低，生产厂商对终端市场的信息一无所知，缺少信息尤其是相关设计、流行趋势和质量反馈的信息，集群内部消息闭塞，企业犹如井底之蛙，大大影响了产品的设计和质量，限制了集群的发展。

发展中国家前向联系发展最具特色的是印度蒂鲁巴针织集群，

尽管蒂鲁巴地处偏僻，却是印度最主要的棉针织品出口中心，其成衣主要销往欧洲。

蒂鲁巴的前向联系发展十分成熟，不同的销售代理商积极疏通不同层面企业的流通渠道，它们中既有面对低端市场，从小型制造企业与国内销售低档产品的零售商之间赚取差价的普通销售商和库存代理商；也有专门采购品牌，拥有终端高质量产品的贸易经纪人，还有为国外大型零售买主作代理的跨国零售承包商。这些市场销售代理商密切关注企业的产品设计与质量，帮助企业选择出色的上游供应商，一旦企业接到订单，它们会为企业提供样品及其详细的技术资料，并视察生产工艺的每个阶段。蒂鲁巴不仅有着生产工艺所需的最新、最先进的机器，而且还有使用和适应的技术窍门。良好的市场前向联系使企业与国际设计款式以及质量要求始终保持同步发展的势头。相比墨西哥莱昂的停滞不前，蒂鲁巴从生产简单的背心、圆领汗衫逐渐发展到具有开襟毛衫、运动衫、套衫、休闲装、工装等多层次产品的棉针织品集群，充分说明了市场销售代理商与地方制造企业紧密的技术协调与联络对于集群的发展是至关重要的。

例 3：印度蒂鲁巴针织集群和巴基斯坦锡亚尔科特外科手术器械集群

在集群的发展中，地方公共和私人服务机构的介入逐渐成为企业通过协作获得外部规模经济和外部范围内经济的基础。

上述位于蒂鲁巴的 AEPC（服装出口促进委员会），通过配额制管理成衣出口，代表蒂鲁巴与进口国进行双边贸易谈判，同时组织贸易代表团收集国内外的市场数据，进行商情预测与分析，积极为企业开拓新的出口渠道。蒂鲁巴另一个同业公会——SITRA（南亚纺织研究协会）则在教育培训和检测设备上给予企业大力支持。AEPC 与 SITRA 共同成立的研究发展测试实验室和培训学会，一方面为企业提供衣料和染色的测试设备，确保企业适应全球不断提高的质量要求；另一方面帮助企业优化复杂的衣料样板制作和成衣设计的 CAD 技术。

同在南亚的巴基斯坦锡亚尔科特外科手术器械集群是仅次于曼彻斯特的世界第二大外科手术器械出口商，在面临 FDA（美国食品及药物管理局）的出口禁运危机时，集群的公共机构发挥了关键作用。SIMA（外科手术器具制造商协会）对来自于产品质量的外界压力迅速作出反应，代表集群直接与 FDA 进行协商，在解除出口限制之后，协会继续游说政府提供资金和技术支持。作为 SIMA 努力的结果，政府与美国当局协商为集群提供帮助，政府也同意援助建立一个 FDA 认可的质量保证咨询公司，SIMA 为整个集群引进质量顾问。由此，集群摆脱了当时的困境，并使集群内的大多数企业得到了专有技术。

印度的蒂鲁巴、巴基斯坦锡亚尔科特外科手术器械集群的成功与地方公共机构的扶持分不开，大量地方性公共机构以及专业技术协会为企业寻求资金、技术的支持，并为企业提供专业的技术和营销建议，加强了成员企业与供应商以及国际市场的联系。公共机构完善的服务体系保证了集群内部结构的不断优化，使集群得以健康、稳定地发展。

三是创新集群。创新集群主要集中在发达国家，企业从事知识密集型的生产活动，有着极强的产品设计、工艺创新以及技术适应能力。企业将这种能力与市场有效地结合起来，使集群迅速成为具有极高出口率的全球竞争者。

被称为"东方硅谷"的印度班加罗尔 IT 产业集群是目前发展中国家极为少见的创新集群。集群生产联系中最突出的是众多中小企业成为大企业的"散工"。对于生产过程中复杂的单元制造，大企业都会向小企业提供技术平台，并给予指导和严密的技术审查。即使有的小企业所接订单与大企业无关，大企业都会在设计和质量上予以关注。尽管大企业对中小企业的扶持是为了柔性生产和节约成本，但国内与国际市场对可靠质量和精密工作的迫切需要，使中小企业要不断提高技术能力，集群内机器工具制造商进行创新的重要方面是通过数字计算机程序控制对常规机器工具进行翻新，以及对特定顾客的个体要求进行客户化设计。随着产品市场变得越来越多元化和精密尖端，贸易自由化提高了地区市场的质量意识，中小企业朝着专业化、高质量、高附加值以及能动性的方向努力。

目前，集群战略和政策得到了联合国工业发展组织、经济合作与发展组织等机构的提倡和推广，很多国家都把公共政策重点转向地方集群战略。随着我国于2001年加入世贸组织以来的不断开放，我国各产业面临激烈的国际竞争，实施了集群战略，这是有助于提高我国国家竞争力的重要政策措施。

产业集群是当今世界的一种活跃的经济方式，是近几十年来国际贸易分工最重要的趋势。如果企业通过集群，能够形成供应链集聚，形成提升产品质量命运共同体，就不仅能够大量减少交易成本与物流成本，而且能够使其竞争力得以充分发挥，从而获得更好的发展。

在发展制造业方面，中国有区域优势。在东部沿海地区，尤其是珠三角、长三角、环渤海，已形成产业集群优势。内陆地区劳动力成本较低，且有大量退守内陆的农民工，资源也较丰富。如果加上改善的基础设施条件、降低的交通成本、改进的内陆地区政策与投资环境、法制环境，同时将东部地区产业集群与产业链的集约化发展优势发挥好，利用互联网、大数据将内陆地区各地特色发挥出来，构建各具特色的产业集群，形成具有中国特色的集约发展命运共同体，那么，中国制造业困境就能够突破，并有可能获得新一轮中国制造业30年的大发展。

第二，推进循环发展，注重经济发展与生态保护的和谐共进。中国是世界上第二大经济体，制造业门类众多，企业与企业之间、产业与产业之间，互惠利用、互相渗透领域广阔，回旋空间很大，可着力推进资源循环利用产业的发展，发展好极具优势的循环经济。

循环经济主要是通过对传统行业的技术改造，最大限度地减少资源消耗与废物排放。发展循环经济是推进结构调整，转变经济发展方式，建立资源节约型与环境友好型社会，推进经济发展与生态保护的和谐共进，走新型工业化道路的重要手段与途径。

从资源流程与经济增长对资源、环境影响的角度考察，增长方式存在着两种模式：一种是传统增长模式，即"资源——产品——废弃物"的单向式直线过程，这意味着创造的财富越多，消耗的资源越多，产生的废弃物也就越多，对资源环境的负面影响也就越大；另一种是循环经济模式，即"资源——产品——废弃物——再生资源"的反馈式循环过程，可以更有效地利用资源与保护环境，以尽可能小的资源消耗与环境成本，获得尽可能大的经济效益与社会效益，从而使经济系统与自然生态系统的物质循环过程相互和谐，促进资源永续发展。

目前，世界上循环经济的发展已在三个层面上展开：一是企业内部的循环利用。最具代表性的是美国杜邦化学公司模式，通过厂内各工艺之间的物料循环，减少物料的使用，达到少排放甚至"零排放"的目标。二是企业间的生态工业网络。如著名的丹麦长伦堡生态工业园，它把不同的工厂联结起来，形成共享资源与互换副产品的产业共生组合，使一个企业的废气、废热、废水、废渣在自身循环利用的同时，成为另一企业的能源与原料。国内企业可以张家港市沙钢集团为例，该企业集团将轧钢产生的废氧化铁皮回收用作烧结工序的原料，将高炉排出的水渣出售给水泥厂制作水泥，将高炉产生的低热煤气全部回收再利用。三是社会循环经济体系。如一些地方政府为推动循环经济的形成，提出的目标不仅包括资源投入产出率的提高、资源循环利用率的提高，而且包括废弃物最终处置量的减少，努力促进资源循环式利用，鼓励企业循环式生产，推动产业循环式组合，形成能源资源节约型的经济增长方式与消费方式，促进经济社会可持续发展。

循环经济以减量化、再利用和资源化为原则，以提高资源利用率为核心，以资源节约、资源综合利用、清洁生产为重点，通过调整结构、技术进步、加强管理等措施，大幅度减少资源消耗、降低废物排放、提高劳动生产率。

为了经济发展与生态保护的和谐共进，坚持在保护中发展，在发展中保护，我国很有必要着力推进循环经济的发展。

第三，扼制炒房，依靠实业尤其是制造业发展占据业界竞争的优势地位。2016年底，中央经济工作会议提出："房子是用来住的，不是用来炒的。"炒房的实质是住房投机，基本特征是：买的目的既不是为了自己住，也不是为了租给别人住，而是闲置在那里，等待房价涨起来后转手出售，即买的目的就是为了卖，为了获得买卖差价或增值收益。

住房具有居住与投资双重属性，它不是仅有单一属性的投资品。保障与保护全体居民的住房权利是政府的责任，如果将住房的投资属性过于强调，就会损害其居住属性。当炒房过度推高房价后，居民正当的居住需求就难以保障，同时炒房也会形成大量住房闲置，导致资源浪费。尤其是，炒房是基于对未来预期的投机行为，一旦遇到市场不景气时，投机者最容易出现集体性的"预期逆转"，从而诱发区域性、系统性风险。过度炒房会不断地、快速地推高房价，从而形成房地产泡沫，使房价严重背离其自身价值与当地百姓的收入水平，这将对实体经济尤其是制造业形成很强的挤出效应，使得投资者不愿意投资实业尤其是制造业，觉得干什么都不如炒房赚钱快。近几年，我国实业尤其是制造业下行压力很大，不能不说与炒房有关。炒房，已经严重影响到我国实业尤其是制造业的转型升级与创新，已经严重扭曲了我国整个社会的价值观、财富观，给我国未来的总体竞争力带来了很大的负面影响，已成为我国非理性市场的首要问题，到了再也不能不加以扼制的时候了。

中国人多地少，人均资源远远低于世界平均水平，当前只有依靠实业尤其是制造业发展才能在世界竞争格局中占据优势地位，进而在第三次生产浪潮与新一轮世界经济发展进程中获得可持续发展。

（二）未来中国制造业的展望

回溯近代史，几乎每一个大国的崛起与强盛，都与制造业的发展相伴生。18世纪的第一次科技革命：蒸汽机革命，使得英国由机械制造业取代了工场手工业，成为当时世界上第一个工业化国家，也使得英国成就了一番事业，建立了日不落帝国，整个 19 世纪成了"英国的世纪"。19 世纪后期发生的第二次科技革命：电的革命以及铁路、钢铁、自动化的发展，使得美国与德国逐步取代了英国的霸主地位，人类社会也从蒸汽时代跨入了电气时代、自动化生产时代。

第二次世界大战之后，美国又借助第三次科技革命：电子计算机、新材料、新能源、生物工程技术等的发展，尤其是信息科技革命，一步步强化了其世界强国的地位。进入 20 世纪 90 年代以来，以 IT、新能源、生物技术，尤其是互联网等为代表的高新技术发展，不仅美国获得了进一步发展，而且改革开放后的中国也抓住这一历史机遇发展了起来。

在 21 世纪，尤其是近几年，全球经济进入新的发展阶段，国家正面临一场新的产业变革，这就是美国学者杰里米·里夫金与保罗·麦基里等为代表所论述的第三次工业革命、德国人所讲的工业4.0，这场变革的核心是：智能制造、绿色能源与数字服务，这三者的相互融合导致人类社会的生产方式与生活方式正在发生革命性变化，并掀起了第三次生产浪潮，它将使全球经济迎来一个新的产业发展周期，或称新的产业发展阶段。

未来中国制造业的发展，在整个世界新的产业发展阶段，将呈现五大趋势。

第一大趋势是"智"，即从中国制造走向中国智造。作为全球第一制造业大国的中国制造业，下一步应走向何方？国内很多人已形成共识：应该从中国制造走向中国智造。一是它将传统制造与互联网技术结合，运用物联网、大数据、云计算、智能材料等先进技术，将更多资源与生产要素科学化整合，使工业生产变得更加智能化与个性化。如上汽与阿里巴巴打造智能化互联网汽车、百度与宝马合作发展高度自动化驾驶技术、东风与华为合作开发汽车电子与智造汽车等，传统制造业与 IT 企业联系，形成中国制造业的一个新景象。二是将数据技术与物联网的信息技术、3D 打印技术、机器人等结合起来，运用于生产线，进一步提高传统制造业的柔性化与自动化生产水平，使生产系统具有更精准的判断与适应能力，将显著减少制造过程中的物耗与能耗，并将传统意义上的单纯机械加工技术转变为集机械、电子、材料、信息与管理等各种技术于一体的先进智造。三是随着制造业与 IT 技术的发展，传统大规模批量化生产模式将逐步被小批量、多样化的产品生产模式所取代，中国智造行业个性化定制将成为一个发展趋势。如奥迪已率先在中国进军个性化生产市场，订单比例占到 20% 以上。红领集团自主研发的个性化定制平台 C2M（消费者直接面对制造商），引领服装行业率先实现大规模定制化。

第二大趋势是"新"，即从加工制造走向创新智造。过去 30 多年，中国制造取得巨大成功依靠的是中国人"勤劳的双手"，进行加工、组装制造；未来中国要想继续成为世界第一的制造业巨头，必须依靠中国人"智慧的大脑"，进行研发、创新智造。这就要求中国智造：一是加大研发投入与创新智造的力度，尤其是要加大原始创新、基础创新的投入。原始创新很重要。香港大学化学系教授任咏华认为，发展原始创新，可获得自己的适应产权，发展起有市场竞争力的产业集群。尤其是，我国在核心技术上仍受制于人，我国对国外知识产权依存度至少达到 90%，发达国家对国外知识产权依存度一般低于 30%。因此，发展原始创新，降低我国对国外技术依存度，对于我们这样的发展中国家来说，具有十分重要的现实意义。建设创新型国家，应该是我们用原创技术造出全新产品。但原始创新必须关注基础科研与综合性、系统性的解决方案。目前，中国基础科研经费投入总量在增加，但在全部科研经费中的占比不足 5%，远低于美国等发达国家 15%—20% 的占比。美国拿 20% 的研发经费做基础研究，为后继发展做好了创新源泉的准备。中国创新智造有必要学美国的做法，加大在基础研究上的投入。只有基础研究上投入加大了，创新智造的活力与竞争力才能展示出来。二是加大引进消化吸收再创新的力度，这是中国未来智造发展的一大趋势。中国高铁是引进消化吸收再创新的典范。其不仅在关键技术领域取得了一系列重大创新成果，而且建立了具有自主知识产权、世界一流水平的中国高铁技术体系，成为技术引进消化吸收再创新的成功典范与未来中国智造的一大主导产品，创造了一套自主创新的中国模式，为"一带一路"建设作出了巨大贡献。三是加大采用新技术、新能源、新材料的开发与运用力度，这是 21 世纪制造业发展的一个显著特点。未来中国制造业的发展，尤其需要采用大数据、云计算、物联网、移动互联网等新技术改造传统产业，以新能源、新材料与互联网融合为重点提升战略性新兴产业。

人类的创新发展是无止境的。比如高铁，除了我们看到的、乘坐的高铁，现在，科技界已经在设计我们没看到过，而且连想象也不敢想象的"管道高铁"①。

早在 1934 年，获得世界上首个磁悬浮技术专利的德国工程师赫尔曼·肯珀就提出"真空管道"运输概念。这类似于老式建筑内部用于传输文件的气压管道，不同的是，运送的不是文件而是人。车厢在起点被弹射出去，借助磁力在真空管道中一路前行，途中不会像飞机那样遭遇气流颠簸。

美国科技"狂人"埃隆·马斯克 2013 年提出了一项或可颠覆人类现有生活方式的技术概念——"超回路"（Hyperloop）运输系统。根据马斯克公布的初始方案，这一系统由双向管道和运输舱组成，运输舱的行进时速将达 1 120 公里。马斯克麾下的"超回路 1 号"公司测试的原型车就是利用磁悬浮技术让运输舱悬浮于被抽成真空的管道中，从而以很少的能量高速前进。

这被称为飞机、火车、汽车和轮船以外的第五种交通模式，听上去很炫，但在现实中，其研发建造面临资金、技术和建设用地等重重困难。尽管如此，马斯克仍然决定推进相关项目。2013 年，他在其麾下公司官网上公布"管道高铁"开源设计方案，推动这一技

---

① 摘自《半月谈内部版》2017 年第 3 期，杨骏、彭茜等文。

术从概念走向现实。

马斯克表示，如果一切顺利，7 年到 10 年内首批旅客将搭乘"超级高铁"在洛杉矶和旧金山之间通行。此外，该公司已与阿联酋迪拜港口世界公司签署协议，计划合作研究在迪拜修建"管道高铁"的可行性。

中国在这一领域的研究也不落后。早在 2004 年，西南交通大学教授、两院院士沈志云就提出超高速是 21 世纪地面高速交通的需求，真空（或低压）管道式地面交通是达到超高速的唯一途径，我国应将目标定位在发展每小时 600 公里至 1 000 公里的超高速地面交通上。

在研究人员的不断积累与探索下，2014 年，西南交通大学搭建了全球首个真空管道超高速磁悬浮列车原型试验平台。列车运行时，管道内的大气压相当于外界的十分之一，在理想状态下，列车在低压管道中最终能实现时速大于 1 000 公里，并且能耗低、无噪声污染。这与"超回路 1 号"公司所设想的运输系统核心技术原理一致。

西南交通大学超导与新能源研究开发中心的赵勇教授团队，此前研制出了第二代高速真空管道高温超导侧浮系统，这种将轨道铺在管壁上的"壁挂"磁悬浮列车，突破了环形轨道离心力的限制，大幅度提高了高温超导自由悬浮系统的运行速度。研究人员称，未来还有望实现地面轨道和管壁轨道相结合的"三维轨道"。

当然，"管道高铁"要实现商业化面临着不少实际问题，比如磁悬浮本身的高技术成本、远距离真空管道建设和维护的高昂投入等。此外，真空管道中列车高速运行，如若停电或因事故长时间停车，如何保障乘客在运行和停车期间的安全？这些问题都是不容忽视的，但对于人类的创新智造来讲，这些并非不可解决，创新智造总是在面临问题与解决问题的过程中不断向前推进的。

第三个趋势是"质"，即在质量上精益求精。质量互变规律告诉我们，世界上任何事物都是质与量的统一体，量以质为基础，质受量的制约。当代中国经济，就量而言，已多年居世界第二；然而，中国产品质量，则尚不能自封第二。其不仅与德国，而且与日本产品相比，都有较大差距。海尔掌门人张瑞敏讲："德国人精益求精，所以你看现在德国提出工业4.0，每一步都很踏实。"[①] 当代中国要从目前的工业2.0跃向工业4.0，就必须像德国人那样，对自己生产的产品精益求精。否则，是不可能跃向工业4.0，不可能实施新一轮发展的。可以这么说，中国经济新一轮发展的希望，就在于中国生产的产品质量的提升。我们的国人在未来中国经济发展过程中，应奋力为打造中国产品质量而作出自己应有的贡献。质量是中国企业的生命，质量关乎中国企业未来的命运，关乎中国经济未来的命运。

第四个大趋势是"融"，即走"融合"与包容发展之路。一是"两化融合"，即信息化与工业化的高层次、深度化结合。信息化与工业化在技术、产品、管理等各个层面相互交融，彼此不可分割，催生出工业电子、工业软件、工业信息服务等新产业。云计算、物联网等信息技术与数控技术、3D打印技术等智能制造技术，都为未来中国智造实施两化融合打下了技术基础。二是工业与服务业的深度融合，提高生产性服务业的发展水平，推动制造业信息化、服务化、全球化。尤其是着力解决当代中国服务业的短板：生产性服务业。国内有专家提出：要把生产性服务业占比作为"十三五"期间的约束性目标，明确把生产性服务业占服务业比重从35%提高到55%，占GDP比重从15%提高到30%—40%，并以此作为衡量结构调整优化的主要标准。三是实施东、中、西部地区产业融合、包容发展与协调发展，构建未来中国智造、质量创新命运共同体。未来中国智造这一发展潜力、空间是非常之大的，关键是这一命运共同体如何构建，是一个值得我们研究的课题。

第五个大趋势是"绿"，即坚持走绿色发展之路。这不仅是全球发展大趋势，也是当代中国发展大趋势。高能耗、高污染、高排放、

---

① 胡泳、郝亚洲著：《海尔创新史话1984—2014》，机械工业出版社2015年版，第41页。

低产出的粗放型、铺摊子方式的发展，在我国应该终结了。中国制造业目前既面临着人力资源成本的增加、生产效率与产品品质不高的挑战，还存在着能耗高、资源利用效率低的问题，这对经济社会可持续发展造成的压力是巨大的，因此实现绿色生产迫在眉睫，这是未来中国制造业发展的又一大趋势。人们普遍认为，绿色制造是少有环境污染的制造，它贯穿于产品生产的全生命周期，如在产品设计时就必须考虑产品可回收性以及制造过程的无切削、快速注塑成形、挤压成形等。绿色生产带来的效益不仅体现在缓解环境压力的层面，它还能为企业节约能源与生产资源成本。绿色生产、低碳生产，应该成为未来中国智造的主流。

参 考 文 献

马克思:《1857—1858 年经济学手稿摘选》,《马克思恩格斯文集》第 8 卷,人民出版社 2009 年版。

〔美〕杰里米·里夫金著:《第三次工业革命》,中信出版社 2013 年版。

王丹著:《谷歌创业帮:关于梦想、勇气与坚持》,浙江大学出版社 2015 年版。

许志龙编著:《中国网络问题报告》,兵器工业出版社 2000 年版。

于海斌:《迎接"机器人革命"》,《光明日报》2014 年 9 月 11 日第 16 版。

钱志新:《"互联网+"商业模式的精髓》,《新华日报》2015 年 5 月 12 日第 16 版。

杨志、赵秀丽:《"网络"新生产方式的革命——网络经济与生产关系研究系列之二》,《福建论坛》人文社会科学版 2008 年第 10 期。

〔美〕克莱德·普雷斯托维茨著:《经济繁荣的代价》,中信出版社 2011 年版。

张跃发著:《近代文明史》,世界知识出版社 2005 年版。

〔美〕丹尼斯·舍曼等著:《世界文明史》(第 4 版,下册),李义天等译,中国人民大学出版社 2011 年版。

〔美〕詹姆斯·格雷克(James Gleick)著:《牛顿传》,吴铮译,高等教育出版社 2004 年版。

〔美〕安德鲁·卡内基著:《瓦特传:工业革命的旗手》,王铮译,江西教育出版社 2012 年版。

［美］埃德蒙·伯克三世、［澳］大卫·克里斯汀、［美］罗斯·E.杜恩著：《世界史：大时代》，杨豫等译，华东师范大学出版社2012年版。

韦尔纳·冯·西门子著：《西门子自传》，民主与建设出版社2004年版。

［德］艾密尔·鲁特维克著：《俾斯麦》，国际文化出版公司2005年版。

李秋实编著：《德国故事》，山西出版传媒集团、山西教育出版社2015年版。

陈振昌著：《德意志帝国》，中国国际广播出版社2015年版。

许婷编著：《美国故事》，山西出版传媒集团、山西教育出版社2015年版。

［美］H.W.房龙著：《美国的故事》，刘北城、东方大玮、申之译，西苑出版社2005年版。

夏立怡著：《跃进的文明》，山东人民出版社2012年版。

张建华主编：《世界现代史资料汇编》上辑，北京师范大学出版集团、北京师范大学出版社2009年版。

［英］斯蒂芬·F.梅森著：《自然科学史》，上海人民出版社1977年版。

中国科学院自然科学史研究所、近现代科学史研究室编著：《20世纪科学技术简史》，科学出版社1985年版。

徐松涛编著：《从创意到创业》，广东旅游出版社2015年版。

［美］大卫·斯托弗著：《思科系统公司传奇》，胡涓、冯临译，机械工业出版社2001年版。

庞忠甲、陈思进著：《美国凭什么？》，北京时代华语图书股份有限公司2012年版。

约翰·托夫勒著：《第四次浪潮》，华龄出版社1996年版。

昌国荣、高志坚编著：《影响世界的100条管理定律》，人民邮电出版社2005年版。

明道编著：《乔布斯传——神一样的男人》，中国华侨出版社2013年版。

何沁主编：《中华人民共和国史》，高等教育出版社1999年版。

［美］迈克尔·科索马罗、理查德·塞尔比著：《微软的秘密》，程化等译，北京大学出版社、西蒙与舒斯特国际出版公司1996年版。

王鸿编著：《美国人经商智慧》，世界图书出版西安公司1997年版。

孙新生、李元善编著：《实现梦想——白手起家的亿万富翁》，企业管理出版社 1997 年版。

张兵编著：《与厂长经理谈微观经济学》，立信会计出版社 2002 年版。

时寒冰著：《中国怎么办》，机械工业出版社 2009 年版。

［美］吉尔伯特·罗兹曼主编：《中国的现代化》，凤凰出版传媒集团、江苏人民出版社 2010 年版。

约翰·奈思比著：《11 个未来定见》，潘东杰译，台北天下远见出版股份有限公司 2006 年版。

［美］王国斌著：《转变的中国——历史变迁与欧洲经验的局限》，李伯重、连玲玲译，凤凰传媒集团、江苏人民出版社 2013 年版。

尹保云著：《什么是现代化——概念与范式的探讨》，人民出版社 2001 年版。

杨万东、张建君、黄树东、朱安东著：《经济发展方式转变——"本土派"与"海外派"的对话》，中国人民大学出版社 2011 年版。

邓聿文著：《中国经济大突围》，科学出版社 2012 年版。

郎咸平等著：《产业链阴谋Ⅰ》，东方出版社 2010 年版。

［美］劳伦·勃兰特、托马斯·罗斯基编：《伟大的中国经济转型》，方颖、赵扬等译，格致出版社、上海人民出版社 2009 年版。

中央电视台《国情备忘录》项目组著：《国情备忘录》，北方联合出版传媒（集团）股份有限公司、万卷出版公司 2010 年版。

李宗南、文锋著：《中国大趋势②》，中华工商联合出版社 2011 年版。

［美］范思杰著：《创新者的挑战——颠覆性创新如何变革个人、商业以及国家》，王晓鹏译，中信出版社 2013 年版。

杨少龙著：《华为靠什么》，中信出版社 2014 年版。

［美］埃克里·施密特、乔纳森·罗森伯格、艾伦·伊格尔著：《重新定义公司：谷歌是如何运营的》，靳婷婷译，中信出版集团 2015 年版。

张维为著：《中国震撼——一个"文明型国家"的崛起》，世纪出版集团、上海人民出版社 2011 年版。

《中华人民共和国国民经济和社会发展第十三个五年规划纲要》，《新华日报》2016 年 3 月 18 日第 9—16 版。

金碚著：《中国制造 2025》，中信出版社 2015 年版。

王志伟编著：《现代西方经济学主要思潮及流派》，高等教育出版社 2004
年版。

蔡洪滨主编：《创新创业与经济转型》，北京大学出版社 2013 年版。

董昶源著：《世界全史》，北京大学出版社 2006 年版。

［美］斯塔夫里阿诺斯著：《全球通史》第 7 版，董书慧、王昶、徐正源译，
北京大学出版社 2005 年版。

常修泽等著：《创新立国战略》，学习出版社、海南出版社 2013 年版。

张笑恒编著：《马云的首富之道》，中华工商联合会出版社 2015 年版。

胡泳、郝亚洲著：《海尔创新史话 1984—2014》，机械工业出版社 2015
年版。

吴晓波、朱克力等著，新经济导刊编著：《读懂中国制造 2025》，中信出版
社 2015 年版。

腾讯科技频道著：《跨界　开启互联网与传统行业融新趋势》，机械工业出
版社 2015 年版。

［德］克劳斯·施瓦布著：《第四次工业革命　转型的力量》，中集出版集团
2016 年版。

吴晓波著：《激荡三十年：中国企业 1978—2008 上》，中信出版社 2014
年版。

罗建强、王嘉琳：《服务型制造的研究现状探析与未来展望》，《产业经济》
2014 年第 8 期。

齐天翔、石智超：《中国制造业生产的上下游传导关系分析——基于制造业
PMI 的研究》，《产业经济》2014 年第 8 期。

张其仔：《中国能否成功地实现雁阵式产业升级》，《产业经济》2014 年第
8 期。

戚聿东、刘健：《第三次工业革命趋势下产业组织转型》，《产业经济》2014
年第 3 期。

图书在版编目(CIP)数据

第三次生产浪潮/吴声功著.—上海:上海人民
出版社,2017
ISBN 978 - 7 - 208 - 14721 - 8

Ⅰ.①第… Ⅱ.①吴… Ⅲ.①制造工业-研究-中国
Ⅳ.①F426.4

中国版本图书馆 CIP 数据核字(2017)第 191629 号

责任编辑　王舒娟
封面设计　张志全工作室

第三次生产浪潮

吴声功　著

世 纪 出 版 集 团

上海人民出版社出版

(200001　上海福建中路 193 号　www.ewen.co)

世纪出版集团发行中心发行　　常熟市新骅印刷有限公司印刷
开本 720×1000　1/16　印张 18.25　插页 4　字数 243,000
2017 年 9 月第 1 版　2017 年 9 月第 1 次印刷
ISBN 978 - 7 - 208 - 14721 - 8/F・2484

定价 58.00 元